EMMANUEL GONZALÈS

LES SABOTIERS

DE LA

FORÊT NOIRE

PARIS

ACHILLE FAURE, LIBRAIRE-ÉDITEUR

23, BOULEVARD SAINT-MARTIN, 23

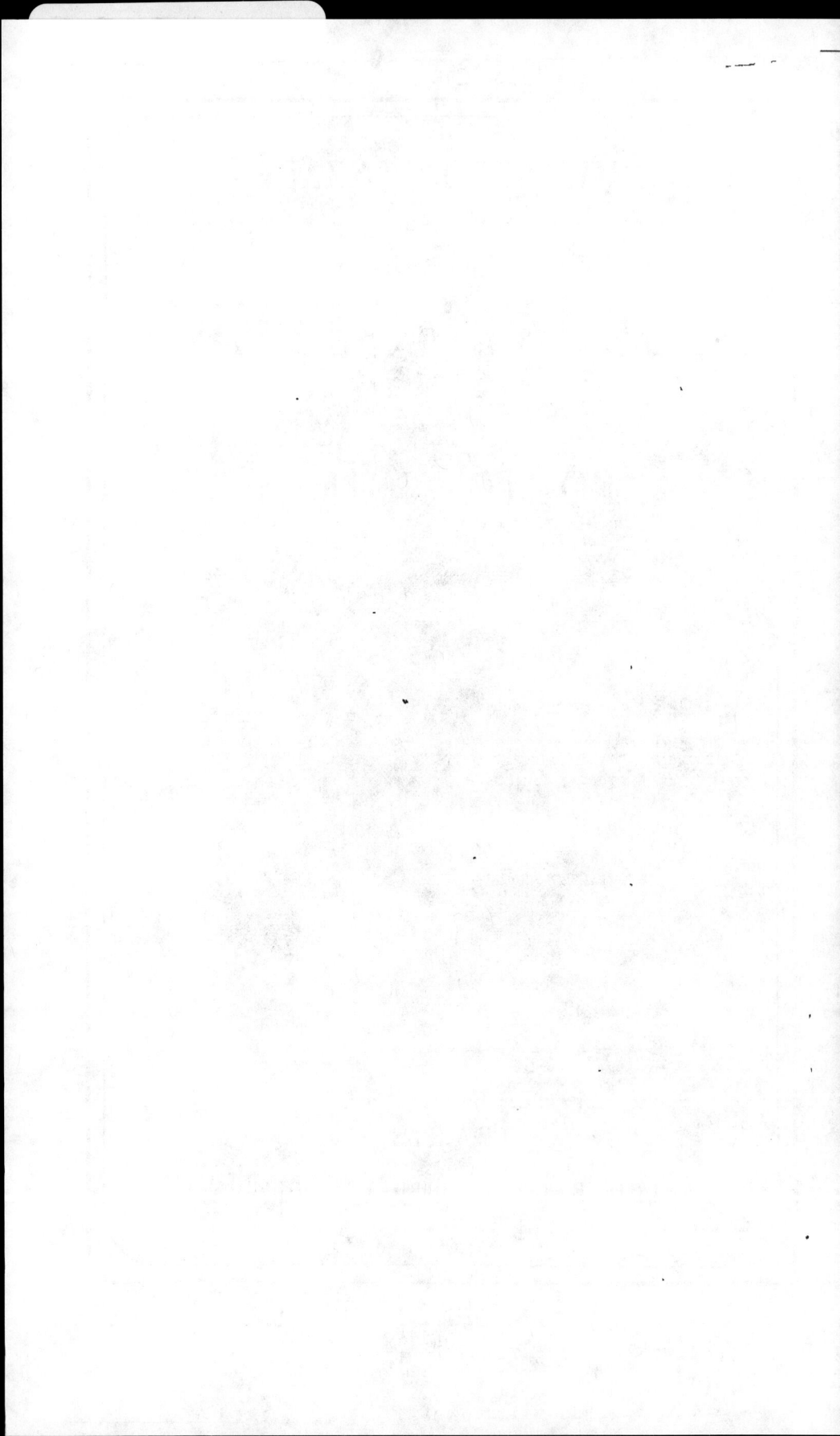

LES

SABOTIERS

DE LA

FORÊT NOIRE

LES
SABOTIERS

DE LA
FORÊT NOIRE

PAR

EMMANUEL GONZALES

PARIS
LIBRAIRIE DE ACHILLE FAURE
23, BOULEVARD SAINT-MARTIN, 23

—

1864

PAULATIM CRESCAM

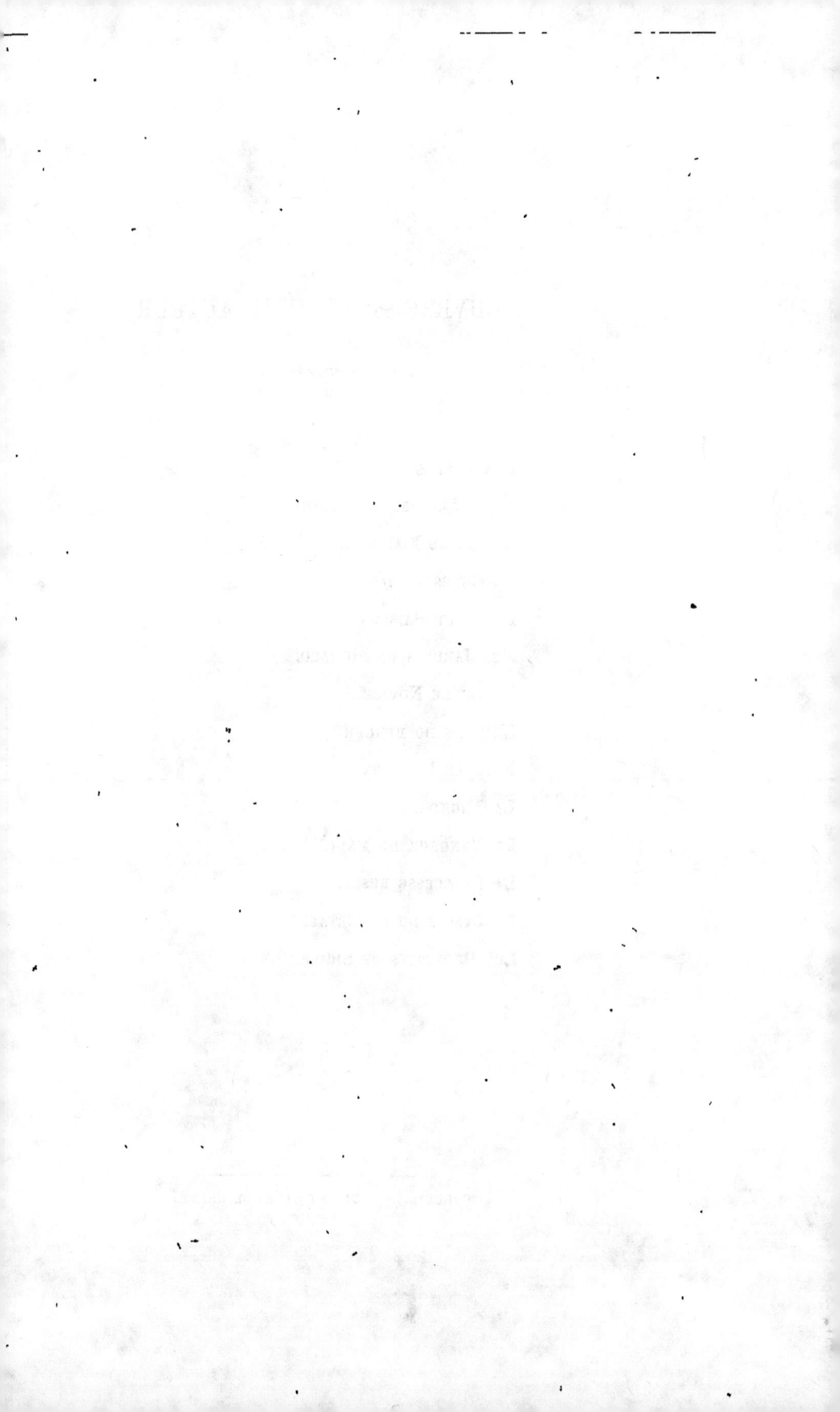

OUVRAGES DU MÊME AUTEUR

CORBEIL. — TYP. ET STÉR. DE CRÉTÉ.

A

MON AMI PHILIPPE JOURDE

J'ai écrit ce petit roman, sobre de style et d'action,
pendant que vous parcouriez les pampas où se succèdent
tant d'odyssées extraordinaires. A l'ami qui me rapporte
les dépouilles de deux tigres de la Plata, je dédie, non
un roman à aventures comme les FRÈRES DE LA CÔTE,
mais un modeste tableau de mœurs rustiques qui fera
contraste avec les souvenirs mouvementés de ses voyages.

EMMANUEL GONZALÈS.

LES SABOTIERS

DE LA FORÊT NOIRE

I

Le Mendiant.

Le dernier jour d'avril 1770, cinq heures de l'après-midi venaient de sonner, lorsqu'un jeune homme d'une vingtaine d'années, à l'œil noir, franc et hardi, au teint légèrement hâlé, et dont les grossiers vêtements semblaient encore rehausser la mâle beauté, descendit lestement la rapide échelle d'un des moulins construits sur les hauteurs de Bildechingen.

Derrière lui glissait en riant un enfant de dix à douze ans, vraie tête de lutin aux cheveux blonds et frisés, aux joues roses et rebondies.

Ils avaient à peine quitté la dernière marche de l'échelle, que, dans le cadre de la petite porte voûtée par laquelle ils étaient sortis, apparut une large face enfarinée.

C'était maître Bernhard, le meunier, qui se mit à crier du haut de son échelle :

— Comment, Fritz, mon garçon, tu t'en vas?

— Oui, père Bernhard, répliqua le jeune homme, il est cinq heures, et la première maison de Nordstetten ne s'adosse pas tout à fait à votre moulin.

— Ah! tu as peur de te mouiller, Fritz, dit le meunier en interrogeant le vent d'un œil exercé; mais tu auras beau te hâter, tu n'arriveras pas avant l'orage. Ces grands diables de nuages noirs qui ont éteint le soleil nous présagent une furieuse ondée.

— Si Chrystly veut marcher comme un chasseur, reprit Fritz en posant la main sur la chevelure ébouriffée de l'enfant, peut-être atteindrons-nous le village avant la tempête.

— Marche ton pas le plus agile, frère, répliqua celui-ci d'un air de défi, et tu verras si je reste en arrière.

— En attendant, garçon, interrompit maître Bernhard, voilà les premières gouttes qui tombent; si vous m'en croyez, vous resterez au moulin. La ménagère vient de tremper la soupe et elle a cuit tantôt. Il y a dans la huche un pain de beurre et des knœpfles; ajoutez-y quelques potées de cidre, et vous ne mourrez ni de faim ni de soif. Quant au lit, je n'en connais pas de meilleur, après souper, qu'un sac de grain.

— Merci, père Bernhard, dit Fritz, mais ma mère nous attend, et, si elle ne nous voyait pas revenir, elle serait trop inquiète. Vous savez, les femmes, et surtout les mères, ça se tourmente d'un rien.

— Voilà une bonne raison, petit, et je ne te retiens plus.

— Oh! dit Chrystly, il a encore un autre motif pour ne pas rester au moulin et pour refuser vos knœpfles.

— Bavard! s'écria Fritz en riant.

— Qu'est-ce donc? demanda le meunier étonné.

— Puisque ce petit Caïn m'a trahi, répondit le jeune homme, je puis bien vous avouer le mystère. Eh bien! en venant de Nordstetten, j'ai découvert, à dix pas de la vieille croix de Saint-Hubert, des abeilles sauvages qui se sont installées dans le tronc d'un chêne. Il y a plus d'un mois que je les guette, et, comme elles vont probablement essaimer bientôt, je ne serais pas fâché de les prendre ce soir.

— Tu es donc toujours grand chasseur d'abeilles, mon garçon?

— Ça m'amuse et ça me profite, maître; sans me faire négliger mon travail, les abeilles me rapportent bon an, mal an une quarantaine de florins.

— Quarante florins! s'écria le meunier, ouvrant une large bouche.

— Certes, car chaque panier vaut bien deux florins.

— Et moi aussi je veux être chasseur d'abeilles, dit l'enfant en se pendant au bras de son frère; Fritz m'a promis de me montrer comment il faut s'y prendre pour qu'elles ne vous piquent pas.

— Voyez-vous le petit ambitieux! reprit Bernhard en enfarinant de ses énormes mains les joues rosées de Christly.

— Dites le petit gourmand, reprit Fritz. Il pense plutôt à manger le miel qu'à vendre les abeilles. Est-ce la vérité, frère?

Christly passa délicatement sa langue sur ses lèvres :

— C'est bien bon, du miel!

— Allons, il n'y met pas de malice, dit le meunier en riant. Puis, s'adressant à Fritz :

— Tu as donc marqué le chêne dans lequel elles se sont logées?

— Oui, j'ai planté sur le bord du chemin un rameau de châtaignier à six pouces du pied de l'arbre.

— Mais comment. diable oses-tu t'emparer d'une ruche sauvage, mon garçon? Tu ne sais donc pas que mon bonhomme de père, en allant charrier des fagots dans la forêt, il y a quelques années, a vu son cheval assailli par un essaim de ces maudits insectes? La pauvre bête est morte dans les convulsions, et, pendant que les abeilles s'acharnaient sur elle, mon père a eu bien de la peine à s'en tirer.

— Vous avez raison, maître, c'est fort dangereux, surtout quand on chasse comme moi sans masque et sans gants.

— Et toi, qui crains tant d'inquiéter ta mère !

— Oh! mais Fritz a trouvé un bon moyen de prendre les abeilles, s'écria étourdiment Christly.

— Bavard! dit le jeune homme impatienté.

Le meunier éclata de rire.

— Ne crains pas de me dire ton secret, Fritz. Il n'y a pas de danger que je te fasse concurrence.

Fritz promena autour de lui un regard rapide, puis, baissant un peu la voix et se rapprochant de maître Bernhard, qui était descendu de son échelle :

— Le moyen est bien simple, reprit-il; quand je connais le gîte, je sonde le tronc de l'arbre en le frappant doucement avec un caillou, afin de m'assurer si la cavité s'étend au loin, si elle descend ou si elle remonte vers les branches. Je sais tout de suite quelle est la partie occupée par les abeilles et quel est le côté de l'arbre le plus favorable pour pratiquer l'ouverture par où je veux les enfumer. Alors je bouche tous les trous, à l'exception de celui de la partie la plus élevée, sur laquelle je fixe un sac avec un nœud coulant.

— Ma foi! interrompit le meunier ébahi, je n'aurais

jamais imaginé cela. Mais comment décides-tu les abeilles à venir se jeter dans ton sac?

— Voici, continua Fritz; à l'endroit où se termine la cavité du tronc, je fais avec mon couteau une ouverture où j'applique le foyer de ma pipe, et je souffle la fumée du tabac dans la ruche jusqu'à ce que les abeilles cherchent un refuge dans le sac. Puis, quand je le vois bien enflé, je tire la ficelle, et j'ai gagné deux florins.

— Fritz! dit maître Bernhard d'un air sérieux, j'ai toujours pensé que tu étais un garçon d'esprit et que tu ferais fortune.

— En attendant, comme je n'ai pas pris de sac pour venir au moulin, vous allez m'en prêter un.

— Volontiers. Les sacs ne manquent pas chez le meunier. Pendant ce temps-là ne restez pas à la pluie, et, pour vous donner des jambes, je vais vous tirer une potée de Rheingau.

Puis, poussant devant lui Fritz et Christly, il les fit entrer dans une vaste écurie, où les paysans qui apportaient du blé à moudre remisaient leurs bêtes de somme.

Ils s'étaient à peine éloignés qu'un vieillard, couvert de haillons et dont la longue barbe grise flottait au vent, montra sa face hâve et décharnée au-dessus de la haie vive qui entourait le moulin et ses dépendances.

Après avoir suivi d'un œil oblique le bon meunier et ses hôtes, il ramassa sa besace, la jeta sur son épaule, et, courbant sa haute taille sur le long bâton de cornouiller qui l'aidait dans sa marche :

— Allons! murmura-t-il, s'il est vrai, comme l'a dit ce jeune niais, que chaque ruche sauvage rapporte deux florins, je n'aurai pas perdu ma journée.

Tout en débourrant sa pipe avec son couteau, il s'engagea dans un chemin creux et couvert qui abrégeait sans doute le chemin.

Pendant que Fritz faisait choix d'un sac à sa convenance, le meunier avait rempli une cruche de vin qu'il fallut vider avant de se séparer, et Christly avait étendu une épaisse couche de miel sur une large tranche de pain.

Le ciel s'était tout à coup voilé de nuages sombres, gaufrés de bandes jaunâtres, qui, s'amoncelant les uns, sur les autres, colorèrent bientôt la forêt d'une teinte fantastique. Les sapins frémissaient jusqu'au fond des abîmes d'où s'élançaient comme des colonnes gigantesques leurs troncs altiers. Les hirondelles semblaient se poursuivre en effleurant le sol de leur aile aiguë, tandis que l'on entendait les grenouilles vertes coasser dans les marais voisins, et les cigales susurrer dans l'herbe.

Tout dénotait que, malgré la force du vent, l'orage allait s'abattre sur la forêt. La pluie, qui s'était un instant apaisée, se mit à tomber de nouveau.

— Mes enfants, dit alors le meunier en se hâtant de vider son verre, il est grand temps de partir. Que Dieu vous garde de toute mauvaise rencontre !

— Merci, père Bernhard ; mais, maintenant que je vous ai payé les trois sacs de farine bise que vous nous avez fournis à crédit pendant l'hiver, je m'en retourne sans un kreutzer en poche. Je ne crains pas les voleurs.

— Fais mes amitiés à ta bonne femme de mère, Fritz, et n'oublie pas de mettre des peaux blanches sur les sabots de ma petite Marie. Ça n'est pas encore au monde que c'est déjà glorieux de sa personne.

— Comptez sur moi, maître, et adieu.

Le jeune homme serra cordialement la main du vieux meunier et s'éloigna rapidement, tandis que celui-ci allait tourner son moulin au vent.

Les deux frères n'avaient pas fait cent pas que la pluie redoubla et que le vent leur cingla au visage ses coups de fouet pénétrants; comme ils étaient assez légèrement vêtus, ils doublèrent le pas.

Sur une chemise de grosse toile bise, Fritz portait simplement une veste de drap bleu courte et flottante, et son pantalon de lin gris n'était retenu que par une étroite ceinture de laine rouge qui s'enroulait autour de sa taille souple et cambrée. Un feutre à larges bords et de gros souliers ferrés complétaient son costume.

L'enfant était à peu près vêtu de même, sauf un gilet écarlate et une petite casquette sans visière, bordée de fourrure et ornée d'une houpe d'or faux.

Bientôt le pauvre Christly s'arrêta effrayé et dit à son frère :

— Je ne vois plus le chemin, Fritz.

En effet, la forêt se peuplait de ténèbres plus lugubres que la nuit; le démon de la tempête remplissait ces solitudes de sa grande voix sinistre; chaque éclair teintait le feuillage d'un bleu métallique et le fracas retentissant de la foudre semblait soulever le sol sur les pas des deux frères comme un tremblement de terre. Les arbres se tordaient sur leurs racines séculaires avec des gémissements lamentables.

— Il faut chercher un abri, dit Fritz, ému de l'épouvante de Christly. L'orage est trop violent pour durer longtemps. Donne-moi la main, frère, et prends courage! nous ne sommes pas loin de la croix de Saint-Hubert, et derrière la croix s'ouvre une excavation où nous pourrons nous réfugier.

— Allons-y bien vite, frère, répliqua l'enfant, qui fermait ses yeux éblouis par les zigzags des éclairs.

Mais, au même instant, ils entendirent des cris aigus et déchirants s'élever à quelque distance et dominer le concert des éléments en furie.

Chose étrange! ces cris plaintifs firent tressaillir le

jeune homme de la tête aux pieds, son front se couvrit d'une sueur glacée. La voix qui lui jetait ce suprême appel de détresse ne lui était pas inconnue ; elle exerçait sur lui un prestige mystérieux et tout-puissant ; depuis longtemps il ne l'avait entendue que dans sa pensée, dans son cœur, dans ses rêves, mais elle avait toujours le don de remuer toutes les fibres de son être, elle évoquait comme une fée toutes les joies et toutes les affections de son enfance. Il saisit donc avec force la main de Christly et lui dit :

— En avant, frère ! Il ne s'agit plus de fatigue, plus de peur, plus d'orage, courons sous la foudre et les éclairs, dans le vent et la pluie. J'ai reconnu la voix de Grettly. Entends-tu, frère ? Elle nous appelle à son secours ! elle compte sur nous ! Viens donc !

Et ils se précipitèrent tous deux dans la direction d'où partaient ces cris douloureux, qui s'en allaient de plus en plus faibles et mourants.

Fritz ne se doutait guère que la scène terrible à laquelle il allait assister avait été provoquée par l'indiscrétion de Christly.

Le mendiant, qui avait entendu la conversation du meunier et de ses hôtes, avait précieusement retenu les indications du jeune chasseur d'abeilles et résolu d'en profiter en s'emparant de l'essaim sauvage avant lui. Il possédait tout l'attirail de chasse nécessaire : couteau, briquet, pipe et tabac, le cordon de sa gourde comme nœud coulant, et sa besace en guise de sac.

Le chemin creux qu'il avait suivi, comme nous l'avons dit, allait aboutir à la route neuve qui menait, par la forêt, de Tubingen à Nordstetten, et la première auberge, ou plutôt la seule qu'on apercevait en tournant à gauche, était celle du *Coq hardi*.

Ce nom était justifié par l'enseigne de tôle peinte qui

grinçait au vent sur sa tringle de fer rouillée, la susdite enseigne représentant un coq crânement campé sur la crinière d'un lion à face honnête et placide.

Le mendiant entra dans l'auberge, où il trouvait d'ordinaire à glaner quelques débris de fromage, de venaison et de pain, quand l'hôtesse ne poussait pas la charité jusqu'à lui verser un bon verre de kirsch-wasser en échange de ses prières.

Elle était d'autant plus généreuse à l'endroit de ce digne pauvre, qu'il passait pour avoir incendié deux ou trois fermes dont les maîtres s'étaient montrés parcimonieux envers lui ; seulement elle ne lui offrait jamais de passer la nuit dans son grenier.

Au moment où il venait d'entrer, une voiture que les accidents du terrain ne lui avaient pas permis d'apercevoir vint s'arrêter à trois pas de l'hôtellerie.

C'était une de ces vieilles carrioles d'osier peintes en vert, recouvertes d'une capote de cuir, et fermées à l'avant par deux rideaux de gros treillis dans lesquels se trouvaient enchâssés deux carreaux, de sorte que le conducteur du rustique équipage pouvait, tout en s'abritant contre le vent et la pluie, diriger facilement le cheval ou le mulet qui traînait le véhicule.

Un vieillard d'une soixantaine d'années mit péniblement pied à terre ; en même temps, deux petites mains blanches entr'ouvrirent rapidement les rideaux qui venaient de se fermer, et une délicieuse tête de jeune fille blonde et rose, dont les grands yeux bleus exprimaient une douceur mêlée de gaieté, apparut comme un rayon de soleil perçant les nuages.

— Est-ce que nous nous arrêtons ici, mon père ? demanda-t-elle avec un sourire curieux qui découvrit la double rangée de ses petites dents, nacrées et alignées comme les perles d'un collier.

1.

— Non, Marguerite, répondit le bonhomme d'un ton presque mystérieux, car avant une heure nous serons au logis, où nous attend un excellent souper, grâce aux bons soins de dame Catherine. Seulement, je ferme les rideaux pour que l'hôtesse du *Coq hardi* ne te voie pas.

— Quel crime ai-je donc commis à mon insu, mon père, pour que vous croyiez devoir me cacher si soigneusement aux regards des bonnes gens de la forêt? dit Marguerite sans se retirer. Seriez-vous un calife déguisé, et suis-je une sultane qui voyage enveloppée de triples voiles dans son palanquin?

— Non, folle enfant, murmura le vieillard, tu n'es ni une sultane ni un monstre dont la vue pourrait faire peur aux chrétiens...

— Oh! vous êtes vraiment trop indulgent, mon cher père, interrompit Marguerite en riant au grand désespoir du bonhomme.

— Cache-toi tout de même, ma mignonne, reprit-il avec impatience, car l'hôtesse serait capable de nous offrir quelques gâteaux et du vin...

— Oh! ce serait affreux, en effet!

— Affreux, c'est le mot! Tout ce qui se débite chez elle est détestable et hors de prix surtout. D'ailleurs nous n'en avons nul besoin, repartit le vieillard qui ne soupçonnait pas l'intention ironique de la réponse de sa fille. Je veux seulement laisser souffler mon cheval et le faire boire. Attends-moi un instant, je vais aller chercher une des seilles que j'aperçois dans la cour.

— Que n'appelez-vous plutôt un des garçons de l'auberge, mon père? observa Marguerite en retirant sa tête mignonne.

— Dieu me préserve d'avoir recours à ces fainéants! dit le bonhomme avec un geste de profond mépris. Avec eux un harnais neuf ne durerait pas huit jours. On a bien raison de dire qu'on n'est jamais mieux servi que par soi-même.

Et; après avoir croisé soigneusement les rideaux de la carriole, il alla chercher la seille qu'il guignait de l'œil, et il l'emplissait déjà dans le grand abreuvoir de pierre qui se trouvait à la porte, lorsque le mendiant sortit de l'auberge.

Il tenait à la main sa besace vide.

L'hôtesse du *Coq-hardi* était partie depuis le matin pour le marché d'une petite ville voisine, et en son absence la servante avait obstinément refusé de faire l'aumône au mendiant, car, à son avis, les libéralités de sa maîtresse diminuaient d'autant ses profits.

Le malheureux jetait donc autour de lui des regards étincelants de colère lorsqu'il aperçut la carriole et à deux pas de lui le vieillard qui puisait de l'eau pour son cheval. Alors une lueur d'espérance illumina son front ridé ; mais presque aussitôt ses sourcils gris se contractèrent, et sa physionomie reprit son expression haineuse et menaçante.

Cependant il s'approcha du voyageur, s'appuyant d'une main sur son bâton, et de l'autre tendant son vieux feutre gras et troué à larges bords :

— Bonne âme charitable ! dit-il d'une voix rauque, ayez pitié d'un misérable qui se recommande à votre dévotion !

Le vieillard détourna sournoisement la tête, et, tout en sifflant entre ses dents, il emporta sa seille et débrida son cheval.

Le mendiant, qui l'avait suivi, se posa devant lui :

— Pour l'amour de Dieu, faites-moi la charité, répétat-il d'une voix plus rude encore. Sur mon âme de chrétien, je vous jure que je n'ai pas mangé depuis ce matin, et voici la nuit venue.

— La belle affaire ! dit le bonhomme en continuant à déboucler la bride de son cheval ; ni moi non plus je n'ai rien mangé depuis ce matin !

— Au nom de vos vignes et de vos champs de blé, faites-moi la charité, maître, poursuivit le mendiant. Je marche depuis le lever du soleil, et, sauf deux enfants qui jouaient sur le revers d'un fossé, et qui m'ont donné trois kreutzers, leur fortune...

Le vieillard allait et venait toujours autour de son cheval, feignant de ne pas entendre :

— N'y a-t-il donc plus que les enfants qui pratiquent encore la charité ? murmura le mendiant.

— Eh ! eh ! repartit le voyageur, qui avait besoin, pour atténuer sa ladrerie, de nier toute généreuse pensée chez les autres, tout noble élan partant du cœur, — c'est peut-être parce que les enfants n'ont pas la peine de gagner des kreutzers qu'ils les donnent si facilement ? Que celui qui veut manger travaille ! continua-t-il avec l'insolent aplomb de l'homme qui se sent à l'abri du besoin.

Une contraction nerveuse grima la face blême et décharnée du pauvre.

— Si je marche courbé, reprit-il, ce n'est pas sous le poids de ma besace, car elle est plus souvent vide que pleine ; c'est la vieillesse qui a plié mon corps et brisé mes membres. Mais n'importe.

Et, jetant loin de lui son bâton : — Puisqu'il faut travailler pour vivre, je ne veux plus vous demander l'aumône, mais un salaire. Je vais abreuver votre cheval et lui remettre sa bride.

Puis, s'emparant du seau, il l'éleva jusqu'à la tête de l'animal.

A ce mouvement imprévu, le vieillard tressaillit de colère et d'indignation ; il repoussa le mendiant et lui arracha rudement la seille des mains ; pendant que ce dernier secouait ses haillons ruisselant d'eau, le voyageur aperçut à travers les rideaux légèrement entr'ouverts le charmant visage de sa fille, dont les yeux étaient brillants de larmes. Il comprit que cet attendrissement pouvait être le prélude dangereux d'une aumône, et, se hissant sur le marchepied, il referma brusquement les rideaux, sans que son adversaire eût le temps de découvrir qu'une femme était cachée dans la carriole.

— Ainsi, reprit le misérable d'une voix dans laquelle la menace l'emportait sur la supplication, vous refusez à la porte d'une auberge un morceau de pain au pauvre qui vous tend la main en vous disant : J'ai faim ?

— Mon brave homme, j'en rencontre cent par jour qui me chantent le même refrain, et, si je les écoutais, c'est moi qui aujourd'hui tendrais la main à cette porte.

— Tandis qu'aujourd'hui vous êtes un des plus riches propriétaires de la forêt, n'est-ce pas ? répliqua l'homme à la besace avec un ricanement sinistre qui fit frissonner la jeune fille.

N'osant désobéir ouvertement à son père, elle écarta l'un des coins du rideau, et, faisant scintiller une petite pièce d'argent qu'elle tenait du bout de ses petits doigts effilés, elle appelait le mendiant par ce signe muet, mais celui-ci ne la voyait pas.

Cependant le vieillard furieux, se drapant dans sa large houppelande, s'écriait avec une indignation comique :

— T'ai-je dit que j'étais riche, va-nu-pieds ! Je suis vêtu décemment, c'est vrai, mais l'habit ne fait pas le moine !

Le mendiant s'approcha gravement de son ennemi et examina avec l'attention d'un connaisseur sa mauvaise capote noisette à collet gras et râpé, sa casquette en fourrure à moitié mangée par les vers, et ses gros bas drapés qui descendaient en spirales dans d'énormes souliers ferrés :

— Ah ! vous vous croyez richement vêtu, mon maître. Erreur ! Il n'y a pas un fripier d'Horb qui consente à vous donner cinq florins de toute votre défroque. Au marché, votre attelage ne se vendrait pas cher. Mais, que ma franchise ne vous humilie point, vous n'en êtes pas moins le plus riche et le plus avare des propriétaires de Nordstetten, digne Gaspard Melzer.

— Ah ! tu sais mon nom ? reprit aigrement le bonhomme en se dressant comme un vieux coq sur ses ergots. Cela m'explique ton acharnement ; n'ayant pu me faire pitié, tu as peut-être espéré me faire peur. Mais tu ne connais pas le vieux Melzer et tu feras bien de ne plus te jouer à lui.

L'homme à la besace ramassa son bâton : — Gaspard, dit-il d'une voix sourde en agitant lentement la tête avec un geste de menace, tu m'as refusé le salaire ; nous verrons si bientôt tu me refuseras le marché que je te proposerai.

— Un marché, toi ! s'écria Melzer en haussant avec dédain les épaules ; mais déjà le pauvre s'éloignait tandis que Marguerite, le cœur oppressé, passant son bras presque tout entier hors de la petite carriole, agitait toujours vainement sa petite pièce de monnaie.

Le bonhomme Gaspard acheva aussitôt de brider son cheval, reporta la seille dans la cour de l'auberge et remonta dans sa voiture, dont il ouvrit les rideaux, car la pluie venait de cesser et le jour commençait à tomber.

Le cheval, qui n'avait pas mangé d'avoine, n'allait qu'au pas, quoique de temps en temps stimulé par le fouet de son maître, et Marguerite, blottie dans un coin de la carriole, soupirait tout bas.

— A quoi penses-tu donc, mon enfant ? demanda le

vieillard, étonné du mutisme de sa fille, qui, pendant tout le trajet, s'était montrée fort expansive et fort gaie.

— Je pense à ce mendiant, mon père.

Gaspard regarda sa fille d'un air de profonde compassion.

— On voit bien, ma pauvre Grettly, que tu sors de ton couvent et que tu ne connais rien de la vie. Tu ne sais pas quelle fortune peut amasser celui qui mange aux dépens d'autrui, tu ignores quelle différence il y a entre donner et recevoir, tu n'as jamais calculé ce qu'un thaler bien placé peut produire en dix ans.

Et, comme sa fille le regardait avec de grands yeux étonnés :

— Ces gens que tu vois traînant par les chemins et tendant le chapeau à tous les passants, sont souvent plus riches que le niais qui leur fait l'aumône.

Et, pour la prémunir contre la charité, cette vertu, disait-il, que l'orgueil seul engendre, il s'empressa de lui raconter vingt histoires de mendiants dans la paillasse de qui, à leur mort, des héritiers affamés avaient trouvé des boisseaux d'or.

Après avoir épuisé la série de ces fantastiques récits qu'il avait recueillis avec soin dans des collections d'almanachs, il expliquait à sa fille la prudente mesure qu'il comptait prochainement soumettre au bourgmestre contre la mendicité, lorsque son cheval effrayé s'arrêta court.

II

La Ruche sauvage.

Le mendiant se tenait debout au milieu du chemin, sa besace d'une main et son bâton de l'autre.

— Puisque tu ne donnes rien pour rien, Gaspard Melzer, dit-il froidement, je viens t'offrir un marché d'or.

— Encore toi ! s'écria le vieillard en bondissant sur son banc.

— Toujours moi, repartit le pauvre, jusqu'à ce que nous ayons réglé notre dernier compte.

— Je n'ai rien à démêler avec toi, dit Melzer en faisant un geste de menace ; laisse-moi passer, ou sinon...

— Tu ne m'as donc pas entendu? vieux Gaspard, je t'ai parlé d'un marché d'or. L'or, n'est-ce pas là un mot qui doit faire dresser tes oreilles, comme le son du clairon celles d'un cheval de guerre? L'or, n'est-ce pas tout pour toi, ton dieu, ton âme, ta santé, ta joie et ton sang? Est-il quelque chose ou quelqu'un au monde que tu préfères à l'or? Ne mens point à ta conscience. Nous sommes seuls ici, et je te connais bien. Je ne suis ni un mendiant ni un voleur. Je suis un marchand qui traite avec un marchand. Écoute-moi donc sans injures et sans menaces.

Marguerite tremblait de tout son corps ; elle murmura.

— Écoutez-le, mon père !

Gaspard haussa les épaules : — Explique-toi donc, bavard. Quel est ce marché d'or ?

— Il s'agit de tout un essaim d'abeilles sauvages dont je ne consentirai pas que tu me donnes plus de trois florins, y compris le sac qui les renferme.

Marguerite, toujours effrayée, se hâta de dire à voix basse :

— Achetez-les, mon père ; elles butineraient si bien au milieu des jolies fleurs de notre serre !

— Non, non, mille fois non ! hurla le bonhomme en s'agitant comme un possédé sur son siége ; je ne souffrirai pas qu'on me mette ainsi le couteau sous la gorge.

Puis, levant son fouet : — Fais-moi place, continuat-il, ou je te coupe la figure !

Le mendiant, qui redoutait l'arrivée du jeune chasseur d'abeilles, et qui avait hâte par conséquent d'en terminer avec Melzer, quitta la tête du cheval et s'approcha du marchepied.

— Nous ne sommes pas à Nordstetten ici, mon vieux père Gaspard, lui dit-il, et je ne te conseille pas d'user de violence avec moi. Tu n'en serais pas quitte à si bon marché ce soir que la semaine passée. Tu étais retranché dans ta maison ce jour-là. Aujourd'hui je te tiens dans la forêt.

— Que veux-tu dire, misérable ? balbutia le vieillard tout en cherchant à pousser son cheval en avant.

— Je veux dire, repartit l'homme à la besace, en po-

sant la crosse de son bâton devant la roue, qu'il y a huit
jours je traversais Nordstetten en faisant mon métier et
que je suis allé frapper à ta porte. J'ignorais que cette
porte était muette et fermée aux malheureux. Je menais
par la main un enfant à qui ta voisine — une pauvre
femme — venait de donner un chanteau de pain noir ;
c'était celui qu'elle mangeait. Toi, tu es venu me regarder
par ton guichet et tu m'as ordonné rudement de m'éloigner.

— Et j'avais bien raison ! Je n'aime pas voir rôder les
va-nu-pieds autour de mon honnête logis.

— Or, comme, au lieu de t'obéir, poursuivit le mendiant impassible, je m'étais assis sur les marches de ta
maison, tu as ouvert méchamment ta porte, et, comme
un lâche, tu as lancé sur nous ton chien, qui m'a mordu
à la jambe et qui a volé le pain de l'enfant. C'est un
crime devant Dieu, cela, Gaspard. Je t'apercevais à travers ton grillage de fer. Tu riais en voyant ta bête affa-
mée dévorer le pain du pauvre petit qui pleurait. Ce
jour-là j'étais le plus faible. Maintenant je suis le plus
fort. Tu vas donc m'acheter sur-le-champ cet essaim et
me compter trois florins.

— Tiens ! les voilà tes trois florins, vieux gueux ! s'é-
cria le bonhomme exaspéré.

Et, levant le manche de son fouet rustique avec une vigueur extraordinaire, il en asséna trois coups formida-
bles sur la tête du mendiant.

Celui-ci poussa un rugissement de douleur et chancela
d'abord comme étourdi ; mais il se redressa par un effort
puissant de volonté, et, fixant un regard plein d'une ironie farouche sur Melzer :

— Puisque j'ai reçu le prix, dit-il, il est honnête et
juste que je livre la marchandise.

Déliant alors le cordon qui fermait la besace, il secoua
l'essaim tout entier jusqu'au fond de la carriole, et, pous-

sant un éclat de rire féroce, il s'enfuit à toutes jambes à travers dans la forêt.

Le bonhomme Gaspard n'avait pas eu le temps de prévoir ni de prévenir cet acte de vengeance horrible. Aussitôt un bourdonnement effroyable, assourdissant comme les vibrations d'une cloche immense, s'était élevé de la voiture ; les abeilles irritées et se heurtant confusément dans leur vol, assaillirent le vieillard, et aux cris de douleur de ce dernier se mêlèrent les hennissements du cheval, qui se cabra, brisa ses traits et se roula sur la route, espérant ainsi échapper aux insectes attachés à ses flancs.

Marguerite s'était enveloppée rapidement la tête dans son long voile de laine, et presque agenouillée sur le devant de la carriole, éperdue, frissonnante, n'attendant aucun secours dans cet endroit désert, au milieu de l'obscurité, elle appelait machinalement : A l'aide ! d'une voix désespérée.

Le tourbillon vibrant des abeilles ne cessait de bruire autour d'elle et de s'acharner sur son voile.

Lorsque Fritz et son frère furent arrivés à quelques pas de la carriole, ils aperçurent, à la lueur de la lanterne, le vieux Gaspard Melzer gisant sur la route, où il se tordait comme un agonisant, et sa fille qui, à bout de forces, s'affaissait sur elle-même sans avoir eu le temps de les regarder ou de les entendre.

— Gretly ! s'écria Fritz en courant à elle, tandis qu'il sentait tout son sang affluer à son cœur.

Il croyait encore à un accident de voiture ordinaire, mais il fut bientôt désabusé, car il se vit enveloppé tout à coup dans un épais nuage d'abeilles, dont le bruissement aigu et menaçant attestait la colère.

Il tressaillit en songeant à l'imminence du danger. Sa tête était en feu. Des dards acérés piquaient déjà ses

mains robustes. Il savait combien ces insectes sont vin-
dicatifs et opiniâtres à poursuivre leur proie. Essayer de
les chasser, c'était les animer jusqu'à l'exaspération et
les provoquer à la lutte. Que faire ? Et pourtant il n'y
avait pas une seconde à perdre ! Alors il rassembla ses
idées troublées, il se contraignit à devenir calme, il se
rappela son expérience de chasseur et, avec une incroyable rapidité de pensée, il se dit que l'essaim avait dû
prendre son vol pour abandonner sa ruche sauvage au
moment où arrivait la voiture et qu'il s'y était engouffré
par hasard.

Il résolut donc, comme moyen suprême, de le refor-
mer aussitôt, et, avec le calme d'un homme habitué depuis longtemps à ce genre de chasse :

— Père Melzer, dit-il doucement au vieillard qui se
roulait toujours en poussant d'effroyables rugissements,
ne bougez plus et surtout ne criez plus, si vous voulez
que je vous tire d'embarras.

— Qui me parle ? soupira Gaspard.

— C'est moi, votre voisin Fritz.

— Dieu soit béni ! sauve-moi donc de ces insectes du
diable, mon bon Fritz ; sauve ma pauvre fille, ma Grettly,
ta sœur de lait, Fritz, que je ramenais du couvent. Ah !
comme je suis piqué !

— Taisez-vous, par pitié pour vous-même, n'irritez
pas les abeilles ! répondit le jeune homme autour de qui
les insectes tournoyaient de plus en plus en rangs press-
sés, et qui en était littéralement couvert. Restez face
contre terre. Quant à Grettly, elle est évanouie ou cachée dans son voile, et l'essaim tout entier semble l'avoir
abandonnée.

La peur rendit enfin le bonhomme silencieux. Le cheval, qui avait une jambe engagée dans l'un des limons,
se débattait toujours sans pouvoir parvenir à se relever,

et Christly, n'osant avancer, se tenait timidement à distance.

Fritz l'appela à voix basse :

— Petit, dit-il, donne-moi ta tranche de pain au miel. Je crois que la reine vient de se poser sur ma manche; je le sens à la suave odeur qui s'échappe de son corps.

L'enfant fouilla dans son sac, y prit le pain, et, le piquant au bout d'une longue branche, le tendit de loin à son frère.

— Maintenant, continua le jeune chasseur, après avoir saisi délicatement par les ailes et avoir posé sur le miel la reine, qui paraissait exténuée de fatigue, — décroche la lanterne de cuivre qui reluit à gauche de la carriole, et donne à ces gaillardes-là un carillon de ta composition.

Christly prit la lanterne d'une main, ramassa de l'autre un caillou, et se mit à faire un vacarme infernal, une vraie musique de nuit de sabbat.

— Frappe! cria pitoyablement Melzer, malgré les recommandations de Fritz; frappe! mais prends bien garde de casser la vitre... elle est déjà fêlée.

Christly n'en carillonna que de plus belle. Aussi le nombre des abeilles qui entouraient le jeune chasseur par milliers grossissait-il à vue d'œil.

Le pain enduit de miel qu'il tenait à bras tendu et à la hauteur de son visage, ne représentait plus qu'une masse informe d'abeilles qui haletaient en battant des ailes.

A celles-ci vinrent peu à peu se réunir la population errante ou groupée sur les rameaux voisins, et toutes, s'agrafant les unes aux autres formèrent bientôt une grappe immense qui pesait plus de trois livres.

Alors Fritz appela de nouveau son frère et lui ordonna de tenir sous l'essaim son sac tout ouvert ; puis, baissant lentement la main, il descendit la grappe jusqu'à l'orifice du sac, qu'il referma vivement avant que les abeilles fussent désagrégées.

— Le tour est fait, père Gaspard ! s'écria Christly tout joyeux.

— Levez-vous, voisin, reprit Fritz, vos ennemis sont en cage...

Le bonhomme se releva meurtri et passablement défiguré ; une dizaine de piqûres profondes avaient fait gonfler son visage et, ses mains et lui arrachaient des plaintes.

Fritz s'avança alors vers Marguerite, qui était restée dans la carriole. Il tremblait d'une joie mystérieuse en songeant qu'il allait revoir ce doux visage qu'il n'avait cessé d'évoquer chaque jour depuis trois années, soit dans l'ombre de sa cabane, soit dans les profondeurs de la forêt. Que de fois n'avait-il pas cru entendre le rire frais et argentin de Grettly éclater derrière le tronc d'un vieux sapin, ou sa jupe rouge frôler les roches veloutées de mousse !

Il approchait donc avec un battement de cœur, mais en rassurant le bonhomme, qui craignait que sa fille n'eût été atteinte par les abeilles.

— Non ! non ! disait-il, Grettly en a été quitte pour la peur, et c'est encore trop ; mais, si elle avait souffert, si le dard des abeilles l'avait touchée, le son de sa voix me l'aurait appris et je ne serais pas si tranquille. Tenez, ajouta le jeune homme en relevant le voile de Marguerite, elle a été miraculeusement protégée par cette écharpe et par son immobilité ; son visage ne porte pas une seule trace de piqûre...

Il ne put achever ; il restait comme ébloui et saisi d'une naïve admiration en contemplant la pâle figure de Marguerite, dont les yeux étaient encore fermés. Depuis

trois ans, en effet, la jeune fille s'était pour ainsi dire
transformée. Ce n'était plus la petite compagne rieuse
de Fritz, c'était une femme dans l'éclatant épanouisse-
ment de sa beauté ; les torsades blondes de ses cheveux
semblaient les anneaux d'une couronne, ses sourcils plus
foncés découpaient un arc plus fier sur son front blanc et
poli ; ses lèvres, rouges comme la fleur du fuchsia, souriaient même dans cette pâleur momentanée, et Fritz
crut d'abord ne pas reconnaître sa compagne d'enfance.
Il la voyait trop belle. Était-ce bien Marguerite ? oserait-
il bien lui parler ? et elle, cette belle jeune fille, daigne-
rait-elle se souvenir de lui et se souvenir surtout de leur
amour. Il avait froid et chaud en même temps. Il la
regardait, il l'admirait, et tout bas il priait Dieu de la laisser encore quelques instants endormie, car, si elle se réveillait tout à coup, si ces yeux qu'il voyait toujours briller dans ses songes comme des étoiles se fixaient sur lui
avec dédain, il en mourrait de douleur ; avec tendresse,
il en rougirait de confusion et de trouble.

Il se hasarda cependant à l'appeler timidement :

— Grettly ! Grettly ! car il voyait le vieux Gaspard le
regarder avec surprise, et la réalité l'étreignait de tous
côtés.

Marguerite ouvrit les yeux, et les couleurs de la vie
remontèrent à ses joues. Quand son cher et limpide regard eut pénétré jusqu'au cœur de Fritz, le pauvre garçon crut que le soleil étincelait tout à coup dans la nuit,
et, comme dans un rêve de bonheur, toute la scène lugu-
bre qui l'entourait lui apparut radieuse. Lui, qui n'avait
pas le sentiment artiste, fut involontairement saisi de la
poésie nocturne de la forêt ; la jeune fille, splendide de
beauté, de grâce et de fraîcheur, renaissant à la vie dans
cette vieille carriole, Gaspard allant indécis de son enfant à son cheval abattu, Christly tenant d'un air ébahi

son sac d'abeilles à la main, les arbres mouchetés d'é-
tincelles de lumière par les rayons de la lanterne et le
sentier se contournant pour s'enfoncer dans l'ombre,
tout cela formait un tableau qui devait vivre toujours
dans le souvenir de l'humble sabotier.

Les roulements du tonnerre s'éteignaient sourdement
dans le lointain ; le vent avait diminué de violence, mais
il agitait encore avec de mélancoliques gémissements
les sombres panaches des arbres, tandis que quelques
rares étoiles nageaient déjà entre les nuages déchiquetés.

Cependant Marguerite regardait Fritz sans étonnement et avec un sourire familier et confiant :

— Oh ! je n'ai plus peur, murmura-t-elle, je ne suis
plus en danger, puisque tu es là, mon ami. Donne-moi
la main, Fritz ! et comment va ta mère, ma bonne nourrice ? Ah ! que je suis heureuse d'avoir quitté ce grand'
couvent, aux sombres arcades, aux préaux nus, aux
têtes de religieuses immobiles et froides ! J'étouffais,
vois-tu, Fritz ; il me semblait que mon sang se glaçait,
que ma pensée se figeait, que mon corps devenait de
marbre comme les statues de la chapelle. Moi qui étais
habituée à courir si lestement sur les montagnes, je ne
savais pas même marcher, et je restais assise des heures
entières sur les bancs du jardin ; là, je fermais les yeux
et je revoyais notre pays.

— Chère Grettly ! s'écria le jeune homme transporté
de joie. Eh bien ! sache donc que j'ai souffert autant que
toi, moi qui étais libre de promener mon chagrin dans
tous les sentiers que nous parcourions autrefois la main
dans la main. J'étouffais dans l'espace comme toi dans
le couvent. J'avais peur de mourir avant de te revoir,
car la forêt tout entière était pour moi une prison, puisque je ne t'y rencontrais plus.

Melzer les interrompit ; il était désespéré ; son cheval

avait les oreilles inondées de sang, et, quant à lui, il souffrait horriblement.

— Rassurez-vous, voisin, dit Fritz, je vais vous extraire tous ces aiguillons-là, et demain il n'y paraîtra plus. Christly, viens nous éclairer.

Puis, tirant de sa poche un couteau sur l'un des côtés duquel était montée une petite lame mince et aiguë, il enleva très-adroitement chaque dard en la glissant entre la peau et l'arme venimeuse ; il eut soin seulement de ne pas comprimer la vésicule au venin, car il savait par expérience que, lorsqu'on la presse dans la plaie, elle y verse jusqu'à sa dernière goutte.

— Merci, Fritz ; et, maintenant que tu m'as opéré mieux que le plus habile chirurgien, aie aussi pitié de mon pauvre cheval, dit le bonhomme.

Enchanté d'être utile au père de Marguerite, le jeune sabotier s'occupa du cheval, qui ne se laissa pas soigner sans ruades et sans soubresauts. Fritz vint enfin à bout de cette opération délicate ; il aida la bête blessée à se remettre sur ses jambes, il raccommoda tant bien que mal les harnais avec quelques vieux bouts de corde tenus en réserve par Melzer dans une poche de la carriole, et, quand le bonhomme se vit, grâce à cette assistance, en état de continuer sa route :

— Mes chers amis, dit-il aux deux frères, je vous tiendrai compte de l'aide que vous m'avez donnée dans cette soirée maudite.

Puis il se hissa péniblement dans sa voiture et ramassa les guides.

— Comment ! lui dit Marguerite qui n'avait pu détacher ses yeux du jeune compagnon de son enfance ; est-ce que vous allez laisser sur la route nos défenseurs, mon bon père ?

— Oh ! ce sont de vigoureux gaillards qui ont bon

pied, bon œil, et qui n'ont peur de rien, ma fille.

Marguerite fit un geste de contrariété, puis, avec cette adresse féminine qui ne manque jamais son effet, elle reprit d'un air boudeur :

— Vous avez raison, mon père, ils n'ont rien à craindre, eux... tandis que nous...

Le vieillard la regarda d'un air étonné.

— Tandis que nous..., répéta-t-il ; que veux-tu dire, fillette?

— Oh ! rien, mon père ; c'est le couvent qui m'a rendu craintive comme une demoiselle de la ville.

— Craintive... mais à quel propos? nous n'allons pas rencontrer un essaim d'abeilles sauvages à chaque coude de la route.

— Certainement. Où avais-je donc la tête! Ce que c'est que la peur ! Et, quand même cet insolent mendiant, vous voyant seul, essayerait encore de vous insulter un peu plus loin, il suffira de la vue de votre fouet pour lui faire prendre la fuite !

— Le mendiant ! dit Melzer, mais je n'y pensais plus. Tu es une fille prudente et avisée, Grettly. Ainsi donc, tu crois...

— Je ne crois rien, mon père, reprit la jeune paysanne, sans cesser de regarder Fritz; disons adieu à nos amis et partons sans plus perdre de temps.

Mais le bonhomme avait déjà changé d'avis. Il avait réfléchi que le mendiant pouvait, en effet, renouveler son attaque, et qu'en ramenant Fritz et Christly dans sa carriole, il se mettrait à l'abri de cet incident redoutable.

Il se tourna donc gracieusement vers eux :

— Mes chers enfants, leur dit-il, excusez le trouble où je suis, mon intention n'était pas de vous quitter si brusquement. Montez tous les deux dans la carriole.

— Mais, dit Fritz en hésitant, malgré les signes encourageants de Marguerite, votre cheval est déjà si fatigué !

— Montez, vous dis-je, reprit le bonhomme, je le veux ! Le coquin qui nous a attaqués tout à l'heure serait capable de vous surprendre et de vous jouer aussi quelque mauvais tour.

La jeune fille sourit du succès de son innocent stratagème.

— Quel coquin, père Gaspard ? demanda Fritz étonné.

— Eh ! le mendiant aux abeilles, pardieu !

— Le mendiant aux abeilles ! répéta le jeune chasseur. Ce n'est donc pas le hasard ?...

— Le hasard ! est-ce que tu crois au hasard, toi Fritz, un garçon raisonnable ? Mais le hasard, c'est toujours un méchant gueux qui vous jette une pierre dans les jambes. Montez, et chemin faisant, je vous raconterai notre terrible aventure.

Fritz sauta d'un bond dans la carriole, derrière laquelle Christly, léger comme un chat, grimpa sans oublier son sac.

— Mon garçon, reprit le bonhomme, tandis que je conduis, tout en causant, soutiens Marguerite, car après une si forte émotion, les cahots de la voiture seraient capables de la briser, la pauvre enfant !

Fritz obéit silencieusement ; ses yeux s'attachèrent avec une fixité qui tenait de l'extase sur ceux de Grettly, — et le cheval, qui sentait de loin l'écurie, suivit au petit trot le chemin qui conduisait à Nordstetten.

III

La Marannelé.

Pendant que la carriole ramenait assez lestement Fritz
et son jeune frère au logis, leur mère, la veuve Wendel,
attendait leur retour avec une fiévreuse impatience.

Dans le pays, la bonne femme était plus connue sous
le nom de la Marannelé. Sa cabane était cachée comme
un nid d'oiseau dans cette partie de la forêt Noire qui
appartient au Wurtemberg et dépendait du petit village
de Nordstetten. Cette masure isolée, qui abritait la veuve
et ses enfants, se composait de deux vastes pièces blan-
chies à la chaux.

Dans la première, quelques escabeaux boitaient autour
d'une table de sapin, et une vieille draperie de serge
verte masquait le lit de bruyère où dormaient ensemble
Fritz et Christly.

La chambre du fond, la chambre de la mère, était
garnie de quelques vieux meubles de famille, tous dépa-

reillés, vermoulus et brunis par le temps. Un lit de
chêne, une crédence, un bahut, une petite table ronde
et un vaste fauteuil revêtu de cuir formaient ce modeste
ameublement. Là se trouvait aussi l'unique foyer de la
cabane, et, quoiqu'il servît à préparer pour la famille les
aliments de chaque jour, il n'en était pas moins encom-
bré de vases et de fioles, de mortiers de verre et de marbre, de pilons de cuivre et de buis.

Cette chambre offrait donc un aspect pharmaceutique
et redoutable. De longs chapelets de racines et d'herbes
sèches pendaient en guirlandes aux solives luisantes du
plafond; des couleuvres s'enroulaient dans des bocaux
hermétiquement fermés, et d'énormes lézards empaillés
semblaient grimper le long de la muraille. Un étranger,
entrant dans ce capharnaüm, devait plutôt s'attendre à y
trouver un alchimiste au nez et au bonnet pointus, à la
robe de velours semée de signes cabalistiques et à la baguette magique, qu'une honnête ménagère wurtem-
bourgeoise.

Accroupie devant l'âtre, la Marannelé, profitant de
l'absence de ses enfants, achevait de composer un narcotique merveilleux dont seule peut-être, de tous les habitants de la forêt Noire, elle avait conservé la recette.

La veuve Wendel était une femme de cinquante ans
environ, dont le costume ne ressemblait pas à celui des
autres femmes du pays. Sa robe de serge brune, ample
et longue, était serrée à la taille par une grosse ganse
de laine; elle répudiait tout autre vêtement; elle n'avait
d'autre coiffure, même pendant l'hiver, que son abondante et rude chevelure noire, qui commençait à s'argen-
ter vers les tempes, et qu'elle portait tordue en arrière.
Son teint brun, ses sourcils fortement accusés, sa paupière bistrée, son nez étroit et busqué, ses lèvres minces
et plissées par les coins, donnaient à sa physionomie

2.

une ressemblance malheureuse avec le type des femmes de Bohême.

Fille de l'ancien maître d'école de Nordstetten, plus instruite que ne l'étaient les gens des campagnes à cette époque, elle partageait néanmoins un grand nombre de leurs superstitions; elle croyait aveuglément à l'*oniro-mancie*, ou l'explication des songes, ainsi qu'à la *lycan-throphie*, ou la transformation des hommes en loups. Dans les nuits pâles de l'hiver, au clair de lune sinistre de minuit, n'avait-elle pas entendu les loups hurler son nom en bondissant sur la neige, au moment où elle se réveillait baignée de sueur et terrifiée par un songe de mort? Elle ne mettait en doute ni l'existence des vampires, qui viennent sucer pendant le sommeil le sang des enfants, ni celle des gnomes, gardiens des trésors enfouis dans la terre et qu'on se rend favorables en leur jetant chaque soir une jatte de lait pur et de miel vierge.

Elle ne doutait pas plus de la vertu attribuée à la baguette de coudrier que de la puissance du mot *abraxa*, qui, prononcé avec quelques cérémonies, évoque les âmes auxquelles on veut parler.

Visions, philtres, apparitions, enchantements, conjurations, tout était incontestable vérité pour cette imagination faussée par les fantastiques récits que le peuple se transmet d'âge en âge, et dont on avait bercé son enfance; mais, comme elle avait une foi profonde en Dieu, et que, pour exercer cette science mystérieuse et fatale, il fallait se mettre nécessairement en rapport avec le démon, la Marannelé, tout en y croyant fermement, ne la pratiquait pas.

En revanche, elle composait avec une merveilleuse sagacité des onguents, des baumes et des breuvages qu'elle donnait à tous ceux qui souffraient autour d'elle, à ceux surtout que les médecins abandonnaient, soit parce que, dans leur ignorance, le mal leur semblait sans remède, soit parce que, dans leur cupidité, ils pressentaient qu'on ne les payerait pas.

Or, comme elle avait sauvé beaucoup de malades, au chevet de qui elle avait souvent passé des nuits avec un rare désintéressement, avec un dévouement sans bornes, et que le bien que l'on fait porte toujours avec lui sa récompense, la Marannelé passait dans le pays pour être un peu sorcière.

Les honnêtes paysans qu'elle avait guéris ne passaient auprès d'elle qu'en détournant timidement la tête; les plus ignorants se signaient, c'était le plus grand nombre, et les enfants, en la voyant venir de loin, se hâtaient de rebrousser chemin, les yeux effarés, pour éviter sa rencontre.

D'autres gens du village faisaient bien mieux encore; ils venaient mystérieusement chez elle, sous ce toit où s'élaboraient les baumes qui devaient les sauver un jour, eux et leurs familles, et ils lui demandaient des philtres sous le sceau du secret, — les vieillards pour se faire aimer des jeunes filles, et les jeunes filles pour se faire épouser par un veuf suffisamment âgé et aussi pourvu d'argent que dépourvu d'enfants.

Loin de s'en irriter, la sage Marannelé prenait tous ces pauvres fous en pitié et leur donnait d'excellents conseils, dont aucun ne profitait, suivant l'usage.

Ces explications données, nous allons retrouver devant l'âtre la digne veuve, qui venait enfin d'obtenir, au moyen d'une petite cornue de verre, le précipité qu'elle cherchait. Une addition de cerises sauvages distillées qu'elle y versa et qu'elle battit pendant trois minutes avec une spatule de bois, transforma ce résidu en une sorte de pâte presque liquide, et elle le renferma dans un petit vase de terre. Elle couvrit ensuite le vase d'un linge, le serra précieusement dans sa crédence, et, après avoir éteint le feu de son foyer, elle alla s'asseoir dans la première.pièce, garnit sa quenouille et se mit à filer en attendant ses enfants.

Mais, dès que l'orage éclata, rejetant ses fuseaux, elle alla s'accouder devant la fenêtre entr'ouverte, regardant à la lueur des éclairs la route par où devaient venir ses deux fils ; puis elle se mit à prier avec ferveur.

Bientôt elle aperçut de loin deux grands yeux ardents qui flamboyaient au milieu des ténèbres et semblaient venir à elle.

C'était la carriole de Gaspard Melzer, qui s'arrêta peu après devant sa porte.

Dès que la veuve eut reconnu la voiture, elle fronça le sourcil et referma brusquement la fenêtre en se disant avec humeur : — Que vient faire ici Melzer, cet oiseau de malheur ?

Puis elle fit un pas vers la porte et tendit la main vers les verroux comme si elle eût voulu se barricader contre un danger, sans souci du devoir de l'hospitalité, si sacré pour les habitants de la forêt. Devant ses yeux fixes elle voyait passer comme une procession de malheurs, et son cœur se glaçait. Tout à coup elle sourit, une chaude effluve enveloppa tous ses membres et elle ouvrit la porte toute grande : — Folle que je suis ! murmura-t-elle. La Marannelé avait entendu une voix fraîche et sonore l'appeler joyeusement.

Au même instant Fritz et Christly, tenant chacun par la main Grettly, que l'air froid de la nuit avait ranimée, se précipitèrent dans la cabane comme une véritable avalanche.

— Mère, dit Fritz en souriant, vous guettiez impatiemment le retour de vos enfants, n'est-ce pas ? Eh bien ! continua-t-il en lui jetant Grettly dans les bras, vous n'aurez pas perdu pour attendre ; car, au lieu de deux enfants, en voilà trois qui vous arrivent.

La Marannelé restait immobile et stupéfaite ; elle n'embrassait pas la jeune fille, elle ne la serrait pas contre son cœur, elle n'admirait pas sa beauté et sa grâce ; elle se disait en elle-même : — La vision avait raison, c'est là qu'est le malheur !

— Il faut donc vous embrasser de force, bonne nourrice ? dit Grettly en jetant avec un abandon charmant ses deux bras autour du cou de la veuve. Ah ! je le vois bien, les absents ont tort, vous m'avez oubliée, ou bien j'ai grandi, et vous ne reconnaissez plus votre petite chèvre, comme vous m'appeliez, Grettly la sauteuse, Grettly la turbulente !

Le cœur de la Marannelé se fondait dans sa poitrine ; elle saisit l'enfant dans ses bras robustes, et la baisa avec une sorte d'emportement :

— Ne pas te reconnaître, toi, ma Grettly ! mon enfant bien-aimée ! Mais crois-tu donc que je t'ai perdu de vue un seul jour, une heure, une minute ! N'ai-je pas prié pour toi autant que pour mes deux fils, — et le soir n'entendais-je pas ta voix à mon oreille, avant de m'endormir ? Oui, tu es bien belle, bien grande, bien sage maintenant, tu es une demoiselle, et pourtant...

— Ah ! vous allez me faire peur, nourrice ; je ne suis pas si changée que cela ! dit Grettly ; je n'ai rien oublié du passé, et je connais aussi bien que vous la place de vos fioles, de vos bocaux et de vos vilains lézards !

— Ainsi tu reviens à la forêt, mon enfant ? demanda la veuve.

— Oui, la Marannelé, répondit Gaspard Melzer entrant le dernier, et j'ai voulu que sa première visite fût pour vous.

La veuve le regarda fixement ; Gaspard, embarrassé, baissa les yeux.

Marguerite reprit avec un soupir :

— Enfin j'ai quitté mon couvent pour n'y retourner jamais. N'est-ce pas, mon père ? continua-t-elle, en rejetant par un gracieux mouvement sa tête blonde en arrière pour rencontrer le visage du vieillard.

—Oui, mon enfant, répondit celui-ci, et nous ne nous quitterons plus jusqu'au jour où le mari que je t'aurai choisi t'emmènera de la maison paternelle.

Les regards des deux jeunes gens se croisèrent ; nous ne savons quel fluide s'en échappa, mais Marguerite se sentit rougir, et Fritz eut un tressaillement au fond du cœur. Dans ce mystérieux échange, toute leur jeunesse avait revécu avec sa poésie innocente ; ils avaient revu les arbres escaladés par Fritz, et dont les fruits pleuvaient dans le tablier de Gretly, les ruisseaux gonflés qu'elle avait traversés sur le dos de son ami, les vieilles ruines festonnées de lierre s'éboulant sous leurs pas à l'heure où le soleil couchant dorait les chèvrefeuilles ; mais ce coup d'œil si rapide et si profond n'avait pas échappé à la veuve.

Elle posa ses deux mains sur les épaules de Marguerite, s'éloigna d'un pas et, l'examinant avec une attention radieuse :

— Oui, tu t'es transformée pendant ces trois années passées loin du pays, ma chère enfant ; tu es plus belle que toutes les belles filles de la forêt, et comme tu es aussi bonne que belle, heureux sera le mari que ton père choisira.

— N'est-ce pas, la Marannelé ? reprit Melzer en relevant la tête avec orgueil ; mais, la veuve regardant tout à coup son fils, qui contemplait Marguerite avec extase, ne répondit pas, car elle sentit son cœur se serrer.

— Et tu seras encore plus heureuse de me revoir, nourrice, reprit Marguerite, quand tu apprendras que sans Fritz et Christly je serais sans doute morte en ce moment.

— Morte ! répéta la mère avec un geste de stupeur.

— Ah ! j'ai eu bien peur, va ! C'est une aventure terrible ; mais, Dieu soit loué ! je suis sauvée et bien sauvée, grâce au courage de tes enfants.

Fritz fit signe à la jeune fille de se taire, mais la veuve l'avait saisie violemment par la main et l'interrogeait, des larmes dans la voix :

— Qu'est-il donc arrivé ? Morte ? toi, dont les yeux brillent comme des étoiles, ma Grettly ! J'aurais pu ouvrir ma porte et voir entrer ton corps pâle et froid dans ma cabane ! mais c'est impossible, la forêt est sûre. L'orage peut-être ! Parle donc ! Le cheval aura été effrayé et se sera emporté ?

Ses mains ridées tremblaient en touchant le corsage de Marguerite, comme pour s'assurer qu'elle n'était pas blessée.

— Rassure-toi, bonne mère ; il ne s'agit ni de voleurs ni de brigands, mais d'abeilles sauvages qui ne nous ont pas reconnus pour des compatriotes. Elles m'ont fait plus de peur que de mal, grâce à Fritz, qui ne leur a pas donné le temps d'accomplir leurs projets sanguinaires ; mais je me souviendrai longtemps de cette peur-là ! Je suis donc joyeuse et fière de te dire que c'est à tes enfants que mon père et moi nous devons la vie.

— C'est vrai, ajouta le vieux Gaspard, et ils en seront récompensés l'un et l'autre.

La Marannelé tressaillit en redressant sa haute taille

— Récompensés ! et quelle récompense méritent-ils pour avoir fait leur devoir ? Ils auraient rendu le même service au premier chrétien venu. C'est donc à eux à remercier Dieu de leur avoir permis de sauver leur sœur Grettly. Mais peut-être ai-je eu tort d'être si familière avec la fille du riche Gaspard Melzer, moi qui ne suis qu'une pauvre veuve. S'il en est ainsi, pardon, mon voisin ; pardon, mademoiselle Marguerite, je saurai me tenir à ma place.

Grettly se mit à rire :

— Tu n'as pas compris mon père, nourrice ; il n'a pas voulu t'offenser, et tu aurais tort de t'effaroucher d'un mot sans importance. N'es-tu pas de la famille, et peut-il être question d'orgueil entre nous ? J'ai bien vu tout à l'heure que tu m'aimes toujours comme lorsque tu me portais dans tes bras. Quant à moi, tu remplaces dans mon cœur ma pauvre mère que j'ai perdue. Ne va donc pas gâter mon bonheur par cette mine sévère et chagrine.

La veuve laissa échapper un soupir.

— Que s'est-il donc passé, continua la jeune fille, qui doive refroidir nos amitiés ? Est-ce que Christly s'est si fort occupé de grandir qu'il m'ait oubliée ? Et toi, mon bon Fritz, est-ce que tu ne m'aimes plus comme autrefois ? Pourquoi restes-tu muet et contraint et ne m'aides-tu pas à chasser ces vilaines pensées de l'esprit de ta mère ?

Fritz rougit involontairement.

— C'est étrange, répondit-il, il faut que je ferme les yeux et que je t'écoute parler pour bien retrouver en toi la Grettly qui est restée dans mon cœur comme une sainte Vierge dans sa niche. Je suis fâché d'une chose, vois-tu, c'est que je vois que je t'aime encore plus qu'autrefois, et je ne croyais pas cela possible ; puis, sans tes bonnes paroles, il me semble que je me sauverais pour te regarder en cachette derrière la haie, tant ta toilette de dame m'interdit et me confusionne. Tu ressembles trop ainsi aux bourgeoises de la ville, à qui je ne m'aviserais guère de parler. J'avais bien envie tout d'abord de te dire *vous*, car je trouvais presque insolent de te tutoyer, si tu ne m'en avais donné l'exemple.

Marguerite sourit :

— Allons, je comprends pourquoi tu ne m'as pas encore embrassée, Fritz ! Tu es devenu bien timide pour un hardi chasseur d'abeilles. Avec le temps, tu finiras peut-être par t'accoutumer à moi, et tu oublieras la demoiselle pour ne plus voir en moi que ta petite Grettly.

— Bah ! interrompit brusquement le vieux Melzer, le voisin Fritz, qui est un garçon intelligent, a très-bien compris que les choses ont changé depuis ton départ, Marguerite. Ces sortes de familiarités, sans conséquence entre enfants, seraient blâmables aujourd'hui.

Les deux jeunes gens se regardèrent avec surprise. Ni l'un ni l'autre n'avaient compris ; mais les paroles de Gaspard pénétrèrent comme une lame aiguë jusqu'au fond du cœur de la Marannelé. Elle se trouva blessée dans son affection pour Grettly et dans son orgueil maternel. Son fils pour elle était un dieu ; elle ne voyait rien de plus beau, de plus noble, de plus digne d'admiration que Fritz, et elle souffrait cruellement de le voir humilié par la défiance sournoise de ce vieillard qu'elle n'estimait pas. Elle savait bien que, si Gaspard avait envoyé sa fille passer quelques années au couvent, c'était pour rompre cette amitié d'enfance vivace comme le lierre, qui l'inquiétait pour l'avenir ; mais elle savait aussi que Fritz et Grettly s'étaient séparés en jurant de s'aimer toujours, et que, si l'un d'eux avait pu oublier son serment, certes, ce n'était pas son fils, qui chaque jour avait retrouvé sous ses yeux et sur ses pas les souvenirs lumineux de son amour.

Marguerite seule, revenant au village transformée par l'éducation du cloître, pouvait sourire en songeant à ces naïfs aveux échangés entre deux enfants qui ne connaissaient rien de la vie. La veuve se disait que la scène de la forêt avait dû rehausser encore Fritz dans l'ardente

3

imagination de la jeune fille, et elle sentait que le seul
ennemi de leur bonheur, c'était le cupide Melzer; elle
s'approcha donc lentement de lui, et, le regardant avec
un sourire railleur aux lèvres :

— Que les temps sont changés, maître Gaspard ! lui
dit-elle. Il y a dix ans, vous habitiez une misérable cabane, voisine de la nôtre. Vous n'étiez qu'un simple sabotier comme nous. Il vous fallait alors travailler, jusqu'à seize heures par jour, de vos mains, dans la même
hutte que le père de ces deux garçons-là.

Melzer grimaça un sourire : — Je le sais, veuve Wendel.

— Mon homme vous avait associé à son travail, par
compassion, car souvent vous manquiez de pain, et vous
n'aviez pas d'outils pour en gagner.

— Ai-je dit le contraire? murmura Melzer.

— Vous pouviez voyager à cette époque sans craindre les voleurs, n'est-ce pas, maître Gaspard? poursuivit impitoyablement la Marannelé.

— A quoi bon revenir ainsi sur le passé, bonne femme?
J'ai été pauvre, et je n'en rougis pas. Pauvreté n'est pas
vice.

— Décidément vous êtes né sous une heureuse étoile,
voisin, continua-t-elle; mon pauvre homme est mort ne
nous laissant que des dettes... Heureusement, grâce aux
bras de ces deux chers enfants, elles ont été payées.
Pendant ce temps, vous deveniez le plus riche propriétaire du pays. Allons, convenez que vous avez fait un
chemin rapide en moins de dix années.

— Voilà où le travailleur arrive avec du courage et
de l'économie, répondit le vieillard d'une voix mal assurée et visiblement inquiet de l'insistance avec laquelle
la Marannelé se plaisait à le ramener vers un passé misérable.

— Le travailleur ! répéta la veuve d'une voix stridente. Est-ce donc à dire que je suis une paresseuse, et que mes mains sont restées oisives comme celles d'une bourgeoise ? Oh ! j'ai pourtant bien travaillé ; j'ai donné l'exemple à mes fils, et ils l'ont bravement suivi. Nous nous sommes privés de tout, et pour résultat... voyez !... Vous avez acheté le domaine de l'ancien seigneur de Nordstetten, et je ne possède, moi, pour tout bien, que cette humble cabane, unique héritage de mes parents. Voilà mon fils aîné, et voici votre fille. Aujourd'hui, Gaspard, quelle différence entre eux ! Et cependant, autrefois, ils étaient égaux en misère... comme en beauté. La mère de votre enfant était morte. Pleure, Marguerite, pleure ! ta mère verra ces larmes et s'en réjouira. J'ai allaité l'orpheline en même temps que j'allaitais mon Fritz. Un de chaque bras, un de chaque sein. Elle disait : Mon frère ! il l'appelait : Ma sœur !

— Mais encore, mais toujours ! interrompit vivement Marguerite en s'essuyant les yeux.

La veuve hocha tristement la tête.

— Allons ! allons ! s'écria Melzer qui avait hâte de mettre fin à cette scène, n'anticipons pas sur l'avenir. Vous avez la mémoire un peu chagrine, Marannclé ; mais vous nous aimez, et ni vous ni vos enfants n'aurez à vous plaindre de nous. J'aime à protéger les braves gens. Quant à toi, Fritz, viens me voir demain matin, mon garçon.

Le jeune homme rougit de plaisir.

— C'est bien, père Melzer, je n'y manquerai pas.

— Maintenant, Grettly, continua Gaspard, remercie la bonne veuve de son hospitalité et retournons chez nous, d'autant mieux que mon cheval commence à hennir d'impatience.

— Bonne nuit, nourrice, dit Marguerite en présentant

son front à la Marannelé. Adieu, Christly ; et toi, frère, ajouta-t-elle en tendant au jeune sabotier sa petite main blanche, n'oublie pas que mon père ne sera pas seul à t'attendre demain.

— La nuit sera bien longue ! soupira Fritz en aidant sa gentille petite sœur de lait à monter en voiture.

En ce moment Melzer fouetta son cheval, qui partit au grand trot.

— Fritz ! Fritz ! dit alors la veuve en voyant avec quelle émotion son fils suivait des yeux la carriole, c'est notre malheur à tous qui roule à cette heure sous le fouet du vieux Gaspard. J'ai bien regardé cet homme, et j'ai vu luire dans ses yeux faux l'avarice, l'orgueil et le mépris de notre pauvreté. Ses sacs d'écus sont un rempart infranchissable entre sa fille et toi. Il te trouvera bon pour un valet de charrue et non pour un fiancé. Il te pardonnerait tous les vices, il te pardonnerait une insulte, il ne te pardonnera pas ta misère.

— Ma mère, le bonhomme Gaspard n'est pas si noir que vous le faites ; je suis sûr, moi, que Grettly nous ramène le bonheur. Depuis trois ans, j'étais toujours triste, et ce soir mon cœur se gonfle de joie. Douteriez-vous de Grettly ? La croyez-vous capable d'une trahison ?

La veuve prit la main de son fils :

— Mon enfant, dit-elle, Grettly doit obéir à son père ; mais je ne me contenterai pas de faire pour ton bonheur des vœux stériles. Si Melzer ruine toutes tes espérances, s'il veut chasser du cœur de sa fille l'affection qu'elle a conservée pour nous, il apprendra ce que peut faire contre un homme riche et puissant cette humble et misérable Marannelé qu'il méprise comme un ver de terre.

Elle embrassa son fils, et, lui faisant signe de ne pas la suivre, elle rentra dans sa chambre d'un pas tremblant.

IV

Un bienfait est quelquefois perdu.

Fritz ne tarda pas à s'étendre sur son lit de bruyère, près de son frère Christly, qui ronflait déjà comme un bienheureux, si toutefois il est prouvé que la béatitude provoque forcément au sommeil; mais il eut beau fermer les yeux pour appeler le repos, le repos ne vint pas. Les dernières paroles de sa mère vibraient toujours dans sa pensée.

Comme il était doué de généreux instincts et qu'il ne voyait encore la vie qu'à travers ce prisme éblouissant qui colore de reflets brillants et trompeurs la route inconnue de l'avenir, il se disait à lui-même :

— Non, Gaspard Melzer n'a pas oublié que mon père a partagé fraternellement avec lui son morceau de pain, et que ma mère a nourri sa chère Grettly! Non, il n'oubliera pas, j'en suis sûr, le service que je viens de lui rendre ce soir !

Et puis, il faut le dire, Fritz avait une confiance aveugle en sa destinée depuis qu'il portait, pendu à son cou,
un petit kreutzer de bonheur, que Marguerite y avait
attaché elle-même avant de partir pour le couvent.

On prétendait que, la nuit, quand la lune dardait ses
rayons blancs sur la terre, il tombait chaque fois un plat
d'argent, et que les fondeurs se servaient de ce plat d'argent pour monnayer les kreutzers qui portaient bonheur
aux amoureux, aux soldats et aux voyageurs.

Ces kreutzers avaient trois petites croix au revers, et
c'était à ces croix surtout que le jeune sabotier attri-
buait le pouvoir mystérieux dont ils étaient doués. C'é-
tait donc pour lui un talisman et une sainte relique.

Il porta son kreutzer à son front, et, s'étant signé avec
une foi sincère, il s'endormit plus calme, et aucun songe
sinistre ne vint terrifier son sommeil.

Quand il se réveilla, le soleil brillait depuis longtemps; la veuve et Christly étaient levés, les meubles
de la cabane étaient soigneusement frottés, et il vit
ses vêtements neufs, ceux qu'il conservait pour les
jours de fête, pliés sur un petit escabeau placé près
de son lit.

Il s'habilla à la hâte, l'œil radieux, le sourire aux lèvres, car il pensait à Marguerite, avec qui il allait causer
longtemps en toute liberté. Désormais ses journées ne
seraient plus vides; le travail ne lui semblerait plus monotone; ses amis ne seraient plus d'importuns bavards;
il n'aurait plus besoin de raconter son chagrin aux sapins et aux chênes de la forêt. Il ne serait plus jaloux de
la joie des autres. Marguerite était revenue.

En ce moment la veuve sortit de sa chambre.

— Avez-vous bien dormi, ma mère? lui demanda Fritz
en allant l'embrasser?

— Mal! très-mal! répondit la Marannelé qui, en effet,

était encore plus pâle que de coutume. J'ai rêvé de toi et de Grettly.

— Alors vous avez vu deux fantômes joyeux, n'est-ce pas ?

— Tristes comme la mort, Fritz.

— Voyons, mère, chassez ces idées lugubres et dites-moi si j'ai bonne mine avec mes habits neufs ! Vos yeux valent mieux qu'un miroir.

— Tu es vraiment un beau garçon, Fritz, dit la veuve en le regardant avec une complaisance involontaire, mais Gaspard Melzer aime mieux entendre sonner l'argent dans la poche d'un vieil habit que de sentir le vide dans la poche d'un habit neuf.

— C'est ce que nous saurons bientôt, répliqua en souriant le jeune homme incrédule. Adieu, bonne mère.

Et il fit un pas vers la porte.

Mais la Marannelé l'arrêta et, lui désignant de la main la table sur laquelle étaient posés une corbeille d'œufs durcis, une miche de seigle et une cruche de cidre.

— Dans ton impatience, Fritz, tu ne t'aperçois pas que tu pars sans songer à manger.

— A quoi bon ? le bonhomme m'a bien prié d'aller lui rendre visite ce matin, et vous ne supposez pas qu'il voudra déjeuner sans moi.

— N'importe ! mange toujours un morceau et bois un coup, répondit la veuve en secouant la tête ; on ne sait pas ce qui peut arriver.

Blessé de cette insistance, Fritz fronça légèrement les sourcils, et, pour dissimuler sa contrariété, il poussa son escabeau devant la table et brisa la miche en deux.

— Vous le voulez absolument, ma mère, je vais vous obéir ; mais je vous préviens que la joie m'a ôté l'appétit.

Il eut bientôt terminé son frugal repas et put enfin

dire adieu à la Marannelé sans qu'elle cherchât davantage à le retenir.

Elle alla s'appuyer contre la fenêtre et le suivit longtemps des yeux. Quant il eut tourné l'angle du chemin, elle poussa un soupir, et une larme descendit lentement le long de sa joue creuse.

Cependant son fils, insoucieux de cette douleur, arpentait à grands pas, tout en sifflant la ronde des sabotiers, le vert chemin qui menait chez Melzer.

Le logis du bonhomme avait sa façade sur la place, et n'était séparé de la maison commune que par une ruelle étroite et tortueuse qui s'allongeait vers la campagne.

C'était une large tour carrée, dernier débris de l'ancien château, dont il ne restait plus d'autre vestige. Sa construction de pierres massives et à demi rongées par la dent des siècles, ses fenêtres découpées en forme de meurtrières et grillagées, lui donnaient un aspect sinistre.

Après avoir monté trois marches dégarnies, qui semblaient plaider en séparation, le visiteur trouvait à la hauteur de sa main un lourd heurtoir jauni par la rouille, et au-dessus, à la hauteur de l'œil, un petit guichet à losanges de fer méplat très-serrées, à travers lesquelles le châtelain pouvait néanmoins de l'intérieur examiner le visage de celui qui frappait.

Une petite porte basse, voûtée et bardée de lames de fer, donnait bien sur la ruelle, mais le vieux Gaspard l'avait condamnée lorsqu'il prit possession de cette tour froide et noire.

En traversant la place d'un air de triomphe, Fritz rencontra quelques commères qui puisaient de l'eau à la fontaine, et il les salua d'un signe de tête.

— Oh ! oh ! s'écria l'une d'elles, étonnée de ne pas voir le jeune homme s'arrêter un instant pour causer, nous sommes donc bien pressé ce matin, galant sabotier ?

— Oui, voisine, répondit Fritz, le père Melzer m'attend chez lui, et je tiens à être exact.

Il continua son chemin au grand ébahissement des bonnes femmes, et en remerciant le hasard de les avoir rassemblées à la fontaine au moment même, où il allait entrer dans cette maison qui lui était interdite depuis le départ de Grettly.

Escaladant les trois marches d'une seule enjambée, il frappa un coup sec à la porte ; il était évidemment attendu, car elle s'ouvrit aussitôt pour lui livrer passage et se referma derrière lui.

La ménagère du vieux Gaspard qui venait d'introduire Fritz était une petite femme brune, frétillante et fraîche encore malgré ses quarante-cinq ans.

— Bonjour, dame Catherine ! dit gaiement le jeune homme. Vous allez me prendre pour un revenant, n'est-il pas vrai ? et, s'il était minuit, vous tomberiez évanouie de frayeur.

— Oh ! je ne suis pas si poltronne, mon garçon, répliqua la ménagère sur le même ton ; mais tu ne pouvais arriver plus à propos, car le père Melzer est sorti.

— Sorti ! s'écria Fritz étonné ; cependant il m'avait donné rendez-vous.

Dame Catherine éclata de rire.

— Comment ? nigaud, reprit-elle quand cet accès de gaieté se fut un peu calmé, tu n'es pas enchanté d'être obligé de l'attendre en causant avec Marguerite ? Est-ce qu'entre amoureux on n'a pas toujours mille nouvelles à s'apprendre ?

— Oh ! si, dame Catherine, surtout quand on ne s'est pas vu pendant trois mortelles années.

— Tiens ! tu m'ouvres l'esprit, Fritz ; c'est sans doute aussi parce qu'elle ne m'a pas vue depuis trois ans, la pauvre chère enfant, qu'elle avait tant de choses à me

3.

raconter cette nuit. Sainte Vierge ! il était deux heures qu'elle me parlait encore de l'aventure des abeilles, de ta mère, de Christly, — et même un peu de toi, mon garçon. Et le passé donc ! elle s'en souvient comme si c'était hier. Quelle excellente mémoire elle a, notre demoiselle !

— Bonne Grettly ! Oh ! j'étais bien sûr que son cœur ne pouvait se gâter par l'absence.

— Malheureusement celui du père Melzer est plus dur que roche, et tu auras bien du mal à l'attendrir, mon pauvre Fritz ! Mais ne perds pas courage, et, si je puis t'aider... Mais j'oublie que Marguerite t'attend. Tu la trouveras au fond du jardin, sous le berceau de chèvrefeuille que tu lui as construit toi-même.

— Merci, bonne Catherine, dit Fritz en s'empressant de profiter de la permission.

Dès qu'elle vit venir son frère de lait, la jeune fille s'échappa de la petite niche de chèvrefeuille, de vigne vierge et de pervenches fraîchement écloses où elle était blottie et accourut à sa rencontre.

Fritz s'arrêta stupéfait et la poitrine haletante ; les yeux humides de larmes, il contempla avec un bonheur indicible cette délicieuse apparition qui effaçait trois années plus sombres et plus désolées qu'une longue nuit d'hiver, et qui faisait fleurir, comme par magie, tout un printemps radieux dans son âme.

Bonne Grettly !... sa toilette de la veille avait presque intimidé Fritz, et, pour lui plaire, elle avait repris le costume dont les jeunes filles de Nordstetten se parent les jours de fête.

Un peu en arrière de la tête, elle portait une petite coiffe de soie rouge, toute parsemée de brillantes paillettes d'argent, et d'où se déroulaient, en larges nattes tressées de rubans de soie rouge, de splendides cheveux

d'un blond cendré qui traînaient jusqu'à terre. Le rouge,
dans le duché, est l'emblème des vierges. Une jeune
fille dont la réputation n'est pas intacte ne peut plus
porter que des rubans de lin blanc.

Autour de son cou, pur et blanc comme celui d'un
cygne, s'enroulait un collier de perles sombres. Un petit
corset écarlate, retenu des deux côtés par des agrafes
d'argent à travers lesquelles serpentaient des chaînettes
de même métal, serrait sa taille frêle et souple. Sur son
ample jupe de soie bleue, qui lui descendait seulement
un peu au-dessous du genou, flottait un petit tablier blanc
brodé de dentelles.

De grands nœuds de rubans rouges descendaient de
ses épaules et accompagnaient fort gracieusement des
manches de chemise qui n'allaient pas jusqu'à l'avant-
bras.

Pour compléter enfin ce costume charmant, elle avait
fourré ses petits pieds, chaussés de soie gris-perle, dans
des sabots ornés de peau d'agneau blanc, dont la cam-
brure était tellement évidée au milieu, qu'ils mettaient à
découvert toute la finesse du pied.

Fritz restait donc immobile et plongé dans son extase
sans pouvoir quitter des yeux cette rustique enchante-
resse, et lorsque, arrivée à deux pas de lui, elle dit avec
un sourire d'ange : — Tu m'aimes donc mieux ainsi ?—
il ne trouva pas une seule parole à répondre, il se laissa
glisser sur les genoux et se demanda s'il faisait un rêve.

—Vas-tu donc rester muet, Fritz, maintenant que tu
me reconnais tout à fait et que tu ne peux plus me prendre pour une étrangère ? reprit Marguerite un peu surprise, car elle n'était ni vaine ni orgueilleuse ; son amour
était pur et naïf, honnête et loyal, sans trouble et sans
passion ; son cœur s'était ouvert comme s'ouvre le calice
des fleurs, et elle ne comprenait pas l'impression violente

que produisait sa beauté sur le fils de la veuve Wendel.
Voyons, dis-moi tout ce que tu as fait pendant mon absence? As-tu beaucoup travaillé? As-tu bien dansé le
dimanche? Je saurai quelles sont les filles que tu as fait
valser le plus souvent. Ainsi ne me mens pas, Fritz! ne
me cache rien; d'ailleurs je ne suis pas jalouse et je sais
bien qu'un garçon de vingt ans ne peut pas rester les
jambes croisées quand le ménétrier s'est mis à râcler son
violon.

— Tu te trompes, Grettly, répondit Fritz; je n'avais de
courage au travail qu'en pensant à toi; quand je ne tra-
vaillais pas, le son du violon me déchirait les oreilles, la
joie des autres m'attristait, et mon seul contentement,
c'était d'aller cueillir de gros bouquets des fleurs que tu
aimais, dans les vallons où nous avions joué ensemble;
c'était de me répéter tes paroles et de me rappeler dans
ma pensée le son de ta voix que je craignais d'oublier;
c'était de causer de toi avec les bonnes gens qui se sou-
venaient de la petite Grettly et de faire une modeste au-
mônes à tes pauvres d'habitude, en leur disant: — Priez
Dieu que Marguerite revienne bientôt au pays!

La jeune fille devint sérieuse.

— C'est singulier, dit-elle; tout ce que tu as éprouvé,
je l'ai éprouvé. La place de mon cœur me semblait vide
au couvent, comme s'il n'avait pu s'exiler du pays en
même temps que mon corps. Quand je lisais mes prières
dans le livre d'*Heures*, ton image glissait furtivement sur
les pages, et je me sentais devenir rouge de honte, comme
si mes compagnes eussent pu le voir; les chants des religieuses s'élevaient en vain avec ferveur sous les voûtes
sonores de l'église, c'était ta voix qui me parlait bas à
l'oreille et me disait: — Quand reviendras-tu, Grettly?
Les fêtes, les cérémonies et les musiques m'accablaient
d'une lassitude indéfinissable. Je recherchais la soli-

tude, car dans la solitude tu étais toujours avec moi.

— Oh! maintenant, nous ne nous quitterons plus, Grettly, interrompit Fritz en se relevant et lui prenant la main; le bonheur est en nous, et Nordstetten sera notre paradis.

— Et tu oseras enfin m'embrasser comme autrefois, dit la jeune fille, qui pencha son front candide jusqu'aux lèvres de Fritz.

A ce contact il sentit tout son sang s'allumer dans ses veines et eut peur de son amour comme d'un malheur, car cette affection innocente née pendant son enfance, et insensiblement grandie depuis quelques années, était devenue une de ces passions profondes, absolues, indomptables, qui enveloppent un homme de la tunique de soufre du centaure.

Au même instant, à vingt pas des deux amoureux, une petite toux sèche se fit entendre.

C'était Gaspard Melzer, à qui aucun détail de cette scène n'avait échappé.

Mais, feignant de n'avoir rien vu, le rusé vieillard, qui avait en tête son projet bien arrêté, vint droit au jeune sabotier et lui secoua cordialement la main, puis, se tournant vers Marguerite, dont les grands yeux limpides lui souriaient :

— Va t'habiller, ma mignonne, dit-il en lui frappant doucement la joue du revers de sa main sèche, va, car j'attends quelqu'un.

— Comment! mon père, s'écria-t-elle en développant dans toute son ampleur sa courte jupe de soie, ce gentil costume n'est pas de votre goût ?

Melzer prit un air sérieux :

— Marguerite, lui répondit-il froidement, tu as voulu acheter ces gothiques affiquets pour ne pas humilier par la richesse de ta toilette de ville tes anciennes compa-

gnes, le dimanche, à la messe. Je n'ai donc pas contrarié
ta fantaisie ; mais il ne s'agit pas aujourd'hui de paraître
devant les fillettes de Nordstetten. Je compte recevoir
la visite d'un de mes vieux amis, qui doit nous amener
son fils, et je ne veux pas que tu restes habillée en
paysanne.

— Vous serez obéi, mon père, dit la jeune fille en l'embrassant, mais un peu plus tard ; Fritz n'est-il pas venu
pour causer avec nous de choses graves ?

Le vieillard fit la grimace :

— Non pas avec nous, mais avec moi seulement, ma
fille. Je désire rester seul en compagnie de ce brave garçon, et il n'est nullement nécessaire que tu entendes ce
que j'ai à lui dire.

Marguerite rougit, mais aucune ombre de défiance
n'assombrit son front. Elle ne croyait pas au mal, ni à
l'hypocrisie, ni à la cupidité. Elle était désarmée dans la
vie comme la fleur autour de laquelle rampent les limaces
et les scorpions.

— Vous ne voulez pas me mettre en tiers dans votre
secret, mon père? dit-elle avec une petite moue charmante. Eh bien ! ça m'est égal. Demain je saurai tout ce
que vous aurez comploté ensemble. J'ai mes espions tout
comme un général d'armée.

— Ta, ta, ta ! Voyez-vous la petite fée, reprit Melzer
en la poussant avec douceur dans la direction du berceau. Viens, mon garçon, et laissons là cette tête folle.

Puis, entraînant Fritz, il le conduisit dans la salle
basse, où le couvert était dressé.

Le bonhomme alla parler à dame Catherine, qu'on
entendait faire grand remue-ménage dans la cuisine. Il
revint bientôt, s'assit devant la table après avoir indiqué
à Fritz un siége qui se trouvait à dix pas plus loin, se
versa un grand verre de vin, qu'il huma lentement par

petites gorgées, comme un homme qui se recueille, et tout en commençant à découper un vieux coq :

— Mon cher Fritz, dit-il d'un air paterne, je suis content de toi.

Le jeune sabotier ressentit une émotion qu'on ne saurait comparer qu'à la joie d'un simple soldat félicité au milieu des rangs par le chef de l'armée.

— J'ai tenu, poursuivit le vieux Gaspard, à t'exprimer en face mon opinion sur ton compte. Non-seulement tu es honnête, laborieux et habile ouvrier, mais encore tu es un gaillard courageux.

Fritz essaya vainement de balbutier quelques mots.

— Pas de fausse modestie, mon garçon, reprit le bonhomme; tu es, de plus, un excellent fils, un de ces enfants pieux et obéissants comme en désirent toutes les mères. Oui, je ne craindrais pas de le déclarer devant tout le village : heureuse la mère qui possède un tel fils! Heureux le maître qui emploie un ouvrier aussi adroit !

Fritz, honteux de cet éloge enthousiaste, essaya d'arrêter l'élan de Melzer :

— Vous en dites trop, voisin; il en est bien d'autres qui valent mieux que moi, et en tout cas je ne fais que mon strict devoir.

Le bonhomme le regarda avec une sorte d'admiration :

— C'est en vain que tu veux t'humilier, ta place est faite dans mon cœur, et personne ne saurait t'en arracher. Oui, mon garçon, je connais ton honnêteté, et je sais que, quoique je t'aime comme mon propre fils, tu es incapable d'abuser de ma confiance et de mon amitié pour me tromper.

— Vous tromper, vous, le père de Grettly? répliqua avec feu le jeune homme; et à quel propos ?

— Dois-je t'ouvrir mon cœur, Fritz, mon cher ami?

continua Gaspard en achevant de vider son verre. Me garderas-tu le secret? puis-je compter sur toi?

— Jusqu'à la mort, père Melzer !

— Eh bien ! dit le bonhomme en baissant la voix, tu me crois peut-être un heureux père; tu crois que ma fille ne me donne pas de soucis, que je puis diriger sa volonté à mon gré, qu'elle est incapable de se révolter contre l'autorité paternelle...

— Certes, je le crois, répliqua Fritz fort surpris; Marguerite est une fille douce et soumise.

— Oui, si elle n'aimait pas, interrompit le vieillard ; mais l'amour s'est logé dans son cœur, et la malheureuse n'est plus maîtresse d'elle-même. Ce serait donc un grand chagrin pour moi si elle aimait un homme indigne d'elle, sans probité et sans honneur... Mais nous n'en sommes pas là, car c'est toi, mon garçon, qui es l'objet de cette bizarre affection.

Fritz ne fit pas attention à ces derniers mots et s'écria, le front rayonnant de joie :

— Oh! que vous me faites donc plaisir, bon père Gaspard !

Le vieux Melzer attaquait avec un courage surhumain une cuisse de coq des plus coriaces qui ne voulait pas se laisser entamer, et ses dents jaunes semblaient devoir y rester incrustées. Il trouva cependant moyen d'ajouter :

— Croirais-tu que le seul désir, l'unique pensée de cette tête brûlée, c'est, il faut bien te l'avouer, de devenir un jour ta femme ?

— Bonne Grettly ! murmura Fritz ; il y a pourtant de méchantes langues qui prétendaient qu'elle reviendrait du couvent orgueilleuse et fière... Comme on la connaissait mal !... Quant à moi, je n'ai jamais douté d'elle.

Le bonhomme n'avait pas l'air de l'entendre ; il déposa sur son assiette, avec un soupir étouffé, la cuisse de vo-

laille encore intacte, et, regardant fixement le jeune sabotier :

— Eh bien ! mon garçon, compatis un peu à mes peines,
lui dit-il. Tu le vois, c'est clair comme le jour, tu
tiens en ton pouvoir l'avenir... la destinée... le bonheur
de ma fille bien-aimée.

Fritz se leva, et avec un transport passionné il s'écria :

— Oh ! son bonheur ne sera pas en mauvaises mains,
père Gaspard. Vous avez dit que j'étais un habile et laborieux ouvrier; nuit et jour je travaillerai pour que jamais la misère ne l'atteigne et ne pâlisse son doux visage ; vous avez dit que j'étais un bon fils, j'aimerai ma
femme avec la même ardeur et la même constance que
j'ai aimé ma mère. Vous avez dit que j'étais courageux;
eh bien ! quand je tiendrai la main de Grettly dans la
mienne, jamais nul ne sera assez hardi pour l'insulter ou
lui faire de la peine.

— Tu l'aimes donc bien ! demanda le bonhomme avec
un sourire goguenard.

— Quelle question ! répondit Fritz exalté; mais, pour
elle, moi qui suis pieux, je me tuerais, s'il fallait assurer
son bonheur de mon sang; moi, qui suis honnête, pour
elle, je crois que je commettrais un crime !

— Bon et brave garçon, dit Gaspard en feignant d'essuyer une larme absente. Je suis ravi de connaître le
fond de ton cœur. Maintenant que je suis certain de ne
m'être pas trompé en comptant sur ton dévouement
au bonheur de Marguerite, tu vas me promettre et me
jurer...

— Tout ce que vous voudrez, père Melzer.

— Non-seulement de ne rien tenter pour obtenir la
main de ma fille, mais encore de m'aider à la guérir de
sa folie.

Fritz regarda le bonhomme avec des yeux hagards :

— De sa folie ! que voulez-vous dire ? Je ne comprends pas.

— Sa folie, c'est son amour pour toi, mon garçon, c'est-à-dire l'amour d'une jolie fille qui aura une fort jolie dot pour un beau garçon qui n'a que ses deux bras pour faire vivre son frère et sa vieille mère, et qui ne peut offrir à sa promise que dettes, misère et maladie.

L'impitoyable vieillard accentua froidement cette terrible explication en retournant à sa cuisse de coq invulnérable.

La foudre semblait avoir paralysé le malheureux Fritz ; il se croyait le jouet d'un songe ; le vieillard avait pris à ses yeux les proportions d'un mauvais génie qui le narguait. Il porta machinalement la main à son cou, pour y toucher son kreutzer de bonheur ; un instant le sang bourdonna à ses oreilles, et il fut sur le point de s'élancer sur Gaspard pour le tuer sur place ; il était ivre d'indignation et de colère. Il lui semblait qu'un grand trou s'était fait dans son cœur, et il chancela. Si Melzer l'avait regardé en ce moment, il eût eu peur, car un instant Fritz fut assassin par la volonté, et la flamme sinistre du meurtre brilla dans son regard. Toute sa vie s'écroulait comme un château de cartes. Il voulut crier, mais la voix s'étranglait dans son gosier.

— Tu ne réponds rien, garçon ? poursuivit le bonhomme ; c'est que tu sens combien j'ai raison. Tu conçois qu'abuser de l'influence que tu peux exercer sur le cœur de Marguerite pour l'engager à se soustraire à mon autorité serait une action indigne d'un honnête homme. Tout le village ne manquerait pas de dire, et moi tout le premier, qu'en détournant ma fille de son devoir, tu n'avais en vue que ma fortune.

— Votre fortune ! interrompit le jeune sabotier avec un ricanement terrible, tandis que son front pâle s'empourprait d'une ardente rougeur; quel rapport y a-t-il entre mon amour pour Grettly et votre fortune? Je n'y ai jamais songé et vous pouvez bien la garder. En devenant ma femme, Marguerite renoncera volontiers à tous ces colifichets que recherchent les autres femmes, et je vous réponds qu'elle ne manquera jamais de pain. Je rougirais, entendez-vous, si ma femme devait s'habiller et vivre de sa dot, c'est-à-dire d'un argent que moi, son mari, je n'aurais pas gagné. Donc, je vous le répète, donnez-moi Grettly avec sa jupe de paysanne, et gardez vos écus.

— Garder mes écus! s'écria le bonhomme; mais décidément, Fritz, tu es fou et tu fermes les yeux à la lumière, comme un enfant qui croit échapper au danger en ne le regardant pas. Si je te donne ma fille sans argent, c'est la vouer au malheur. Tu l'arracheras à une vie sûre et facile pour lui imposer une existence précaire et douloureuse. Tu n'as d'autre maison que la cabane de ta mère. Je veux bien qu'à force de travail tu puisses soutenir toute la famille aujourd'hui. Mais si Dieu, dans sa colère, t'envoie pour châtiment la maladie, faudra-t-il que ta mère et ta femme aillent mendier la charité sur les chemins? et, s'il t'envoie des enfants, est-ce avec des baisers et des caresses que tu les nourriras?

— Épargnez-moi! épargnez-moi! murmura le malheureux jeune homme.

— Je suis forcé d'être dur avec toi comme le chirurgien avec le patient, Fritz; mais je parle dans ton intérêt et celui de ma fille. J'aurais pu te chasser de ma maison, mais ç'eût été te méconnaître; j'ai mieux aimé me confier à ta raison et te faire le juge de ta propre cause.

— Mais je l'aime tant, je l'aime tant! dit le fils de la veuve. Il m'est plus facile de mourir que d'arracher cet amour de mon cœur.

— C'est parce que tu aimes sincèrement Marguerite
que tu auras le courage de renoncer à elle, reprit le
bonhomme. Elle est belle, jeune et riche ; elle n'est pas
habituée aux travaux de la terre ; elle a une servante ;
elle peut satisfaire une innocente coquetterie dans le logis de son père. Et, sous prétexte que tu l'aimes, tu veux
lui faire partager ta vie de travail, de misère et de privations, les soucis constants qui sont votre partage, le
dédain qui s'attache à la pauvreté la plus fière et la plus
digne. Allons, conviens que ce serait une singulière façon
de prouver aux gens qu'on les aime.

Le jeune sabotier cacha sa tête dans ses mains, sa colère était éteinte, il sentait les paroles du vieillard tomber sur son cœur brûlantes et goutte à goutte comme du
plomb fondu. C'était un supplice de damné, car tout espoir était anéanti et toute résistance impossible, du moment que le bonheur de Marguerite était invoqué.

L'impitoyable Gaspard résolut de porter le dernier
coup.

— Sois courageux jusqu'à la fin, Fritz, dit-il d'une
voix dure et tranchante, je veux à tout prix détourner
ma fille de cet amour aveugle et sans but. Il faut qu'elle
se marie avant que les langues de vipère aient jasé sur
son compte.

— Avez-vous pensé que je lui conseillerais de mentir
à ses serments, de mentir à son cœur, de mentir à tout le
monde ? interrompit le jeune garçon avec indignation.
Dois-je l'engager à tromper un honnête homme qui aura
confiance en sa parole ?

— Ce n'est pas tromper que d'éviter de faire parade de
sa folie, insinua le bonhomme. Je connais un parti qui
convient à Marguerite sous tous les rapports.

Les yeux de Fritz s'allumèrent de sombres éclairs ; et
une agitation fébrile parcourut ses membres robustes.

— Et quel est ce parti honorable ? demanda-t-il avec
effort, tandis qu'un sourire méprisant crispait ses lèvres
sèches.

— C'est le fils d'un des plus riches marchands de bois
de Bœblingen, et je l'attends aujourd'hui même avec son
père, repartit l'impassible Gaspard.

Fritz mordit ses lèvres jusqu'au sang pour ne pas
laisser éclater un cri de rage, et se tordit les poings. Cependant il ne put s'empêcher de dire :

— Ah ! il est heureux, celui-là ; ce n'est pas un sabotier
ni un chasseur d'abeilles. Il est riche, cela suffit. Qu'il
n'aime pas sa femme ! qu'il ne la rende pas heureuse !
peu importe ! on aura pesé dans la balance deux sacs d'é-
cus, et, si le poids y est, le père et le mari seront contents.

Puis, s'animant tout à coup à cette pensée :

— O Grettly ! chère sœur ! dois-je donc te laisser vendre ? Dois-je assister au marché ? Dois-je prêter la main
aux marchands qui trafiquent de ton âme ? Non. Si tu
m'appelles à ton aide, Grettly, je viendrai. Si tu prononces
mon nom, je l'entendrai, et la main d'un autre homme
ne touchera pas la tienne sans ta volonté.

Le bonhomme, qui avait cru mater complétement le
jeune sabotier, se redressa furieux à ce réveil de la passion
qui lui parut un appel à la révolte. Regardant ce dernier
transport d'amour et de regret comme une provocation
et une menace, il se leva et s'approcha de son adversaire :

— Mon ami Fritz, lui dit-il, maintenant que mes projets et ma volonté te sont connus, si tu abusais de la faiblesse de ma fille pour la pousser hors du droit chemin,
je dirais à tout venant que je t'avais mal jugé, que tu es
sans cœur et sans probité, que tu as voulu t'introduire
contre mon gré dans ma famille pour me dérober mon bien.

— Taisez-vous ! taisez-vous ! Gaspard Melzer, interrompit Fritz exaspéré, ou je pourrais oublier...

— Que je suis le père de Marguerite, n'est-ce pas?· poursuivit le vieillard. Donc, j'aurais raison d'ajouter que, si tu étais mon gendre, tu t'indignerais, me voyant vert encore, malgré mes soixante ans, de·ce qu'un vieillard prolongeât ainsi sa' vie...

— Assez d'insultes, mon hôte! s'écria Fritz.

— Et qu'un jour peut-être, à bout de patience, tu en abrégerais le cours! acheva l'insolent vieillard.

Le fils de la veuve s'avança vers lui pâle et terrible comme un spectre. Gaspard eut peur et recula. Fritz sourit avec dédain.

— Je vous avais dit : Assez d'insultes, mon hôte. La dernière était inutile ; c'est une balle morte. Ne craignez rien. Marguerite vous protége, et vous m'êtes sacré comme un enfant. Du reste, je ferai tout ce que vous exigerez de moi, sauf de laisser Gretlly croire à mon abandon volontaire ou à ma trahison. Elle saura que c'est pour son bien. Pauvre fille! elle m'accusera de faiblesse; mais il le faut. Si elle devenait ma femme, elle serait malheureuse de me voir avili et déshonoré. Ma mère avait bien raison pourtant. Et moi qui riais de ses craintes ! Voyons, père Melzer, parlez. Je suis prêt à tout.

Le bonhomme voyait sans pitié cette douleur désespérée. Il répliqua :

— Tu as dit là une bonne parole, Fritz; une parole qui te vaut mon estime. Je n'en abuserai pas. Tout ce que je te demande, c'est de quitter le pays ; mais le plus promptement possible.

— C'est bien, je partirai, dit le fils de la veuve d'une voix brève.

Melzer se frotta les mains.

— Si tu es obligé d'emmener ta mère et Christly, je te jure que je vous viendrai en aide... autant que mes moyens me le permettront, bien entendu.

Le visage ravagé de Fritz eut un dernier tressaillement, mais il répondit sans colère :

— Gardez votre argent, père Gaspard; jusqu'à présent ni moi ni les miens n'avons, Dieu merci, mangé le pain d'autrui.

— Bien! très-bien! Fritz, dit le vieillard, qui se sentit soulagé d'un poids énorme. Je ne m'étais pas trompé sur ton compte. Tu es fier, mais c'est là une noble fierté; tu es vraiment un garçon de cœur, et je regrette...

Puis, entr'ouvrant la porte.

— Catherine! s'écria-t-il en se frottant les mains comme un homme qui se réjouit au moment d'accomplir une bonne action, apporte-moi la houppelande verte, tu sais?

La ménagère apparut aussitôt, portant sur son bras une houppelande de drap vert qui n'avait pas plus de poil qu'un caillou.

Le bonhomme prit avec précaution ce splendide vêtement et le remit entre les mains du jeune homme. — Tiens, dit-il avec un sourire de satisfaction, Christly aura là un bon habillement chaud pour l'hiver.

Puis, sans remarquer la profonde stupéfaction de Fritz, il tira de son profond gousset un carlin d'or fort proprement enveloppé dans un morceau de papier :

— Et toi, mon garçon, ajouta-t-il en clignant de l'œil, voilà pour t'amuser à la fête.

Le jeune sabotier devint d'une pâleur livide. Cependant il prit le carlin d'or, le mit dans une des vastes poches de la houppelande, et, déposant ce précieux fardeau entre les mains de la ménagère :

— Dame Catherine, dit-il simplement, vous donnerez ce haillon de ma part au premier mendiant qui passera.

Puis, saluant le vieillard de la main, il sortit de la chambre.

V

Le Mai.

Le lendemain, c'est-à-dire le premier jour de mai, peu après le lever du soleil, le petit village de Nordstetten s'éveilla pimpant et coquet, car des mains mystérieuses l'avaient paré pendant son sommeil.

Comme le plantage du mai était sévèrement défendu par les ordonnances forestières, les galants avaient attaché, aux portes ou aux fenêtres des maisons de leurs promises ou de leurs préférées, de frais bouquets de fleurs hâtives, ornés de rubans aux couleurs éclatantes et variées qui avaient parfois cinq pieds de long. Le sol était jonché d'émondes de branches vertes et de fleurs effeuillées.

Les jeunes gens, les uns en culotte de drap bleu de ciel, les autres en culotte de peau jaune, mais tous portant le gilet écarlate, les bretelles rouges et le feutre enrubané, parcouraient les rues, musique en tête, et s'arrêtaient devant chaque porte ou chaque fenêtre fleurie pour donner une aubade.

Des bandes d'enfants, chargés, ceux-ci, de corbeilles recouvertes d'un linge blanc et décorées de rubans et de feuillage; ceux-là, de grandes mannes remplies de paille hachée, s'en allaient, de maison en maison, quêtant des œufs.

Quand la ménagère se montrait généreuse, ils lui chantaient en chœur la complainte :

> Ha ! ha ! ha ! le voilà ! le voilà !
> L'homme de mai revenu, le voilà !

Mais les jeunes drôles semaient impitoyablement de paille hachée le seuil de celle qui refusait de mettre à l'offrande, chose fort rare, du reste.

Les habitants de Nordstetten, revêtus de leurs plus beaux habits, allaient et venaient au milieu de ce tumulte que dominait le joyeux carillon des cloches.

Et le soleil semblait planer sur la fête comme un radieux sourire du ciel.

Mais bientôt, au bruit d'une nouvelle, qui circula de bouche en bouche, les rues se dépeuplèrent comme par enchantement, et la petite place du village fut, en un instant, envahie par la foule.

Des groupes stationnaient déjà devant le logis du riche Gaspard Melzer, et contemplaient avec stupéfaction un mai gigantesque, tout enjolivé de rubans rouges à paillettes d'argent et de fleurs nouvelles; la rose surtout y figurait avec une profusion extraordinaire.

Chacun se demandait avec étonnement par quel miracle on avait pu, en une seule nuit et à l'époque où les nuits sont si courtes, transporter et planter là cet arbre immense sans attirer l'attention des gens du voisinage.

Il avait fallu au moins six hommes et deux chevaux, donc le galant devait avoir des complices parmi les garçons de Nordstetten ou des pays environnants, ou bien la mystérieuse plantation de ce mai superbe était l'œuvre du démon.

Beaucoup penchaient pour cette dernière opinion. En effet, si le diable n'avait pas fait cette besogne, quel était le gaillard assez téméraire pour tirer de la forêt un sapin que sa taille destinait à être prochainement marqué ? Qui donc, après avoir commis ce délit forestier, puni par la loi d'une amende de vingt-cinq thalers au minimum et de trois ou quatre mois de travaux forcés, qui donc aurait osé venir le planter en pleine place publique, à deux pas de la maison commune ?

Et la foule, toujours avide de merveilleux, faisait mille commentaires à ce sujet.

Fritz, d'un air insouciant, parcourait les groupes, écoutant les réflexions de chacun, sans perdre de vue la fenêtre de Marguerite, dont les volets intérieurs étaient encore fermés.

Quant à Melzer, plus matineux que sa fille, il était levé depuis longtemps et mettait ses comptes en règle, sans s'inquiéter du bruit qui de la place montait jusqu'à lui.

Mais bientôt il bondit sur son siége en apercevant le faîte d'un mai pavoisé, qui, ondulant sous le vent, venait effleurer l'embrasure de sa fenêtre comme pour le narguer.

Il devint pâle de colère ; car un mai révèle toujours un amoureux.

— Qui donc, s'écria-t-il, a eu l'effronterie de venir planter un pin au seuil de ma tour, sous les yeux de ma fille, qui est presque étrangère au pays et qui n'est encore fiancée de personne ?

Il se mit à réfléchir :

— Ce n'est certes pas Fritz. Le fils de la Marannelé est un pauvre sabotier à qui sont interdites ces galanteries ruineuses. Un seul garçon, entre nous, aurait pu se croire en droit, à la rigueur, de faire cette courtoisie à

Marguerite, c'est le fils de mon vieil ami de Boblingen ; mais il ne connaît pas ma fille, il ne l'a pas même vue, puisqu'au lieu de venir hier à Nordstetten, il a dû partir précipitamment pour Mayence, où son banquier·venait de mourir. Oh ! il faudra bien que je découvre l'auteur de cette équipée, et je la lui ferai payer cher !

Il endossa vivement la vieille houppelande que Fritz, avait dédaignée la veille, et courut s'embusquer derrière son guichet, dardant son œil de renard à travers le grillage et écoutant de toutes ses oreilles.

Cet espionnage ne lui porta pas bonheur, car il entendit prononcer son nom accompagné de force épithètes malsonnantes. Comme on ne le savait pas si près, chacun parlait à cœur ouvert :

— Est-il heureux, ce vieux grippe-sou, d'avoir un si beau mai devant son château fort ! disait l'un.

— C'est tout profit pour lui, disait un autre, le galant payera l'amende et Melzer gardera le sapin.

— Cette bonne petite Grettly ne se doute guère que le maudit ladre ne l'a ramenée l'avant-veille de mai au pays que dans l'espérance de voir un jeune fou lui offrir un arbre de la forêt, malgré les défenses, et des rubans plus beaux que ceux d'une archiduchesse.

— Il est malin comme un singe, ce Melzer ! Il payera les gages de dame Catherine en rubans, et il aura du bois pour son hiver.

— Et du bois vert, c'est ce qu'il lui faut... si ça ne brûle pas, au moins ça dure longtemps.

Et les deux paysans éclatèrent de rire.

Le vieux Gaspard enrageait derrière son guichet, et, tout en comptant ses ennemis, il dut faire instinctivement quelque vœu semblable à celui que les historiens attribuent les uns à Néron, les autres à Caligula. Toutefois, il n'eut pas le courage d'en entendre davantage, et, ouvrant brusquement la porte, il apparut sur le seuil, furieux et menaçant, et il s'écria en étendant son poing vers la foule surprise :

— Je ne veux pas de ce mai insolent ; c'est un outrage pour ma fille. Grettly est une honnête créature qui sort du couvent et qui a eu le temps d'y oublier vos sottes coutumes. Elle n'a permis à personne d'attirer sur elle l'attention des fainéants et d'exposer son nom à leurs bavardages, en transportant ici un sapin volé.

Puis, se ruant sur l'arbre, il tenta de l'ébranler. Vains et ridicules efforts ! Les assistants ne purent s'empêcher de rire de cette colère impuissante.

Exaspéré de se voir ainsi bravé par tous ces gens qu'il regardait comme inférieurs à lui, Gaspard reprit :

— Vous applaudissez au mépris de la loi, bonnes gens. Eh bien ! moi, si je savais le nom de l'audacieux coquin qui a planté ce mai, je le traînerais sans miséricorde devant le bourgmestre.

Le fermier Heinrich lui tapa sur l'épaule et répondit :

— Bonhomme Gaspard, vous vous échauffez à faux. Ce mai a été dressé en l'honneur de votre fille, comme témoignage rendu à sa beauté et à sa vertu. Vous ne pouvez empêcher un honnête garçon de la trouver jolie ni de l'aimer ; ça ne peut lui faire aucun tort. Libre à vous de fermer votre porte au nez du galant ; libre à vous de faire de Marguerite une religieuse pour n'avoir pas de dot à lui donner ; mais il est inutile de vous escrimer contre ce pauvre sapin, qui est fort innocent et qui réjouit les yeux de tout le monde.

Melzer se redressa comme un coq de combat, et, foudroyant le fermier des étincelles de ses petits yeux ronds :

— Ah ! ça ne lui fait aucun tort, maître Heinrich ! et qu'en savez-vous ? Êtes-vous son père ? Vous ai-je donné à garder la réputation de Marguerite ? Je dis que ces témoignages bruyants et publics blessent l'honneur d'une jeune fille. Son fiancé seul a le droit de lui offrir un mai, et il peut justement s'offenser de ce qu'un inconnu s'arroge ce privilége. On peut croire que ma fille l'y a encouragé. Non, cet arbre ne doit pas rester sous la fenêtre de cette enfant comme une bravade. Allons! un coup de main, mes amis, aidez-moi à l'abattre, et nous viderons ensuite quelques vieilles bouteilles pour vous remettre de votre fatigue.

Heinrich fit un geste de refus et d'indignation.

— Vous nous offrez à boire, père Melzer, merci; mais ce serait une honte d'accepter. Nous ne voulons pas vous entraîner à votre ruine ; vous nous reprocheriez ce vin-là jusqu'à votre mort.

Le vieux Gaspard sentit l'ironie insultante de cette réponse, et, regardant le fermier d'un air défiant :

— Tu défends bien hardiment le mai, Heinrich. Est-ce toi qui l'as tiré de la forêt ?

— Non pas, Dieu m'en garde ! Toute jolie que soit Grettly, je ne suis pas d'humeur à offrir un mai à la fille de l'usurier qui s'est emparé de mon héritage parce que la grêle m'a empêché de lui rendre trois cents florins à l'échéance.

Quelques rumeurs coururent dans la foule, mêlées de ricanements. Melzer feignit de ne pas avoir entendu cette âpre réponse, et, s'adressant à un autre qui souriait méchamment :

— Et toi, Jorgli, le bûcheron, qui parais si joyeux, est-ce toi qui nous aurais joué un tour de ton métier ?

— Y pensez-vous, maître, répliqua Jorgli avec une fausse humilité, est-il permis à un misérable bûcheron comme moi d'offrir un mai à une demoiselle qui sort du couvent, et dont le père est assez riche pour la marier à un landgrave ruiné ?

4.

— A la bonne heure ! Tu es un garçon modeste et de bon sens, dit le vieillard en feignant de ne pas saisir l'épigramme cachée sous ces paroles mielleuses. Et toi, Jockel, le marchand de chevaux ?

Jockel se rengorgea :

— Certes, ma fortune est connue, et ce ne serait pas une ambition désordonnée de ma part que de vouloir épouser votre fille ; je conviens aussi qu'elle est fort aimable et avenante ; mais, si elle devenait ma femme, elle aurait un défaut insupportable.

— Un défaut, et lequel ? demanda aigrement Gaspard, tandis que tous les yeux se fixaient sur le marchand de chevaux.

Jockel prit un air grave ;

— Elle m'apporterait en ménage un beau-père.

— Eh bien !

— Eh bien ! ce beau-père est un avare qui m'a trompé dans tous les marchés que j'ai conclus avec lui.

Ce fut alors une joie folle parmi tous les assistants en voyant la mine penaude de Melzer ; mais la conscience de sa brillante position lui rendit bientôt toute sa présence d'esprit ; il releva dédaigneusement la tête et arrêta ses yeux de furet sur quelques paysans qui se cachaient au second rang pour rire comme les autres.

Il s'avança un peu et tira l'un d'eux par la manche :

— Diable ! dit-il, comme tu es gai aujourd'hui, Conrad Bomuller, et quelle jolie veste neuve ! Combien t'a-t-elle coûté ?

Le paysan parut embarrassé.

— Croyez bien, maître Gaspard, que, si je riais...

— Eh ! mon Dieu, c'est signe que tu as l'esprit léger et la poche lourde. Tant mieux, mon compère, je m'en réjouis pour toi ; tu sais que ton billet échoit à la fin de mai ! comme je suis accommodant, si tu veux payer plus tôt, nous déduirons les intérêts.

Conrad ne riait plus ; son visage était devenu sombre comme la nuit.

— Hélas ! mon bon monsieur Gaspard, mes trois garçons qui sont là, derrière moi...

— Tiens ! ils ne rient plus comme tout à l'heure, interrompit Melzer.

— Ils ont été malades des fièvres et n'ont pu travailler depuis deux mois. Il a fallu payer les drogues et le médecin. Je vous demanderai du temps, mon bon monsieur Gaspard.

— Mais tes fils sont tout à fait rétablis maintenant, Conrad. On n'est pas si gai quand le mal vous tient encore. Du temps ! du temps ! tout le monde me demande du temps pour payer. Et puis, on ne paye pas, et on m'accuse de voler des héritages. Tu as entendu, Heinrich ?

— Heinrich avait tort ! dit Bomuller en baissant les yeux, car il avait honte de sa lâcheté.

— Eh bien ! Conrad, reprit le bonhomme, j'ai envie d'essayer les forces de tes fils, je veux voir s'ils pourront bien travailler et gagner l'argent que tu me dois. Allons ! donne-moi avec eux un coup de main pour abattre cet odieux sapin !

Le paysan tressaillit et jeta un coup d'œil oblique sur les traits pâles et les yeux sévères de Fritz ; il connaissait le jeune sabotier et avait de l'amitié pour lui ; mais il sentait qu'il lui était impossible de refuser la demande de son créancier.

— Donnez-nous des cognées, répondit-il, et vous nous verrez à l'ouvrage, mon bon monsieur Gaspard. Les garçons seront bien contents de pouvoir vous rendre service.

Puis il s'approcha timidement du fils de la veuve, et murmura à son oreille :

— Pardon, Fritz ; mais, si je refusais, le vieux grippe-sou mettrait toute ma famille sur la paille.

Heureusement pour Conrad, les autres paysans ne parurent pas disposés à lui laisser accomplir sa promesse.

Le fermier Heinrich donna le signal de l'opposition :

— C'est un abus que nous ne devons pas souffrir, s'écria-t-il. Le vieux Gaspard se croit-il le seigneur de Nordstetten ? Veut-il faire de ses débiteurs des vassaux et des serfs ? Allons, mes amis, en avant les bras et les bâtons, et défendons le mai de la belle Grettly !

La plupart des paysans se rangèrent autour de lui, et Melzer recula devant tous ces visages menaçants.

Heinrich se tourna vers le jeune sabotier, qui n'avait pas bougé :

— Et toi, Fritz, vas-tu rester les bras croisés ?

Mais l'amoureux craignait de se trahir et d'exaspérer le vieillard en se mêlant aux défenseurs du mai. Il resta immobile et répondit froidement :

— Ce mai appartient à Marguerite Melzer, et nul en effet n'a le droit d'y toucher, — si ce n'est son père.

— Vous entendez, s'écria le bonhomme, tandis que Heinrich et ses amis attachaient sur le jeune garçon des regards de surprise et de reproche. Mais celui-ci continua sans s'émouvoir :

— Vous avez le droit pour vous, père Melzer, mais, si vous êtes raisonnable, vous n'abattrez pas le mai. Votre fille revient au pays après une longue absence, elle revient avec le printemps comme les oiseaux qui chantent dans la forêt. Ce mai, dont la vue vous irrite, n'est-ce pas un signe de bienvenue, un salut de ceux qui l'aiment et qui lui disent : Nous ne t'avions pas oubliée ? Quand elle ouvrira sa fenêtre, croyez-vous qu'elle ne sourira pas à cet innocent gage d'amitié qui lui rappellera les fêtes de son enfance et les coutumes du pays ?

La voix de Fritz s'était attendrie en finissant ; un silence profond et sympathique accueillit ce doux plaidoyer en faveur de l'arbre enrubané.

Melzer seul ne partageait pas le sentiment général ; il regarda l'orateur de travers.

— Je croyais que tu étais un honnête garçon, Fritz, ou un sincère ami de ma petite Grettly, et non un subtil harangueur. Hier encore j'aurais juré que tu étais d'étoffe à défendre la réputation de ma fille et non à la compromettre !

— En doutez-vous donc aujourd'hui ? demanda le jeune sabotier avec agitation.

— Oui, car tu cherches à me faire prendre le change, reprit le vieillard d'un ton bref. Je te dis, moi, que ce mai qui s'élève orgueilleusement devant ma maison est regardé par tout le monde comme le signe d'un amour partagé ; celui qui l'a planté déclare à la face du ciel que Grettly lui a donné son cœur, et c'est un mensonge, mais ce mensonge déshonore mon enfant. S'il reste debout, ce mai triomphant, chacun dira : c'est Fritz Wendel qui a voulu perdre d'honneur son amie Marguerite, la fille de ce damné père Melzer. On rira d'elle, entendstu, on s'écartera d'elle, et pas un honnête homme ne voudra l'épouser. Je fais donc appel à ta conscience, Fritz. Si tu estimes Grettly, si tu veux chasser de tous les esprits le soupçon que tu as dressé le mai, devant tous les gens du village prends en main la cognée et abats toi-même ce poteau de déshonneur.

— Abattre le mai, moi ! s'écria Fritz en reculant ; et, comme il sentait ses idées s'égarer, ses jambes chanceler sous lui, il dut s'adosser à la porte de la tour, que le bonhomme avait laissée entr'ouverte.

La foule restait silencieuse. Heinrich lui-même n'osait plus intervenir entre son malheureux ami et ce vieillard qui, en défendant ses droits de père, regagnait une autorité incontestable.

En ce moment Fritz entendit une voix douce et bien connue murmurer derrière lui :

— Courage, mon ami, courage et merci de ton beau mai ; ne renie pas ce gage de ton amour. Non, tu ne te soumettras pas au sacrifice insensé qu'exige mon père. Résiste, mon ami, résiste. Puisque je suis sûre que tu m'aimes, que m'importe l'opinion des autres ?

C'était Grettly, qui offrait le sacrifice de sa réputation à Fritz, en échange de son amour ; mais le jeune homme était trop généreux pour l'accepter, et le dévouement de la pauvre fille devait le déterminer à céder.

Il n'hésitait plus dans son cœur, mais tous ses membres frissonnaient.

— Je ne veux pas que vous soyez méprisée, Grettly, murmura-t-il ; je vous honore comme une sainte, et j'entends que votre réputation reste pure de toute calomnie.

Il parvint à comprimer extérieurement son émotion, et, allant droit au vieillard :

— Vous avez bien parlé, Gaspard Melzer, lui dit-il, et ce mai doit tomber puisqu'il n'a pas été donné par un fiancé. Marguerite est la plus honnête fille du monde, et il ne faut pas que jamais personne puisse jaser sur son compte. Dois-je aller chercher ma hache ?

— Non, non, s'écria le bonhomme enchanté de la tournure que prenaient les choses, ne te donne pas cette peine, mon cher Fritz, je vais te chercher la mienne.

Il rentra dans sa maison au milieu du morne silence de la foule, et reparut bientôt en brandissant d'un bras débile une vieille cognée.

Fritz, pâle comme la mort, la prit et la leva comme un jouet d'enfant, puis il en asséna un coup si terrible en plein bois, que le taillant s'y engagea comme un coin.

Le jeune sabotier la retira non sans peine, et il allait frapper un second coup, lorsqu'une voix rauque cria : — Arrêtez ! arrêtez !

Et tous les regards se portèrent aussitôt sur le père Kurthil, le garde forestier, vieux soldat à la barbe blanche, au nez rouge, aux joues cramoisies, qui accourait aussi vite que le lui permettait son respectable embonpoint.

Ce brave homme, à part son intempérance chronique, n'avait qu'un seul défaut connu, c'était un amour immodéré pour les procès-verbaux. Et, quand par hasard on le raillait à ce sujet, il répondait invariablement :

— Où est le mal ? Sachez, enfants, qu'un procès-verbal produit de droit un batz, et que chaque batz représente trois pintes de vin.

La foule s'était écartée pour faire place au père Kurthil, qui arriva jusqu'à Fritz en trébuchant légèrement, et lui frappa sur l'épaule :

— Ne touche pas à ce sapin, mon garçon, lui dit-il.

— Et pourquoi cela ? demanda Melzer fort surpris.

Le garde releva fièrement sa tête avinée.

— Parce que ce mai, bonhomme Gaspard, a été tiré de la forêt. Il y a là délit forestier prévu par la loi, et il est de mon devoir de dresser procès-verbal.

— Ah ! ah ! ah ! vous avez raison, Kurthil, répliqua Gaspard en se frottant les mains.

— Bah ! vous ne rêvez que procès-verbaux, dit Fritz en levant de nouveau sa hache.

— Et je ne vois pas de mal à ça, reprit le garde, car chaque procès-verbal produit de droit un batz, et chaque batz... Arrêtez donc, jeune fou, je vous défends de faire disparaître le corps du délit avant que j'aie terminé ma besogne.

Et il tira de sa poche un large portefeuille, auquel

une petite lanière de cuir fixait une fiole remplie d'encre
et de coton.

Pendant qu'il rédigeait son acte avec une gravité un
peu compromise par la titubation de ses jambes, le jeune
sabotier le regardait en se disant :

— Qu'ils sachent demain que je suis l'auteur du délit,
peu m'importe ! ce soir, avant le coucher du soleil,
j'aurai quitté Nordstetten. Mon départ ne me met-il pas
à l'abri de toute poursuite ? Ne rend-il pas nulle toute
procédure entamée contre moi ?

Le garde remit le procès-verbal à Melzer, qui le lut et
le signa, puis ils s'en allèrent ensemble chez le bourgmestre, l'un pour déposer son acte, l'autre pour prier qu'on
recherchât activement le coupable.

Curieuse de savoir le dénoûment de cette affaire, la
foule les suivit, et dix minutes après les abords de la
maison du bourgmestre étaient entièrement envahis.

La place était devenue déserte ; Gaspard, avant de s'é-
loigner, avait fermé la porte de sa maison ; le fils de la
veuve était seul resté, caché sous un porche voisin, dans
l'espoir que Marguerite ouvrirait sa fenêtre pour admirer
le beau mai.

— Il est impossible, pensait-il, qu'elle ne veuille pas
garder une de ses branches, en souvenir de mon amitié.
Il est toujours droit comme une colonne, malgré mon
coup de hache ; l'air est embaumé du parfum de ses roses,
et le soleil fait étinceler l'argent de ses rubans. Hélas !
tu ne sais pas, Grettly, le parti désespéré que j'ai dû
prendre pour pouvoir te laisser ce gage d'amour !

Pendant que le jeune sabotier se désolait ainsi, Marguerite, qui se trouvait prisonnière au logis, venait d'ouvrir
la porte condamnée qui donnait sur la ruelle et de longer
avec précaution le mur de la maison jusqu'à la place.

Une fois là, elle jeta à droite et à gauche un coup d'œil

rapide, et, voyant qu'à l'exception d'une bande d'enfants qui jouaient aux œufs devant la fontaine, personne ne pouvait l'épier, elle courut au mai, en arracha quelques roses, coupa le bout d'un des larges rubans qui flottaient au vent et s'enfuit avec la légèreté de la Galathée du poète.

Fritz, ivre de bonheur, s'élança à sa poursuite et arriva en même temps que la jolie fille au seuil de la petite porte, qu'il franchit derrière elle.

Marguerite se retourna tout effarée, mais elle reconnut aussitôt son ami, malgré l'obscurité qui régnait dans la salle basse et voûtée où ils se trouvaient.

— Oh ! que tu m'as fait peur, mon Fritz, dit-elle en souriant.

— Pardonne-moi, chère petite sœur ; mais j'ai à te parler de choses tristes et sérieuses, et mieux vaut causer ici que sur la place, n'est-ce pas ?

Grettly semblait inquiète :

— Mon père ne peut tarder à rentrer, répondit-elle à voix basse.

— Et il pourrait me chasser de sa maison sous tes yeux, Grettly, et cela t'affligerait, je le sais ; mais je me suis exposé à cette humiliation parce que j'ai besoin de t'ouvrir mon cœur et de te rendre la liberté.

Marguerite ouvrit de grands yeux étonnés.

— Que veux-tu dire, mon Fritz ?

— Je te demanderai tout d'abord, chère sœur, si, plus clairvoyante que le père Kurthil, tu n'as pas deviné quel est le galant qui t'a offert le mai ?

La jolie fille se mit à rire.

— Il est heureux pour toi, Fritz, que je n'exerce pas les fonctions de garde forestier ; mais, quand je t'ai supplié, derrière la porte, de ne pas céder à l'ordre de mon père, tu as bien vu que je connaissais le coupable. Ainsi, à quoi bon cette question ?

5

— Oui, ma Grettly, j'ai été heureux de t'apporter ce gage solide et éclatant d'affection, malgré leurs sottes défenses. Mais tu ne m'as pas dit si tu étais contente du cadeau.

Grettly lui présenta avec une moue charmante les roses qu'elle venait d'arracher.

— Quelle autre preuve veux-tu de mon contentement, Fritz? Voici tes roses, voici ton ruban ; je suis allée les chercher au risque d'être surprise et blâmée ; je t'ai moi-même prié de laisser l'arbre debout, et tu me demandes si ton mai m'a fait plaisir ! Tu mériterais que je te tourne le dos. Seulement, pour prendre ma revanche, je vais un peu te gronder. Tu as fait une action imprudente, puisqu'elle peut te faire condamner à une forte peine, et tu as fait une folle dépense, puisque tu es un des plus pauvres garçons du village.

Le jeune sabotier rougit :

— Me reproches-tu, toi aussi, ma pauvreté? dit-il d'une voix altérée.

— Ah ! le méchant! répliqua-t-elle, en lui tendant gentiment son front, qu'il baisa d'un baiser franc et sonore. A la bonne heure, nous voilà réconciliés. Ce n'est pas sans peine.

Fritz essaya de sourire, mais en vain. Il reprit :

— Tu sais, sans doute, Grettly, comment ton père m'a reçu hier?

— Oui, dame Catherine m'a raconté qu'il s'opposait à notre mariage, parce que tu n'étais pas riche comme lui et qu'il avait en vue un autre parti ; mais j'ai aussi ma volonté, moi, ajouta-t-elle en frappant du pied la dalle humide, et quand je serai consultée...

— Jamais ton père ne consentira à nos fiançailles tant que je n'aurai pas, comme lui, gagné un trésor, Grettly. A la longue, tu te lasseras, sans doute, de résister et de rester fille ; à la longue, un des prétendants favorisés par le vieux Gaspard saura se faire aimer.

— Pour qui me prends-tu ? interrompit la jeune fille avec feu. Aurais-je le cœur de te tromper et d'affronter ton regard loyal ? Ne serais-tu pas en droit de me demander compte publiquement de ma trahison ? Je t'aime depuis notre enfance, Fritz, et je ne suis pas de ces filles légères qui peuvent loger deux amours dans leur cœur, comme des voyageurs dans une auberge !

— Bien, ma Grettly, dit mélancoliquement le jeune homme ; mais, si tu me trompais, je ne serais plus là pour te rappeler tes serments. Ce que dame Catherine n'a pas entendu et ce qu'elle n'a pu te répéter, c'est que ton père m'a fait promettre de quitter Nordstetten.

— Quitter Nordstetten, toi ! s'écria Marguerite en pâlissant.

— Oui, je ne dois plus gêner ta liberté, Grettly ; on accolait trop souvent mon nom au tien ; je ne pouvais passer devant ta maison sans te compromettre : je ne pouvais respirer le même air que toi sans nuire à ton futur mariage. Pour ne pas t'imposer ma misère, je viens te faire mes adieux, chère petite sœur, car je pars ce soir.

La pauvre enfant avait écouté Fritz avec stupeur, sans avoir la force de jeter un cri de surprise et d'angoisse ; elle répéta seulement ces derniers mots d'une voix plaintive :

— Tu pars ce soir !

Et elle joignit les mains comme pour invoquer Dieu. Il y eut un moment d'affreux silence, pendant lequel on n'entendit que les sanglots étouffés de Marguerite et la respiration entrecoupée de Fritz.

La jeune fille reprit enfin un peu de force sinon de sang-froid.

— Et de quel droit, demanda-t-elle amèrement, mon

père exige-t-il un sacrifice qui doit faire notre malheur à tous deux? Et tu l'as accepté, toi, Fritz! Tu n'as donc pas songé à ta mère?

— Ma mère, murmura le sabotier, oh! je lui enverrai de l'argent, et puis le vieux Gaspard ne t'empêchera plus de la visiter, une fois que je serai loin.

— Mais où iras-tu? dit Marguerite d'une voix brève. Que feras-tu?

Fritz baissa la tête sur sa poitrine pour éviter les regards de son amie, et d'un ton qu'il essaya de rendre insouciant :

— Je serai soldat!

— Toi soldat?

Et Marguerite lui saisit le bras; elle ne pouvait le croire.

— Soldat? répéta-t-elle, c'est impossible; tu veux me désespérer! N'ai-je pas déjà assez de chagrin? Est-ce un soldat qui peut venir en aide à sa mère et à son jeune frère? Un soldat risque d'être mutilé ou tué! Tu me trompes, Fritz; dis-moi que tu me trompes!

— Je me suis enrôlé hier.

— Et tu disais que tu m'aimais! s'écria la pauvre Marguerite en versant un torrent de larmes.

Le jeune homme effrayé lui prit les deux mains et les porta à ses lèvres.

— C'est parce que je t'aime sincèrement et que j'ai souci de ton bonheur plus que du mien que j'obéis à ton père. Plus je t'aime et plus il faut que je sois loin, bien loin, le jour où tu seras la femme d'un autre... J'en mourrais de douleur, vois-tu, ou je serais capable de tuer celui que ton père aura choisi!

— Et moi, s'écria Marguerite avec exaltation, je te jure que j'aurai la force de résister à mon père, s'il veut violenter mon âme. Je lui serai humblement soumise sur tout autre point, mais il ne doit pas me contraindre à

prononcer des lèvres un serment de fidélité et d'amour
que mon cœur démentirait. Mille fois plutôt retourner
au couvent! Mais, je t'en supplie, mon Fritz, avant de
partir, laisse-moi essayer encore de le fléchir. Au fond,
il m'aime, et il ne s'entêtera peut-être pas à risquer le
bonheur de toute ma vie sur un caprice.

— Hélas! dit le fils de la veuve avec un gros soupir,
que ton père résiste ou cède à tes supplications, il n'en
faudra pas moins que je parte ce soir. Je ne m'appartiens
plus!

Le visage de Marguerite s'assombrit davantage.

— Ne pouvais-tu, méchant, si tu voulais tenir la parole que mon père t'a arrachée, t'éloigner quelque temps
du village, sans te faire soldat?

— J'avais besoin de quarante florins, ma Grettly, répliqua le sabotier en souriant.

Des larmes brillèrent dans les yeux de Marguerite et
restèrent suspendues à ses longs cils :

— Pour acheter des rubans et des roses, n'est-ce pas?
dit-elle avec un accent de doux reproche.

— Si je ne devais plus te revoir, ma mignonne, je
voulais que le mai te parlât pour moi.

— Heureusement, reprit Grettly en haussant un peu
les épaules, que ta folie n'est pas irréparable.

Si mon père a pitié de notre amour, je fais bon marché de ton enrôlement et de ta pauvreté. Promets-moi
donc de ne pas quitter le village avant de connaître le
résultat de la conversation que j'aurai tout à l'heure
avec lui et qui décidera de notre avenir.

Fritz, tout en disant que cette tentative était vaine et
puérile, laissait son cœur s'animer d'un vague espoir;
la crédulité est si naturelle aux amoureux ; ils pensent
toujours que la violence de leur désir doit dissoudre les
obstacles.

— J'y consens, répondit-il, mais comment saurais-je?...

— Ah! voilà le difficile, repartit Marguerite, car mon père ne me laissera pas sortir.

— Et tu comprends bien qu'après avoir reçu mon congé, je ne puis, sous aucun prétexte, rentrer dans la tour de Gaspard Melzer.

La jeune fille réfléchit un instant.

— Oh! si dame Catherine était à la maison, je ne serais pas embarrassée. Malheureusement, elle est allée au Valdburg chez un fermier de mon père, pour toucher des quartiers échus, et elle ne reviendra que ce soir. Mais il me vient une idée : de ce cellier où nous causons, on entend distinctement tout ce qui se dit dans la salle à manger.

— Eh bien?

— Eh bien! prends cette clef et reste ici, ou plutôt va chercher Christly, qui jouait tout à l'heure sur la place avec ses camarades. Enferme-le dans le cellier; il entendra la réponse de mon père, et vers midi, quand tu viendras le délivrer, tu sauras si tu dois partir ou rester.

— Et tu es sûre que personne n'entre jamais ici, n'est-ce pas?

— Jamais, à moins que ce ne soit à l'heure des revenants.

— C'est que, si le bonhomme Melzer surprenait le pauvre enfant, il serait capable de lui infliger une sévère correction.

— Ne crains rien, mon ami, je vais fermer, en m'en allant, la porte du couloir qui aboutit ici, et toi, de ton côté, tu fermeras, en sortant, celle qui donne sur la ruelle.

— Bon espoir, ma Grettly ! Je vais chercher mon frère, et Dieu veuille nous protéger !

— Bon espoir, mon Fritz ! J'ai comme un pressentiment que tu ne partiras pas.

Le jeune sabotier pressa encore sur ses lèvres, avec un douloureux serrement de cœur, les petites mains de Marguerite ; puis il sortit après s'être bien assuré que la ruelle était déserte, et il alla rejoindre Christly, qui fut enchanté d'apprendre que son grand frère allait le charger d'une mission de confiance.

Dès que l'enfant se fut glissé lestement dans le cellier, Fritz ferma soigneusement la porte, mit la clef dans sa poche et remonta vers la place.

Il avait à peine fait vingt pas, qu'il aperçut, venant vers lui, le vieux Melzer et le bourgmestre, qui tous deux paraissaient en proie à la plus violente agitation.

Fritz les salua poliment et s'effaça le long de la muraille pour les laisser passer, mais ni l'un ni l'autre ne daigna lui rendre son salut.

Derrière eux marchait à distance respectueuse le garde champêtre qui festonnait de temps en temps quelques zigszags pour égayer sa route, et derrière eux accourait la foule des curieux, qui, comme une marée vivante, eut bientôt inondé la place.

— Bonjour, ami Fritz, dit le garde en passant.

— Bonjour, père Kurthil, répondit le jeune sabotier, vous êtes plus poli que notre bourgmestre, vous.

— Eh bien ! repartit le vieux soldat sans s'arrêter, où est le mal ?

— Et avant-hier, dans la forêt, pensa Fritz, le vieux Gaspard était moins fier qu'aujourd'hui. Je suis sûr d'avance que Gretly n'obtiendra rien de ce vieillard entêté, et que Christly perdra son temps dans le cellier. Je regrette bien de l'avoir dérangé. Il jouait de si bon cœur ! Si le bonhomme n'était pas là, j'irais sur-le-champ rendre la liberté à ce pauvre petit.

Tout en gagnant son logis, Fritz se félicitait de plus
en plus de s'être enrôlé ; mais en même temps il songea
à sa mère, aux justes reproches qu'elle était en droit de
lui adresser, aux larmes qu'elle allait verser, car il se
sentait bien coupable envers-elle.

Un instant, il eut la pensée de partir sans la revoir et
de ne lui écrire que lorsqu'il serait arrivé à sa destina-
tion.

Peut-être se fut-il arrêté à ce projet, s'il n'eût aperçu
la Marannelé qui venait à sa rencontre, et qui lui souriait de loin.

Alors il courut vers elle, la serra sur son cœur et l'entraîna dans la cabane.

VI

Le Sommeil forcé.

La Marannelé se dégagea doucement des bras de son fils, et, le menaçant du doigt en souriant, comme les mères seules savent sourire :

— Fritz ! Fritz ! lui dit-elle, voilà des caresses qui me semblent de mauvais augure. Quand tu étais enfant, c'est ainsi que tu m'embrassais, lorsque tu avais quelque faute à m'avouer... Grand fou ! continua-t-elle en haussant les épaules, as-tu donc peur que je te gronde, parce que, depuis plus de deux heures, le déjeuner t'attend ? Je n'en mangerai que de meilleur appétit. D'ailleurs, ce n'est pas tous les jours fête, n'est-ce pas, garçon ?

— C'est vrai, ma mère, répondit Fritz en détournant la tête pour cacher l'émotion que ces simples paroles avaient produite en lui.

La Marannelé croyait aux pressentiments ; et néanmoins elle ne prévoyait pas le malheur qui la menaçait

5.

comme un sinistre oiseau de nuit rôdant autour d'elle.
Jamais elle n'avait été plus gaie, et Fritz se sentait le
cœur navré en songeant que, d'un seul mot, il allait
changer en larmes ce sourire qui venait si rarement aux
lèvres de sa mère.

Il approcha silencieusement son escabeau de la table,
et la veuve alla s'asseoir en face de lui.

Tout en traçant avec la pointe de son couteau une
croix sur l'envers du pain avant de l'entamer, elle se
pencha vers la porte, qui était ouverte, et appela Christly.

Comme l'enfant ne répondait pas :

— Où donc est ton frère ? demanda-t-elle à Fritz.

— Ne vous inquiétez pas de lui, ma mère, répondit-il
en versant à boire pour se donner une contenance ; il
joue là-bas.., sur la place.., avec ses camarades.

— Oh ! oui, reprit la Marannelé toujours souriante,
c'était ce matin la quête des œufs. Je comprends que la
faim ne le presse pas. Eh bien ! nous lui garderons sa
part.

— Et moi, dit Fritz avec un violent effort, je profiterai
de ce que nous sommes seuls pour causer avec vous de
choses sérieuses, ma bonne mère !

— De choses sérieuses, Fritz ?

— J'ai à vous faire un aveu qui me coûte beaucoup ;
mais, quoique j'aie le cœur déchiré, quoique je sache
que je vais vous faire beaucoup de peine, je ne puis tarder plus longtemps à vous dire ce secret qui m'étouffe.

La veuve, étonnée, releva la tête et attacha son regard pénétrant sur les yeux de son fils, comme si elle
eût voulu d'avance lire dans sa pensée.

— Je t'écoute, répondit-elle.

— Ma mère, dit Fritz, je vais quitter le pays.

Et sa tête retomba sur sa poitrine ; il s'attendait à un
cri de douleur, à des reproches, à des sanglots.

La Marannelé tendit la main à son fils :

— Mon ami, c'est une bonne et sage résolution que Dieu t'a inspirée là ! c'est ton salut. J'y avais déjà pensé. Un prompt départ peut seul nous préserver de tous les chagrins que je prévois, car ton amour pour Grettly devait tourner à mal. C'est une rude épreuve que d'abandonner le sol natal, où tout vous connaît, vous aide ou vous sourit, depuis le bûcheron qui abat le chêne jusqu'à l'oiseau qui niche dans ses hautes branches ! C'est dur de gagner son pain au hasard en pays étranger ; mais, quand on a la conscience d'avoir fait son devoir, quand on n'est pas obligé de mendier son bonheur à un parvenu qui vous méprise, l'âme reste fière et screine, et le bras ne chôme pas lâchement devant le travail.

Le jeune sabotier croyait rêver en entendant cette approbation calme et austère.

— Tu partiras donc quand tu voudras, mon enfant, continua la veuve.

Ainsi cette mère qui l'adorait, qui s'inquiétait de lui comme d'un petit enfant, acceptait avec une sorte de joie une séparation qui eût dû lui déchirer le cœur.

Il reprit péniblement :

— Je suis heureux de vous voir si facilement résignée, ma mère, et, puisque vous approuvez mon départ, je dois vous avouer que ce soir même, avant le coucher du soleil, j'aurai quitté Nordstetten.

— C'est bien, mon fils, repartit gravement la Marannelé ; je vais tout disposer sur-le-champ, et ce soir, ton frère et moi, nous serons prêts à te suivre.

Alors seulement Fritz comprit la résignation de sa mère ; elle n'avait pas saisi le sens véritable de son aveu ; elle ne croyait pas se séparer de lui ; elle abandonnait sans regret apparent la terre où elle était née, où elle avait vécu, aimé et souffert, parce qu'elle croyait suivre son fils, et que où il serait, là serait toujours son cœur, là serait sa patrie.

Le jeune homme ressentit dans tout son être une commotion si violente, que les larmes lui vinrent aux yeux.

— Oh ! la pauvre femme ! murmura-t-il ; quand elle consent si bravement à s'arracher du pays où mon père est mort, pour ne pas me quitter, comment vais-je lui dire :

— Je pars, mais seul ! Je pars, et je ne puis vous emmener ! Misérable que je suis ! c'est lui donner le coup de la mort !

Et, renversant sa tête en arrière, il comprima son front entre ses mains, en laissant échapper un sanglot :

— Il t'en coûte de te séparer d'*elle*, de ne plus la voir, n'est-ce pas ? dit la veuve, de penser qu'un autre...

— Un autre ! répéta Fritz en gémissant.

— Allons, mon enfant, ceins tes reins de courage et de volonté ; montre le cœur et la vertu d'un homme. Agis et combats contre toi-même au lieu de pleurer ton rêve comme une femme débile, qui ne peut pas se protéger elle-même et qui est soumise à l'autorité d'un père. Ce départ est indispensable à ton repos comme au mien.

Fritz saisit les mains de sa mère :

— Mais c'est vous qui m'ôtez mon courage, chère femme ! s'écria-t-il ; il ne s'agit pas de Gretlly en ce moment, je ne pensais pas à Gretlly, je ne souffrais pas si durement à cause de Gretlly ; le sacrifice est consommé, je l'ai éloignée de mon cœur, la pauvre fille ! mais, si je pleure, c'est parce que vous ne m'avez pas compris, ma mère !

La veuve frissonna et pâlit :

— Je ne t'ai pas compris, mon Fritz ; m'as-tu donc caché quelque chose ? Est-il donc un malheur plus grand que notre exil qui puisse nous menacer ? Aurais-tu commis une faute, un crime que j'ignore ? Mais non, mon

Fritz est incapable de mal faire. Si tu étais coupable, tu n'oserais pas me le dire, tu n'oserais pas m'embrasser. Oh ! Je te connais bien. Voyons Fritz, dis-moi tout, — tout ton secret, car cette incertitude me tue.

— Eh bien ! ma mère, répliqua le jeune homme d'une voix sourde, il faut que je parte, mais seul.

— Seul ! s'écria la Marannelé en se levant aussi blême qu'une morte drapée dans son suaire. Crois-tu donc que je le souffrirai?... Quoique usée par les chagrins et les privations, je suis encore capable de te suivre. Tu es bon marcheur, Fritz, mais je suis habituée à faire de longues courses dans la forêt. Marche, marche, et tu verras que mes vieux membres me porteront aussi loin que tes pieds me traceront la route.

— Hélas ! ma mère, dit Fritz, où je vais, je l'ignore.

La veuve tremblait de tout son corps ; elle regarda sévèrement son fils.

— J'espère, Fritz, que vous ne plaisantez pas ?

— Ah ! je souffre trop ! s'écria le jeune homme. Sachez donc la vérité, ma mère : hier je me suis enrôlé.

— Enrôlé ! répéta la Marannelé terrifiée. Enrôlé sans mon consentement ! Non, c'est impossible. Peut-être cette funeste idée t'est-elle venue à l'esprit et veux-tu m'éprouver d'avance ? Mais avoir vendu ta chair et ton sang, avoir signé un marché sans consulter ta mère, toi, un fils obéissant et soumis ! non, tu ne l'aurais pas osé.

Et elle le regardait avec angoisse pour surprendre sur son visage un signe d'embarras et de trouble qui pût donner raison à cette vague espérance.

Fritz restait immobile :

— J'ai eu tort, j'en conviens ; mais j'avais la tête perdue. Une force intérieure me poussait. J'ai compris un instant les malheureux qui vendaient leur âme au démon. Pour moi, ce sergent c'était un démon. Je n'ai point cédé à ses belles paroles. Je voyais clair dans ses ruses, mais son argent brillait sur la table. J'ai signé, puisque ma liberté et mon sang valaient cet argent. Allons, réjouissez-vous, ma mère, ne vaut-il pas mieux avoir pour fils un soldat revêtu d'un bel uniforme qu'un pauvre sabotier sans ouvrage ?

La veuve, affaissée par la douleur, morne et froide, la pensée incertaine et vague, ne répondit pas. Elle comprenait enfin que le mal était accompli. Fritz avait signé le contrat de servitude. Ne pouvait-elle le déchirer ? Ne pouvait-elle mettre obstacle à son départ ? Voilà ce qu'elle cherchait avec une sorte d'obstination passionnée. Cette idée fixe luisait devant son esprit comme un charbon ardent au milieu des ténèbres. Le silence de la Marannelé épouvanta son fils. Il craignit d'avoir frappé trop violemment sur son cœur. Si la pauvre mère allait devenir folle ! Elle le regardait avec un sourire fauve si étrange !

— Voyons, pardonnez-moi, ma mère. Je ne suis pas tout à fait perdu pour vous. Nous nous reverrons. Je reviendrai un jour à la forêt. On ne m'emmène pas si loin, après tout. Et puis, il est bon qu'un jeune homme voie du pays et dégourdisse son esprit. Si je ne m'étais pas enrôlé, un jour ou l'autre j'aurais fait mon tour d'Allemagne, quand Christly aurait pu vous aider.

La veuve souriait toujours de ce sourire vague qui faisait mal à Fritz. Elle écoutait la voix de son fils comme une musique, mais sa pensée était ailleurs, il le voyait bien.

Tout à coup elle passa sa main sur son front et l'expression inquiète et chercheuse de sa physionomie disparut. Elle semblait se réveiller d'un songe et dit d'une voix brève au jeune homme :

— Ainsi, tu as signé, Fritz ?

— J'ai signé, ma mère.

— C'est bien, mon fils. Pars, abandonne ton jeune frère et ta vieille mère, dont tu as été jusqu'à présent le seul soutien. S'ils ne meurent pas de misère, ils prieront Dieu pour toi !

Enfin la veuve pensait à elle. Fritz fut heureux de ce retour aux idées étroites et égoïstes de la vie. Il répliqua avec joie :

— Oh ! rassurez-vous, ma mère. Malgré mon absence, vous ne manquerez de rien. Moi parti, Grettly n'aura-t-elle pas le droit de venir ici tous les jours ? Et ne vous aime-t-elle pas avec toute la tendresse d'une fille ?

— Assez, Fritz, dit la Marannelé ; quand tu nous au-ras quittés, je n'aurai plus besoin de rien. Il n'y a que le sort de Christly qui m'inquiète ; mais après tout, qu'im-porte ! continua-t-elle avec un sourire plein d'amer-tume, il y en a bien d'autres que lui, ma foi, qui sont morts de faim !

Puis elle ajouta du ton de la plus parfaite indiffé-rence :

— Et quand pars-tu, mon garçon ?

— Ce soir, ma mère, répondit Fritz en baissant la tête, car il entendait une voix s'élever de son cœur et lui crier : Ni Dieu ni les hommes ne veulent que le fils aîné de la veuve abandonne le toit de sa mère.

— Une seule question encore, mon enfant, dit-elle après un instant de silence ; qu'adviendrait-il, si tu ne partais pas ?

— Je serais puni comme déserteur et déshonoré comme soldat, répliqua froidement le sabotier.

Elle prit sa main dans les siennes et la caressa comme dans son enfance, les yeux sur ses yeux.

— Et quel châtiment t'infligerait-on, mon fils ?

Fritz tressaillit :

— Pourquoi me demandez-vous cela, ma mère ? Qu'importe le châtiment à celui qui ne s'exposera jamais à l'encourir ?

— Pauvre enfant ! reprit la veuve du ton de compassion, qui peut répondre de soi ou du hasard ? Dans le métier de soldat, on est souvent puni pour un rien. Une entorse peut t'empêcher de rejoindre ton régiment. La discipline est si sévère, qu'on n'écoute pas les excuses. Cela suffit, et te voilà condamné au châtiment.

— Au châtiment ! répéta le jeune homme avec un geste d'impatience.

— Si j'ai bonne mémoire, poursuivit la Marannelé, c'est la correction qu'on inflige au chien rebelle. Tu serais battu de verges, toi, mon Fritz, oui, fustigé comme le chien qui a offensé son maître.

— Ma mère ! s'écria Fritz irrité.

— Pourquoi te cacher la vérité, continua la Marannelé impassible. Il faut savoir la regarder en face. Ainsi toi, le libre enfant de nos forêts, toi que mes mains n'ont jamais touché que pour t'attirer sur mon cœur, pour te couvrir de caresses ou bien pour essuyer tes pleurs, toi que jusqu'ici nul traitement humiliant n'a flétri, et qui n'aurais pas toléré une insulte, tu as pu volontairement t'assujettir au servage de ta parole, de tes gestes et de ton corps !

— Vous prolongez là une lutte cruelle et inutile, ma mère, interrompit le jeune sabotier. Pour un homme qui veut faire son devoir le métier de soldat ne m'expose à rien de déshonorant. Si un accident, comme vous le disiez tout à l'heure, me mettait en faute, la faute serait excusée.

— Qu'en sais-tu ? repartit la veuve. Et, s'il ne s'agissait pas d'un accident vulgaire et facile à prouver ? Si à cette heure j'étais malade, si j'étais mourante, près de rendre

mon âme à Dieu et que tu fusses à mon chevet tenant
ma main glacée dans les tiennes, et que, plongé dans la
douleur, écoutant mon dernier souffle, cherchant un
dernier baiser sur mes lèvres, tu vinsses à oublier
l'heure auprès de la pauvre agonisante, — ne serais-tu
pas, au retour, impitoyablement battu de verges?

— Mais c'est vous qui me torturez, ma mère! ne put
s'empêcher de dire le malheureux jeune homme.

— Peut-être demanderais-tu pardon à tes bourreaux
en leur disant la vérité, poursuivit impitoyablement la
veuve; mais ni ton sergent ni ton major ne te croiraient.
Ils te diraient qu'un soldat a brisé tous les liens du sang,
qu'il appartient à son drapeau et non à sa mère, à son
honneur et non à sa famille; ils te diraient que, pour
échapper au châtiment, tu devais arracher de tes mains
celles de ta mère mourante, et qu'il fallait partir en
chargeant quelque voisin charitable du soin de recueillir mon dernier soupir et de fermer mes yeux.

— Assez, assez, ma mère, s'écria brusquement le
jeune homme. Je ne vous ai pas interrompue parce que
je respecte jusqu'à l'égarement de votre douleur, mais
vous avez abusé de votre droit et de ma tendresse de façon à me pousser au désespoir. Si je manquais à ma parole, voulez-vous que j'aille errer et braconner dans la
forêt, comme un vagabond?

— Le braconnier serait près de sa mère, le soldat sera
loin, dit froidement la veuve; le braconnier est libre
comme l'air, le soldat est esclave. Mais tout est dit; je
suis résignée, Fritz. Tu n'as plus que quelques heures à
me donner, n'est-ce pas?

— Jusqu'au coucher du soleil, vous le savez.

— N'en parlons plus, mon enfant; que ta destinée
bonne ou mauvaise s'accomplisse!

Elle s'approcha de la table, brisa son pain, et se mit

à déjeuner en invitant son fils à suivre. son exemple.

Leur frugal repas s'acheva sans qu'ils eussent échangé une parole. Le jeune homme souffrait encore plus de cette réprobation silencieuse que des reproches qu'il avait eus à combattre auparavant.

La Marannelé se leva ensuite et alla tirer de sa crédence un flacon de verre qui contenait une de ces précieuses liqueurs si savamment préparées par ses soins, et elle emplit jusqu'aux bords le gobelet de son fils.

— A votre santé, ma mère ! dit Fritz, et puissions-nous nous revoir plus heureux, malgré vos sinistres présages.

— Il eût mieux valu ne pas signer, mon garçon, murmura la veuve en suivant avec anxiété tous les mouvements de son fils pendant qu'il vidait jusqu'à la dernière goutte le contenu du gobelet; mais nous nous reverrons bientôt.

— Pauvre mère ! maintenant que vous voilà devenue raisonnable, dit le jeune sabotier d'une voix émue, je puis vous dire que je me repens vivement de ma faiblesse, que, si mon engagement était encore à signer, le diable ne me ferait pas prendre la plume, et que vos larmes sont tombées sur mon cœur comme des gouttes de plomb fondu ; mais j'ai promis d'être ce soir à Herremberg, et nulle puissance humaine ne saurait me faire manquer à ma parole.

— Pars donc, mon fils ! dit la Marannelé d'une voix brève. Puis un sourire effleura ses lèvres minces et pâles, pendant que tout bas elle ajoutait :

— Pars, si tu peux partir !

Fritz promena sa main sur son front, où la sueur commençait à perler, aspira l'air à pleine poitrine, et, rejetant par un brusque mouvement sa brune chevelure en arrière :

— Voilà qui est singulier, dit-il; cette liqueur est agréable au goût, et cependant on dirait qu'elle ôte la force qu'elle devrait donner.

— Oui, répondit la veuve sans quitter son fils du regard, elle paraît d'abord produire cet effet étrange, mais bientôt ce suc généreux réchauffera ton sang, bientôt tu en apprendras la puissance. Attends, attends.

— Vous avez raison, ma mère, dit Fritz en appuyant son poing crispé sur sa poitrine ; je sens là cette liqueur qui fermente et me brûle ; mais elle ne double pas mes forces, elle ne ranime pas mon courage. Mes paupières s'alourdissent et mes yeux se ferment malgré moi! Quelle est donc cette liqueur, dites-moi?

— Il est à peine onze heures, repartit la Marannelé en interrogeant le soleil, repose-toi sur mon lit et dors jusqu'à midi.

— Je ne veux pas dormir, murmura le jeune homme en s'appuyant de la main au mur de la cabane. Quelle est donc cette liqueur, ma mère? Elle me brûle et elle m'abat.

— Dors jusqu'à midi; je te promets que ce sommeil d'une heure te procurera plus de force que le repos d'une nuit tout entière.

Fritz se leva en chancelant :

— Je ne veux pas dormir, vous dis-je. Laissez-moi sortir... La liqueur me brûle... je sens que j'ai besoin de respirer librement... Ici l'air me manque... j'étouffe... Ah! je vais me mettre en route... Quelle est donc cette liqueur, ma mère?

Il tenta de faire un pas vers la porte, mais il retomba sur son escabeau. Son regard vague et défiant errait sans pouvoir se fixer sur aucun objet.

Debout derrière lui, la veuve observait attentivement les progrès du violent narcotique qu'il avait bu avec confiance.

Après un instant d'accablement profond, Fritz fit un
nouvel effort pour se lever.

— Bizarre, bégaya-t-il, bizarre !

Et il s'affaissa lui-même :

— Mes genoux ploient sous moi et refusent de me soutenir. La cabane danse autour de moi. Il faut pourtant
que je parte. On m'attend à Herremberg. Qu'est-ce qui
m'attend ? Ah ! la punition, la punition ! les verges ! Jamais. Ne sois pas en retard, Fritz ! pense aux verges.
Marche donc ! Mais quelle est cette liqueur, ma mère ?

Le malheureux revenait toujours à son idée, comme
si un instinct mystérieux lui faisait comprendre qu'il
devait attribuer à ce breuvage le trouble et le désordre
momentané de ses facultés.

— Couche-toi pendant une heure, reprit la Marannclé
impassible, mais le cœur brisé, et je t'assure, mon fils,
que tu te réveillleras plus fort et plus agile que jamais.

— J'ai beau vouloir lutter contre ce sommeil de plomb,
il faut que, malgré moi, je vous obéisse, ma mère, dit-il
en balbutiant; mais vous me promettez... de me réveiller dans une heure, n'est-ce pas? Vous ne voulez pas
voir... votre fils battu de verges... comme un chien....
Ah ! ah ! la singulière liqueur... vous me direz son nom
quand je n'aurai plus sommeil.

— Tu peux compter sur moi et dormir en repos, répliqua la veuve en entraînant son fils vers la chambre du
fond.

Fritz, soutenu par sa mère, gagna le lit en trébuchant,
et s'endormit aussitôt.

Alors l'œil de la Marannelé étincela d'une joie farouche, et les bras croisés devant le jeune homme, qui res-
pirait péniblement :

— Dors! dors! dit-elle, il faut que la lune se lève
deux fois avant que tu ne quittes ce grabat.

Elle connaissait bien la merveilleuse puissance du narcotique qu'elle venait d'employer et dont elle s'était
souvent servi, par petites doses, pour endormir ses malades quand ils étaient en proie à quelques crises violentes.

Elle comptait donc sur l'effet de ce breuvage pour retenir son fils au delà du terme fixé pour son départ.

Elle espérait qu'à tout prix il voudrait se soustraire à
la punition flétrissante à laquelle ce retard l'exposait, et
qu'il aimerait mieux se cacher dans la forêt, dont il connaissait toutes les retraites et y vivre en braconnant, que
de rejoindre son corps. Fritz était aimé de tous les paysans, des sabotiers et des charbonniers; personne ne
songerait à le trahir, et, plus tard, on l'oublierait.

Tel était le rêve de la pauvre femme. Elle ferma soigneusement son volet et sa porte pour intercepter les
rayons du soleil; puis elle s'assit au chevet de son fils,
le veillant en silence.

Bientôt on n'entendit plus dans la cabane que le double bruit de leur respiration et le chant joyeux d'un grillon blotti dans l'âtre.

VII

Dans le cellier.

La journée se passa ainsi.

Fritz dormait toujours d'un sommeil profond.

La nuit venue, la Marannelé remarqua enfin que Christly n'était pas rentré. C'était la première fois qu'il s'absentait tout un jour sans la permission de sa mère.

Elle n'osait sortir pour s'enquérir de lui, car elle craignait que Fritz ne s'éveillât et ne partît en la maudissant.

Elle avait néanmoins l'esprit tourmenté de pressentiments sinistres.

Vers minuit, vaincue par l'inquiétude qui la dévorait, elle sortit sans bruit de sa chaumière, et rôda silencieusement aux alentours comme une louve qui cherche ses petits.

Elle décrivait machinalement une sorte de cercle, car sa cabane était le centre où son cœur la ramenait sans cesse.

Mais Fritz dormait toujours.

Alors elle recommençait sa course insensée, errant à travers la forêt, au milieu de solitudes profondes, interrogeant le moindre bruit, explorant les rives escarpées du ravin dont les eaux grondaient dans le silence de la nuit, et appelant d'une voix désolée Christly, qui ne répondait pas.

Le jour la surprit accroupie sur le seuil de sa misérable demeure, les cheveux flottants sur ses épaules, l'œil fixe et brillant de larmes.

En ce moment, des pas précipités se firent entendre au loin. La Marannclé releva la tête et écouta. Une bande d'enfants s'avançaient en effet dans la direction de la cabane, mais d'un seul coup d'œil la pauvre femme vit bien que Christly n'était pas avec eux.

— Jésus! Marie! que viennent-ils m'annoncer? murmura-t-elle en posant la main sur son cœur pour en comprimer les battements.

Et comme les enfants marchaient trop lentement à son gré, la veuve s'élança à leur rencontre :

— Où est Christly? s'écria-t-elle en saisissant par le bras celui qui allait en tête.

— Je ne sais, répondit l'enfant, et, comme nous ne l'avons pas vu depuis hier matin, nous lui apportons aujourd'hui sa part d'œufs.

— Vous ne l'avez pas vu depuis hier? répéta la Marannelé avec stupeur.

— Il jouait avec nous sur la place, devant la fontaine commune, reprit un autre, quand son grand frère est venu le chercher et l'a emmené avec lui du côté de la ruelle.

La veuve étonnée parut réfléchir un instant.

— En effet, dit-elle, Fritz me disait de ne pas m'inquiéter de l'absence de l'enfant. Quelle heure était-il quand Christly vous a quittés? demanda-t-elle vivement.

— Dix heures venaient de sonner à l'église, répliqua le chef de la petite troupe.

— Et depuis ce moment, tu dis que vous ne l'avez pas revu, ni les uns ni les autres?

— Non, Marannelé, dit l'enfant tout tremblant.

— Jésus! Jésus! s'écria la veuve en se tordant les mains de désespoir, Christly n'a pu se perdre dans ce calme petit village; il n'a pu s'égarer dans la forêt! Mais, s'il. était tombé au fond d'une carrière abandonnée; si, à cette heure, il m'appelait à son aide! Et je ne sais que faire; et je ne puis quitter cette place; et je ne puis crier à Fritz : Malheureux, qu'as-tu fait de ton frère?

Les enfants, effrayés, s'étaient d'abord serrés les uns contre les autres; mais, en voyant l'expression terrible et farouche qui crispait les muscles du visage de la Marannelé, ils se débandèrent avec épouvante et s'enfuirent chacun de leur côté en se repentant d'avoir irrité la sorcière.

La veuve Wendel rentra, pâle et accablée, dans sa cabane et s'approcha du lit de son fils.

— Il sait où est Christly, lui, murmura-t-elle, et il ne m'est pas permis de le tirer sans danger de ce sommeil magique. Si je l'éveille, il part. Pour retrouver l'un, il faut me résigner à perdre l'autre. Voilà donc les joies que les enfants réservent à leur mère!

Pendant la journée, la malheureuse sortit vingt fois pour demander à ses voisins s'ils n'avaient pas vu Christly, les conjurant, s'il lui était advenu malheur, de ne pas le lui cacher, leur affirmant qu'elle se sentait plus forte pour supporter le coup le plus terrible, mais non pour vivre une heure encore dans la cruelle incertitude qui la torturait.

Mais personne n'avait vu Christly depuis la veille.

La nuit vint. Un silence de mort régnait dans la cabane, interrompu seulement de temps à autre par le chant strident du grillon qui s'ébattait dans l'âtre.

La Marannelé s'agenouilla et se mit à prier avec cette ferveur des malheureux qui n'ont plus d'espoir qu'en Dieu, tant ils se sentent abandonnés par les forces humaines ; mais pendant sa prière elle voyait flotter devant ses yeux des images sinistres : c'était Christly noyé dans les roseaux d'une mare verte et stagnante, ou étendu sanglant au pied d'un arbre dont les branches s'étaient brisées sous lui ; il lui semblait qu'elle voulait aller vers l'enfant, et que l'enfant la voyait et lui tendait les bras en gémissant ; mais ses jambes vacillaient, elle ne pouvait marcher, et puis, quand la force lui revenait, la triste vision s'évanouissait soudainement.

Cependant, lorsque le soleil, se levant à l'horizon, darda ses rayons à travers les volets disjoints, et traça une raie lumineuse sur le seuil de la cabane, la veuve ferma son livre et se leva.

Cinq heures venaient de sonner.

Elle s'avança d'un pas ferme vers le lit où dormait son fils.

Le délai qui avait été accordé à Fritz était expiré depuis plus de douze heures ; par conséquent, il devait être considéré comme déserteur, et, tout en rejoignant son corps, il ne pouvait plus se soustraire à la punition dégradante décrétée contre la désertion.

— Qu'il s'éveille maintenant, dit-elle, ma tâche de mère est accomplie.

Elle voulut le soulever dans ses bras, afin de l'arracher à l'influence du narcotique ; mais après chaque tentative il retombait lourdement sur son grabat.

Deux heures se passèrent en efforts inutiles.

6

Alors la Marannelé eut peur.

Elle eut peur d'elle-même, elle proféra de sourdes malédictions contre la témérité d'une mère qui osait jouer avec la santé, avec la raison, avec la vie de son fils.

Elle se demanda comment elle avait pu avoir assez de confiance en son savoir pour condamner Fritz à ce sommeil forcé, qui ne cessait pas à sa volonté; une sueur froide glaçait ses tempes, en songeant au premier regard de son fils, qui serait celui d'un fou s'il se fixait tendrement sur elle, ou qui s'enflammerait de colère s'il avait conservé l'usage de sa raison.

Puis une pensée plus atroce encore traversa son esprit comme un trait de feu : — s'il allait ne plus se réveiller ! se dit-elle avec angoisse. Mais non, c'est impossible ! je ne puis pas avoir tué mon fils. Je l'aime trop pour que Dieu permette ce crime impie ! Et d'ailleurs ne faut-il pas que Fritz se réveille pour me dire ce qu'est devenu son frère ?

Et en même temps elle employait, pour l'arracher à ce sommeil, lourd et profond comme celui de la tombe, tous les remèdes que lui suggérait sa science.

Tout à coup elle poussa un cri de joie. Fritz, la poitrine oppressée, le front brûlant, se tordit sur son grabat en prononçant des mots entrecoupés et dénués de sens.

Sa mère l'observait d'un œil inquiet.

Après une demi-heure d'une lutte énervante, il ouvrit les yeux et promena autour de lui des regards étonnés; puis, se soulevant sur son coude :

— Mère, est-ce que j'ai dormi longtemps ? demanda-t-il.

La veuve comprit que le moment était venu d'avouer à son fils la ruse qu'elle avait employée pour le retenir près d'elle; mais, en se décidant à cette révélation, elle

trembla, elle, la mère, devant ce bon et honnête garçon
envers qui son cœur lui disait qu'elle avait mal agi.

— Fritz, me pardonneras-tu? s'écria-t-elle d'une voix
déchirante.

Le jeune sabotier la regarda en souriant.

— Vous pardonner, chère mère, et pourquoi? Je puis
bien maugréer un peu contre votre traîtresse de liqueur
qui m'a cassé bras et jambes et mis la tête à l'envers;
mais être fâché contre vous, qui m'avez toujours gâté et
qui n'avez jamais péché que par excès de tendresse,
Dieu m'en garde! Je ne suis pas un fils ingrat, entendez-
vous! et je ne vous oublierai pas plus à la caserne qu'ici.

La veuve tressaillit:

— A la caserne!

— Oui, à la caserne, où je vais rejoindre aujourd'hui
mes compagnons; et je veux dans un mois vous envoyer
de l'argent, en vous annonçant que mes chefs sont contents de moi. Je ne me suis pas enrôlé pour faire un mauvais soldat. Je suis robuste, je ne manque pas de courage, et, qui sait? on a vu des officiers de fortune partir
d'aussi bas. Si on fait la guerre, je ne resterai pas au
dernier rang, et peut-être... mais vous pleurez, ma
mère!

La Marannelé essaya de sourire:

— Ambitieux! tu m'oublies pour des idées de guerre
et de gloire; mais moi, je voulais garder mon fils.

Fritz l'interrompit:

— Je perds mon temps à bavarder. Combien de temps
ai-je dormi, ma mère?

La veuve parut agitée d'un tremblement convulsif;
ses mains se roidirent, sa haute taille se voûta comme si
elle s'affaissait sous un anathème mérité, l'avenir menaçant flotta comme un nuage de sang devant ses yeux dilatés, et elle répondit d'une voix sombre et triste:

— Tu as dormi deux jours et deux nuits !

— Vous voulez rire, répliqua Fritz; ruse innocente pour m'empêcher de partir si vite. Il est midi, n'est-ce pas?

La mère sentit son cœur se briser; elle couvrit ses yeux de ses deux mains, car elle n'osait braver les regards de son fils.

Le jeune homme, étonné de ce geste et de ce silence, se leva d'un seul bond et courut à sa mère.

— Au nom du Dieu vivant ! auriez-vous dit vrai? s'écria-t-il.

La Marannelé eut honte alors de se repentir de son héroïque résolution comme d'une action mauvaise, et d'une voix ferme elle répondit :

— Oui !

— Ainsi, cette liqueur étrange?...

— Était un narcotique.

— J'ai dormi deux jours et deux nuits ? reprit le malheureux; c'est bien, je suis perdu. Vous m'avez donné la vie, ma mère, vous aviez le droit de me la reprendre ; je n'ai rien à dire.

— Mais tu ne mourras pas, Fritz !

Déjà le jeune sabotier ne songeait plus à sa destinée brisée. Il cherchait des yeux Christly.

— Mais lui, mon frère, continua-t-il, je ne le vois pas. Où est Christly, ma mère ?

La veuve, épouvantée de cette question, lui saisit le bras :

— J'allais te le demander, Fritz,... Où est Christly ? où l'as-tu envoyé? où l'as-tu laissé? L'enfant n'a pas reparu au logis.

Fritz poussa un cri terrible et son visage devint blanc comme la neige.

— Oh! la bonne mère! Oh ! l'excellente mère! Pour

prouver votre amour à vos enfants, vous avez déshonoré l'un et vous avez tué l'autre !

— J'ai tué Christly, moi ! interrompit la Marannelé en reculant presque folle d'effroi.

— Oui ! grâce à vous, à l'heure présente les verges m'attendent, et Christly doit être mort de faim !

Et repoussant sa mère, il s'élança hors de la cabane.

La Marannelé, plus froide qu'une statue de pierre, tomba sur un escabeau, la tête dans ses mains, ses doigts crispés dans sa chevelure grise, sans pouvoir verser une larme.

Elle resta ainsi pendant dix minutes, muette, immobile et comme frappée de la foudre.

Bientôt la porte s'ouvrit violemment, et Fritz haletant, le visage baigné de sueur, entra portant renversé sur son épaule le corps inanimé de Christly.

— Voilà ce que vous avez fait de notre Benjamin, dit-il en déposant doucement le petit sur l'amas de bruyère.

Puis, comprimant sous la pression de ses mains son cœur, dont les battements l'étouffaient, il poussa un gémissement sourd comme le râle d'un mourant, ses yeux se voilèrent, sa tête se pencha en arrière et il tomba sur le lit où déjà gisait son frère.

La Marannelé se leva avec un sourire de désespoir :

— Allons ! sorcière, fais ton métier ! murmura-t-elle ; puis, posant ses mains sur la poitrine de ses enfants évanouis, elle attendit pendant quelques secondes avec une poignante angoisse.

— Leurs cœurs battent, s'écria-t-elle enfin ; soyez béni ! mon Dieu ! vous n'avez pas trop châtié la mauvaise mère qui a voulu diriger le sort à sa volonté et lutter contre votre providence.

Puis, redevenant aussitôt calme et forte, elle ajouta :

6.

— A moi de les sauver maintenant, si ma science n'est pas chimère et mensonge.

Son orgueil humilié se révoltait déjà.

Quelques heures après, l'intérieur de la cabane offrait un aspect tout différent.

Fritz était assis devant la table, la tête appuyée sur son poing fermé ; son front pâle se colorait par instant d'une teinte pourpre qui s'éteignait aussitôt ; son regard vague s'animait d'une paillette de feu ; sa physionomie, qui prenait tour à tour une expression douloureuse ou farouche, reflétait comme un miroir toutes les pensées qui se heurtaient dans son cerveau surexcité par la fièvre.

Près de lui, Christly dévorait, avec un appétit de naufragé, une jattée de lait de chèvre et de pain bis ; depuis que sa mère l'a rappelé à la vie, il n'a encore ouvert la bouche que pour manger ; ses yeux mêmes semblent dévorer ce frugal repas.

Un peu plus loin, la veuve, enchâssée dans son vaste fauteuil, regardait alternativement ses deux fils, et son cœur se débattait entre le désespoir qui tue et l'espérance qui console.

Quand l'enfant eut achevé de vider son écuelle, il essuya ses lèvres du revers de sa main, et, tout en reprenant haleine :

— Ah ! que j'avais donc faim ! dit-il joyeusement. Quand vous voudrez que je recommence à déjeuner, ne vous gênez pas, mère.

Fritz tendit la main à Christly, la serra longtemps contre sa poitrine, puis, l'attirant entre ses genoux :

— Maintenant, petit frère, dit-il, raconte-nous ce qui s'est passé depuis le moment où tu es entré dans ce maudit cellier, jusqu'à l'heure de ta délivrance.

— Je ne m'y suis guère amusé, va, Fritz, répondit l'enfant d'un air boudeur. En m'y enfermant, tu m'avais dit d'écouter ce que le vieux Gaspard et Gretlly se diraient pendant le déjeuner, n'est-ce pas? car ils avaient la chance de déjeuner, eux.

La veuve écoutait avec ses yeux, avec ses oreilles, avec son cœur:

— Eh bien! au bout d'une heure à peine j'ai entendu le bonhomme Melzer frapper du poing sur la table, en criant comme un sourd: Il le faut! il le faut, petite sotte. Oublie ce vagabond, que je vais faire chasser du pays, et montre bonne mine au mari que je te donne. C'est un mari en or massif. Avec lui tu auras des servantes et des bijoux; avec l'autre, c'est toi qui serais la servante.

Fritz sourit amèrement:

— Et que répondait Gretlly?

— Elle pleurait, mais elle pleurait si fort que, ma foi, je me suis mis à pleurer aussi. Ensuite elle se leva de table et sortit de la chambre, mais son père la suivit en criant toujours, comme si le feu eût été à la maison. Alors ce fut un grand silence, mon frère. Je n'entendais plus que le bruit des araignées qui tissaient leurs toiles. Je comptais les minutes en t'attendant, car je ne savais que faire dans ce cellier plus noir que le fond d'un four. J'avais faim. Par bonheur, il me restait encore dans la poche six œufs que j'avais gagnés le matin. Pour me désennuyer, je les mangeai tous les six.

La Marannelé haussa douloureusement les épaules.

L'enfant se méprit à ce geste.

— J'ai eu tort, dit-il naïvement, mais savais-je, moi, que mon frère resterait si longtemps sans venir me chercher?

— Continue, dit Fritz, à qui tous ces détails déchiraient le cœur.

Christly poursuivit:

— J'aurais donné volontiers, tant j'avais soif, mon

beau flageolet de buis pour une tasse d'eau fraîche. Mais pas moyen de sortir. Et le soir donc, quand j'ai entendu remuer de l'autre côté du four les assiettes et les fourchettes, quand j'ai entendu Gretlly refuser de tous les plats que lui offrait son père, en disant : Merci, je n'ai pas faim ! c'est moi qui aurais bien voulu être à sa place ! Ça me criait dans le ventre si fort, que j'ai fini par me boucher les oreilles pour ne plus rien entendre !

La veuve essuya deux larmes brûlantes qui descendaient lentement le long de ses joues.

Fritz prit vivement entre ses mains la blonde tête de l'enfant et le baisa au front à diverses reprises.

— Enfin, reprit Christly, bien longtemps après l'*Angelus*, voyant que tu ne venais pas, je me suis mis à chercher dans quel coin je pourrais me coucher. J'avais tourné tout autour du cellier sans rien rencontrer que de vieilles futailles entassées les unes sur les autres, lorsque, tout en continuant d'avancer à tâtons, je sentis sous ma main quelque chose de froid, mais de doux en même temps comme le poil d'un chat. Ai-je donc eu peur, mon Dieu ! Je me suis jeté en arrière comme si j'avais été griffé ou mordu. Le cœur me battait. Pourtant, comme rien ne bougeait, j'ai allongé encore une fois la main avec bien des précautions, et j'ai fini par attirer à moi un manteau garni de fourrure jeté sur le dossier d'un grand fauteuil.

— Un manteau et un fauteuil dans le cellier du vieux Melzer ! c'est étrange, interrompit Fritz.

— N'importe, j'étais bien content, poursuivit Christly ; dans ma prière du soir, je n'ai pas oublié de remercier le bon Dieu qui m'envoyait un lit si doux. Je me suis enveloppé de la tête aux pieds dans le manteau, et, après m'être couché en rond dans le fauteuil comme notre chatte sur le vôtre, ma mère, je me suis endormi. Et

pendant mon sommeil, je n'ai fait que rêver de pain de
beurre, de knœpfles, de tarte aux pommes, de toutes
sortes de bonnes choses enfin que je mangeais sans cesse
sans jamais m'en lasser. Malheureusement, en me réveillant le lendemain matin, j'ai bien vu que tout songe est
mensonge, car j'avais encore plus faim que la veille, et
Fritz n'était pas venu.

La Marannelé poussa un soupir et baissa les yeux.

— Frère, demanda brusquement l'enfant, pourquoi
donc m'as-tu abandonné si longtemps dans ce vilain
cellier?

— C'est une question à laquelle notre mère peut répondre mieux que moi, répliqua Fritz après un instant
de silence.

Christly tourna ses grands yeux vers la pauvre femme;
mais, en voyant la contraction de ses lèvres et la rougeur
fugitive qui marbrait sa figure pâle, il n'osa pas renouveler sa question, et continua son récit comme s'il ne
l'avait pas interrompu.

— Tu sais, frère, que la porte du cellier qui donne
sur la ruelle est au levant. Un rayon de soleil s'était glissé
à travers une petite fente, et je voyais assez distinctement
tout ce que l'obscurité m'avait empêché d'apercevoir la
veille. C'était encore le bon Dieu qui m'envoyait cette
lumière pour égayer un peu ma prison. Mais il me semblait que les futailles dansaient une ronde autour de
moi; des éclairs éblouissaient mes yeux et je me sentais
chanceler. Je m'appuyai contre le mur, et ma main se
cramponna à un anneau de fer avec tant de force, que
l'anneau parut céder et entraîner la pierre à laquelle il
était scellé.

— Pauvre enfant, tu avais le vertige!

— Je ne sais pas, frère, mais te doutes-tu de ce que
cachait cette pierre? Il y avait là un grand trou béant, et

dans ce trou, comme dans le réservoir des fées, s'empilaient des écuelles de bois pleines de vieilles pièces d'argent, des écuelles pleines de monnaie d'or, des écuelles pleines de bagues, d'anneaux, de colliers qui reluisaient comme des flammes ! C'était comme un autre soleil.

— Pauvre enfant ! répéta Fritz d'un air de profonde incrédulité, tu avais le vertige.

— Non ! non ! dit avec force l'enfant. J'ai touché les écuelles, j'ai fait sonner l'or dans ma main, j'ai manié les colliers, j'ai essayé les bagues à mes doigts. Je me suis bien assuré que je ne rêvais pas. D'ailleurs, ma mère nous a dit souvent que le père Melzer avait trouvé un trésor. C'était la vérité. J'ai vu le trésor, et je t'y mènerai quand tu voudras.

— Je ne me trompais donc pas ! dit la veuve d'un air de triomphe.

L'incrédulité de Fritz dut céder devant l'affirmation si nette de l'enfant.

— Et tu n'as rien dérobé ? lui demanda-t-il sévèrement.

— Oh ! grand frère, murmura Christly, et les larmes lui vinrent aux yeux.

Fritz l'embrassa.

— J'ai eu tort de te faire cette sotte question. Est-ce que je doute de toi ?

L'enfant sourit.

— D'ailleurs, frère, quand j'aurais été un franc voleur, qu'aurais-je fait de mon butin ? Ce qu'il me fallait, c'était un peu de pain. Les écuelles d'or, les futailles, les murs du cellier, le rayon du soleil, tout continuait à danser autour de moi. Alors j'ai lâché l'anneau, j'ai étendu les mains dans le vide pour tâcher d'arriver jusqu'au fauteuil, et puis..... et puis..... je ne me souviens plus.

— Bien, Christly ! dit le jeune homme. Tu as été obéis-

sant, honnête et fidèle. Si notre mère ne doit conserver
qu'un fils, du moins elle pourra compter sur lui.

— Je ne te comprends pas, repartit l'enfant en promenant de sa mère à Fritz ses yeux étonnés.

La veuve, par un geste suppliant, conjura ce dernier
de cacher à Christly ce qui s'était passé pendant ses deux
jours de captivité. Elle prit l'enfant par la main, l'entraîna hors de la cabane, et, après l'avoir embrassé avec
effusion, elle lui dit à voix basse, comme si elle eût craint
d'être entendu de Fritz :

— Rôde autour du village, Christly, mais ne t'amuse
pas à jouer avec tes camarades... Ne parle pas du trésor de Melzer... Si on te demande ce que tu es devenu
pendant tout ce temps, réponds que tu t'es perdu dans
la forêt. Peut-être verras-tu des soldats.

— Des soldats ! interrompit l'enfant, tant mieux ! ils
ont un si bel uniforme ! Je voudrais être soldat et avoir
de grandes moustaches.

— Dès que tu les verras, Christly, reviens tout doucement sur tes pas, sans courir, et chante la Tyrolienne...
S'ils te rejoignent, cause avec eux, babille, chante et tâche de ne pas les fâcher. Tu m'as bien compris ?

— Oui, ma mère ; mais pourquoi cela ? dit-il naïvement.

— Tu le sauras plus tard, Christly ; mais il faut que
je retourne près de ton frère, reprit la veuve inquiète.
Fais exactement ce que je t'ai dit, mon enfant, n'oublie
pas de chanter la Tyrolienne aussitôt que tu verras des
soldats. Si tu ne m'obéissais pas, tu causerais un grand
chagrin et un grand malheur à ceux qui t'aiment.

— Ne craignez rien, bonne mère, je la chanterai d'une
voix à faire hurler après moi tous les chiens du village.

Et Christly, fort intrigué de tout ce mystère, s'éloigna
en envoyant encore deux baisers à sa mère du bout des
doigts.

VIII

Le vieux Puits.

Dès que la Marannelé fut rentrée dans sa cabane, elle s'approcha vivement de son fils et lui dit :

— Que comptes-tu faire pour échapper aux verges?

— Je veux mourir, répliqua Fritz, avec calme; j'ai manqué à ma parole, et je n'affronterai ni le mépris de ceux qui me connaissent, ni les huées de la foule, ni les railleries des soldats de mon régiment.

— Ta résolution est bien arrêtée?

— Pourquoi me demander cela, ma mère? Vous savez que votre Fritz n'est pas un de ces cœurs légers qui tournent comme la girouette au vent.

Un tressaillement fébrile remua tous les membres de la veuve; ses paupières tremblèrent gonflées de larmes contenues, et elle s'agenouilla gravement devant son fils :

— Que faites-vous, ma mère ! s'écria Fritz profondément ému.

— Mon devoir, dit-elle d'une voix sourde. N'es-tu pas la victime et ne suis-je pas le bourreau? N'est-ce pas moi qui frappe ton dos de verges ou qui serre ton cou avec la corde? J'ai cru bien faire en forçant ta volonté, et Dieu me punit. Pardonne-moi, Fritz! Si j'ai péché, c'est que je t'aimais trop. Depuis que mon pauvre mari est mort, je n'ai vu que toi dans le monde, je n'ai tenu à la terre que par toi, je t'ai préféré à Christly. Et aujourd'hui, c'est mon amour qui t'a perdu.

— Relevez-vous, ma mère, interrompit le jeune homme attendri jusqu'au fond du cœur par ces accents déchirants.

— Non, non, reprit la veuve avec agitation, tu ne connais rien de mon affection pour toi; tu te souviens, qu'enfant, je réchauffais tes petits pieds glacés dans mes mains; que, malade, tu me voyais penchée à ton chevet, écouter ton souffle brûlant et que ton regard vague ne rencontrait que mes yeux; tu te souviens de ma joie en voyant tes joues redevenir roses; tu n'as rien oublié de ce qui est la tendresse visible, mais celle qui remue et bouleverse l'âme, tu ne la connais pas. Si tu meurs, je mourrai.

— Vous vivrez, ma mère, et vous parlerez de moi à Christly; il est jeune, il est bon, il vous consolera de m'avoir perdu.

La Marannelé laissa échapper un gémissement:

— Ne t'ai-je pas dit que je te préférais à lui? Dieu, qui lit dans les cœurs, a voulu me frapper dans ma tendresse aveugle, peut-être. Vivre sans toi, vivre avec l'enfant, mais ce serait vivre seule, rongée par le remords. J'étais si heureuse ici! Te voir, t'écouter, entendre prononcer ton nom, oui, c'était du bonheur. Et comme j'aimais tous ceux qui t'aimaient, le pauvre qui te bénissait pour ton aumône, l'ouvrier qui admirait ta force, la belle fille qui,

7

en te rencontrant sur la route, baissait les yeux et hâtait le pas en rougissant. Je me disais avec orgueil : C'est pourtant mon fils, celui-là. C'est ce petit Fritz qui dansait sur ma main, il y a vingt ans, et qu'un roseau faisait tomber. Et aujourd'hui qu'il est grand, beau et robuste comme un chêne de nos montagnes, c'est moi sa mère qui vais prendre la cognée du bûcheron et l'abattre. La Marannelé va tuer son fils. Allons donc! c'est impossible! dis-moi que c'est impossible, Fritz, et pardonne-moi.

Le jeune homme parvint, quoiqu'avec peine, à comprimer sa douleur :

— Je vous pardonne, chère mère, et je vous aime comme vous m'aimez ; quant à mon sort, il est fixé. Je dois mourir !

La veuve le regarda avec angoisse en joignant les mains comme devant l'image de son Dieu :

— Ah ! tu es sans pitié, Fritz ! Non, tu ne me pardonnes pas. C'est un pardon des lèvres, cela, et pas du cœur. Si tu me pardonnais réellement, tu consentirais à fuir, tu n'attendrais pas les soldats ! J'avais tout préparé, vois-tu pour te sauver. Dans la vallée d'Egelsthal nous trouverons une grotte presque inaccessible, où nos pères conduisaient leur bétail pour le mettre à l'abri du pillage. Tu m'en as entendu parler. Là, nous vivrons en sûreté, jusqu'à ce que ta faute soit oubliée. Si tu refuses, mon enfant, c'est que tu ne m'aimes plus. Et n'est-ce pas affreux, Fritz, de voir un fils ne plus aimer sa mère, et même se venger d'elle ?

Fritz soupira.

— Ce n'est pas vous qui êtes coupable, pauvre femme, et j'ai honte de vous torturer ainsi. La destinée a tout fait, et peut-être est-ce un bonheur pour moi, puisque Grettly sera la femme d'un autre.

— Mais c'est de la folie, mon enfant, de refuser ton

salut et de provoquer la mort; c'est un crime devant
Dieu, poursuivit la veuve. Eh bien ! je ne te prie plus, je
t'ordonne de me suivre à la grotte d'Egelsthal, au nom de
mon autorité de mère.

Elle se releva et saisit avec force le bras de son fils. Il
n'essaya pas de se dégager, mais il répondit doucement :

— Je suis forcé de vous désobéir, ma mère.

— Et pourquoi ? demanda-t-elle avec une ironie farouche.

— Parce que, si mon retard à rejoindre le régiment
n'était qu'une faute contre la discipline, ma fuite, en ce
moment, serait une désertion, et que la désertion est une
lâcheté aux yeux des hommes. Or, je ne veux pas que nul
puisse venir me dire impunément que je suis un lâche.
Et vous-même, ma mère, ne souffririez-vous pas une
douleur pire que la mort, si vous m'entendiez insulter
ainsi devant vous et Christly, sans que j'aie le droit de
me défendre ?

La veuve resta accablée par cette fière réponse; elle se
laissa tomber sur le lit et ne répliqua rien.

Cependant Fritz, quelques instants après, alla prendre
la vieille carabine de son père, qui était accrochée au
manteau de la cheminée; il en examina l'amorce, passa
l'ongle de son pouce sur le taillant de la pierre, afin de
la rendre plus mordante, puis il déposa l'arme debout
dans le coin de la porte.

La veuve l'avait suivi du regard, et son désespoir al-
lumait mille idées folles dans son cerveau. Tout à coup
elle murmura : « Si j'essayais ! peut-être... » Puis, élevant la voix, elle dit : « Pauvre Christly ! »

Fritz leva les yeux sur elle, comme pour lui demander
l'explication de ces paroles. Elle ajouta :

— Oh ! moi, je suis résignée, mon fils; mais j'ai pensé
à Christly. Malheur à l'enfant ! il mourra de faim avec

moi. C'est toi qui nous gagnais notre vie à tous deux.
Bah! Christly sera puni de sa gourmandise. Nous men-
dierons par les rues; il y a encore des âmes charitables.
Si je meurs en chemin, quelqu'un aura pitié de lui. Et
elle, la pauvre Marguerite! le vieux Gaspard lui dira:
«Tu vois, ma fille, j'ai été bon prophète et mieux avisé
que toi. Ton amoureux a fait de sa mère et de son frère
des mendiants. Si je l'avais écouté, il t'aurait procuré un
joli sort!»

Le cœur du jeune homme battait à rompre sa poitrine, et les larmes coulaient librement sur ses joues
blêmes.

— Assez, ma mère! s'écria-t-il; vous et Christly mourir de faim, mendier la charité par ma faute, par mon
orgueil, par mon abandon. Ah! je n'avais pas songé à
cela. Vous m'avez vaincu. Je n'ai pas le droit de vous
entraîner dans ma chute. Fritz que vous avez nourri enfant doit vous nourrir à son tour. Je vivrai pour vous. Je
vous suivrai où vous voudrez.

La Marannelé jeta un cri de joie et le saisit par la
main:

— Mon bon fils! ah! oui, tu aimes ta mère. Viens donc!
viens!

Au même instant elle entendit la Tyrolienne de Christly
éclater comme une fanfare en trilles et en arpèges stri-
dents. Elle devint pâle comme la neige et s'arrêta.

— Qu'avez-vous, ma mère? demanda Fritz surpris;
l'enfant va nous rejoindre et nous accompagner.

— Malheur! répéta la veuve d'une voix éteinte, c'est
le signal; ce sont les soldats. Il est trop tard.

— Les soldats! répéta le sabotier. Ah! vous le voyez,
Dieu est contre nous; il ne veut pas servir vos projets.
Les soldats! tout à l'heure je les attendais avec calme;
maintenant je ne voudrais plus vous laisser à la merci

des indifférents. Je puis me défendre, ma mère, ajouta-t-il amèrement; mais tuer des hommes qui ne m'ont fait aucun mal et qui remplissent leur devoir!...

— Pas de sang, pas de sang, Fritz! interrompit-elle. Ne te défends pas, mais cache-toi. Tout n'est pas perdu.

Le jeune homme haussa les épaules.

— Me cacher? où donc? Quand je le voudrais? je suis pris ici comme dans une souricière.

La Tyrolienne de Christly égrenait toujours ses mélancoliques arpéges.

La Marannelé était femme de décision prompte, et chez elle l'action suivait de près l'idée.

— Hâtons-nous, dit-elle; le vieux puits tari que tu as commencé à combler la semaine dernière peut te servir de refuge; nous y avons jeté des tas de branchages, de feuilles et d'herbes sèches qui suffiront bien à te couvrir.

Fritz hésita.

— Me cacher comme un voleur que poursuit la justice! Misère! En suis-je réduit là?

— Il n'y a pas de temps à perdre, viens.

Elle l'entraîna dans l'enclos qui s'étendait derrière la cabane, le fit descendre ou plutôt sauter dans le puits à moitié comblé, au risque de le blesser, et jeta précipitamment sur lui des amas de branches et une pluie de feuilles sous le manteau desquelles le jeune sabotier disparut complétement.

Tout ceci fut rapide comme l'éclair. A l'instant même où Fritz se couchait sur ce lit peu moelleux, le sergent Mathias Werner apparut à l'extrémité du chemin vert, escorté de deux recrues qui portaient encore le costume villageois et qui n'avaient pour arme que des bâtons; mais ces braves gens étaient appuyés par deux soldats dont le mousquet reposait sur l'épaule.

Christly les précédait en gambadant, sans que les fusées interminables de sa Tyrolienne cessassent de frapper les oreilles de sa mère.

Au moment où la petite troupe déboucha devant la cabane, la Marannelé en gardait le seuil, mais d'un air doux et riant :

— Que voulez-vous de moi, monsieur le sergent? demanda-t-elle, la voix nette et calme.

Mathias la regarda sournoisement, et, sans répondre à la question :

— Tiens, dit-il en tirant Christly par l'oreille, vous avez là un gentil garçon, bonne mère. C'est lui qui nous a servi de guide.

— De guide? répéta la Marannelé, pour venir ici? Et pourquoi venez-vous dans cette pauvre maison?

— Mon Dieu! dit le sergent avec insouciance, nous avons dit au petit que nous cherchions son grand frère Fritz.

— Ah! vous cherchez son grand frère?

— Oui, j'ai à lui parler. Alors le petit nous a répondu que nous trouverions facilement ici le camarade, car il venait de le quitter à l'instant.

— Et pourquoi cherchez-vous Fritz?

— Ah! vous êtes curieuse, la mère. Le petit bonhomme n'en a pas demandé si long. Il nous a offert de nous conduire, et j'ai accepté. Il est vraiment gentil, ce petit.

— Très-gentil! répéta machinalement la veuve.

— Et le brave sergent, pour me remercier, dit Christly les yeux pétillants de joie, m'a fait boire du kirschwasser et manger une tranche de jambon de Mayence.

Le sergent Mathias regardait toujours la veuve de ses petits yeux obliques; elle n'osait ni parler à l'enfant, ni lui faire un signe d'intelligence. Seulement elle pensait :

— Christly vend son frère sans s'en douter! et elle cher-

chait à garder sur son visage une inquiétude et une sérénité parfaites.

— Entrez donc, mes braves soldats, et reposez-vous,
dit-elle; vous me direz pourquoi vous cherchez Fritz?

Mathias, fort surpris, entra, pensant que la bonne
femme ne savait rien de l'enrôlement et du retard de son
fils; voyant la première chambre vide, il entra de suite
dans l'autre, vide également. Il se dit :

— L'oiseau n'a pas eu le temps de s'envoler bien loin.

Et, s'arrêtant devant la veuve, il lui demanda brusquement :

— Où est Fritz?

Elle répondit de l'air le plus naturel :

— Il est sorti tout à l'heure, mais il doit être encore
dans le voisinage.

— Mille diables! jura le sergent Mathias un peu désap-
pointé.

— Sorti! répéta naïvement Christly, mais je l'aurais
vu passer. N'en croyez rien, sergent; Fritz se sera caché
pour m'attraper.

Oh! si la pauvre mère eût pu étouffer sur les lèvres de
l'enfant ces imprudentes paroles! Si d'un regard, d'un
mot, d'un geste elle eût pu lui imposer silence !

Le sergent sourit dans sa moustache.

— Allons, gentil garçon; car il est gentil, n'est-ce pas,
bonne femme? un second verre de kirch, ça réjouit le cœur.

— Non, dit la veuve, c'est un enfant; il n'est pas habitué à boire, et ça le rendrait malade.

— Bah! répliqua Mathias, vous ne comptez pas élever
ce petit comme une demoiselle. Il n'y a que les gens qui
ont quelque chose à cacher qui craignent de boire. Verre
vide, cœur ouvert.

— C'est bon le kirchwasser, dit Christly en faisant cla-
quer sa langue.

La figure renfrognée du sergent Werner se dérida tout à fait.

— Eh bien ! je te promets d'en envoyer deux bouteilles à ta mère à ton intention si tu déniches ton frère. Tâche d'être aussi malin que lui ! ne te laisse pas prendre en défaut.

Si l'enfant eût regardé sa mère, il eût cru qu'elle allait mourir. La malheureuse restait écrasée, inerte, hébétée, les yeux effarés, sous le poids de sa terreur; mais le sergent seul la regardait, et Christly furetait des yeux dans la cabane en disant :

— Oh ! je connais tous les recoins du logis et du village, et les caches de la forêt jusqu'à deux lieues d'ici. Si je voulais bien, je défierais Fritz de me trouver, tandis que lui... Oh ! je suis bien sûr de mettre la main sur son terrier.

— Tu feras un adroit chasseur ! s'écria le sergent. Cherche ! cherche ! mon garçon, et vive le kirchwasser !

— Cherche ! cherche ! répétèrent les deux soldats en riant, et tu auras encore une tranche de jambon.

Et Christly cherchait.

— Fritz ! Fritz ! criait-il, tu as beau te cacher, j'ai de bons yeux. Je te verrais sous terre. Je te trouverai et tu boiras avec nous de ce bon kirchwasser que m'a promis le sergent.

Son babil coupait seul le silence morne qui envahissait la cabane. Le dénoûment s'approchait. Mathias lui-même était devenu inquiet et anxieux. Il avait presque honte de sa ruse de guerre, et il se souvenait qu'il avait un fils de l'âge de Christly, blond comme celui-ci et non moins rieur.

L'enfant sortit de la chaumière, jeta un regard rapide sur les environs, s'élança dans le ravin et y rampa, pénétra comme une couleuvre dans les massifs de ronces, fourragea les hautes herbes, grimpa dans les branches d'un chêne, d'où ses yeux plongeaient de tous côtés, et, découragé, se disposait à descendre, lorsque tout à coup il poussa un cri.

Il avait cru voir une ondulation presque insensible agiter les branches entassées dans le vieux puits. Peut-être se trompait-il, mais son attention était vivement attirée sur ce point. Chose étrange! tout à l'heure les branches et les amas de feuilles ne montaient pas si haut dans l'intérieur du puits; tout à l'heure il n'avait pas remarqué ce rameau tout vert qui tranchait avec les branches sèches de l'hiver.

Il se laissa glisser à terre et courut comme un faon vers la Marannelé :

— Et toi, mère, que me donneras-tu, si je trouve Fritz dans sa cachette?

Elle ne répondit pas, le son de sa voix l'eût trahie. Elle priait :

— Que le sang de son frère ne retombe pas sur sa tête! Les misérables! ils font de cet enfant un espion!

Christly la regardait, étonné.

Il vit deux grosses larmes trembler au bord des cils de la malheureuse femme.

Effrayé, il tourna la tête, regarda le sergent et les soldats, et il eut peur de leurs faces menaçantes. Ils ne riaient plus; l'instinct de la vérité s'éveilla en lui.

— Eh bien! dit rudement Mathias Werner, as-tu trouvé?

— Non, fit-il avec une fausse naïveté.

La mère respira.

— Bois encore et cherche! ajouta le sergent en faisant signe à un des soldats de tendre à l'enfant son gobelet de cuir.

— J'ai assez bu, répliqua Christly, trop bu même; ça

7.

me donne envie de dormir. Bah! Fritz viendra bien de
lui-même; il sera content de vous voir, si vous êtes ses
amis.

Le sergent mordit sa moustache.

— Nous sommes ses caramades.

La veuve le regarda fixement :

— Ses camarades?

— Oui, bonne femme, et nous serons amis s'il se
conduit bien. Il a mal commencé, ce diable de sabotier,
et il nous fait user nos souliers à courir après lui ; son
retard à rejoindre lui vaudra une punition. Les verges!
c'est humiliant la première fois et ça fait crier la chair,
mais on s'y fait ; moi qui vous parle, j'ai passé par là.

La Marannelé l'interrompit avec un sombre sourire :

— Et n'es-tu pas, toi, sergent Mathias, le tentateur
qui a poussé mon fils dans l'abîme, le Satan qui a acheté
son sang et sa liberté!

Werner haussa les épaules :

— Ouais! j'en ai bien d'autres sur la conscience, mais
les femmes ne comprennent rien à cela. Il faudrait toujours rester cramponné à leur cotillon. N'est-ce rien que
de rendre service à son pays ? C'est mon métier et j'en
fais gloire. Ton Fritz a eu du cœur tant qu'il a vu des
flacons et des florins sur la table ; mais, ajouta-t-il en
haussant la voix, le cœur lui a manqué quand il s'est agi
de tenir parole et de prendre le mousquet. Qui me dé-
mentira?

Il s'interrompit un instant; puis, après avoir jeté un
regard méprisant autour de lui :

— Je m'y attendais, l'insulte n'a pas fait lever le
lièvre ; mais puisse celui qui a entendu mes paroles, sans
en demander compte, passer non par les verges, mais
par les soufflets de tout le régiment.

Un silence terrible suivit la provocation du sergent

Mathias. L'indignation et l'effroi empêchaient la Niobé villageoise de répondre, mais elle serrait contre son sein Christly avec une sorte de fureur.

L'enfant qui comprenait enfin tout le danger de son grand frère, et qui craignait de le voir s'élancer hors du puits, essaya d'attirer sur lui-même la colère du sergent, et il lui dit d'un grand sang-froid :

— Vous en avez menti, tout soldat que vous êtes ! Mon frère Fritz est brave, car, armé seulement d'un bâton, il m'a défendu, l'hiver dernier, contre un énorme loup affamé qui se jetait sur moi, — et il a tué la bête.

— Tais-toi, petit. Si ton frère n'est pas un lâche, c'est un menteur, car il m'a donné sa parole de rejoindre le régiment ; j'ai eu confiance en lui, et il s'est joué de moi.

La Marannelé s'avança vers le sergent, et lui dit :

— N'insultez pas mon fils sous mon toit. Cherchez-le, faites votre devoir, mais ne l'insultez pas quand il n'y a pour le défendre qu'une femme et un enfant !

Mathias ricana !

— On va se gêner, vraiment ! Sachez, vieille sorcière, que nous allons nous installer ici à vos frais, et que vous nous fournirez à boire et à manger jusqu'à ce que ce bel oiseau bleu soit retrouvé !

— Faites, dit-elle froidement : ruinez et dépouillez la mère après avoir tenté le fils. Ce ne sera pas difficile. Sais-je donc où est Fritz ? Suis-je forcée de le savoir ? Et, si je le sais, suis-je forcée de le livrer ? Ah ! vous êtes d'abominables gens. Déjà vous avez voulu tromper l'innocence de cet enfant. Dieu, sans doute, l'a éclairé. Et maintenant vous voudriez que par avarice je trafique avec vous de ma chair et de mon sang !

Le sergent l'interrompit :

— Assez de musique, bonne femme ; à boire ! et sers-nous vite.

— Que je vous serve ! dit-elle en frémissant.

— Tu n'es bonne qu'à cela, sorcière.

— Ah ! vous insultez aussi les femmes ! O le courageux soldat !

Si la Marannelé n'eût retenu violemment Christly, il s'élançait comme un furieux contre le sergent. Celui-ci se moqua de cette vaine colère.

— Appelle Fritz à ton aide ! dit-il à la veuve.

Elle sentit le piége. L'astucieux Mathias observait soigneusement la direction de leurs regards. Christly avait surpris une ondulation plus sensible dans les amas de branches et de feuilles du vieux puits ; mais Fritz, fidèle à sa promesse, ne sortait pas de sa cache, malgré les insultes, malgré les menaces.

Alors le sergent jugea qu'il était temps de passer de la parole à l'action, et des menaces aux violences.

— Vous avez des bâtons, dit-il aux recrues, apprenez à vous en servir. Si ce petit drôle ne décloue pas sa langue, étrillez-le vertement. Croit-il se jouer du sergent Mathias ? Il payera pour son frère, et le bâton vaut la verge.

Christly ne bougeait pas et continuait à regarder sa mère avec douleur.

Les recrues le saisirent et le frappèrent assez doucement ; mais sur un signe impérieux de Mathias ils frappèrent avec plus de force. La douleur fut plus forte que le courage de l'enfant, et il ne put s'empêcher de jeter un cri ; mais il eut peur aussitôt que son frère ne se trahît et il ajouta naïvement :

— Fritz ! Fritz ! on bat ton petit Christly, mais ça ne me fait pas de mal, va ; reste caché, mon frère.

Le sergent se frotta les mains :

— Je crois que j'ai trouvé le hameçon ! dit-il à voix basse.

Tout à coup les feuilles et les branches froissées, pié-
tinées s'écrasèrent, s'éboulèrent, s'écartèrent ; des cailloux s'entrechoquèrent dans le vieux puits, et le jeune
homme, bondissant comme un tigre, s'élança vers la
cabane, la figure enflammée de désespoir et de fureur :

— Misérables ! lâchez cet enfant !

Comme Fritz brandissait son fusil dans sa main cris-
pée, les recrues obéirent, effrayées, et les soldats eux-
mêmes reculèrent.

Le sergent se frottait les mains de plus fort en plus fort.

— Ah ! l'oiseau nous montre son aile, dit-il d'un air
satisfait. Enfin ! tu as fait bien des façons, mon gaillard,
pour revenir au bercail. Heureusement ton berger n'a
pas de rancune. Mais que signifient cette mine furieuse,
ce fusil, ces menaces ? nous sommes des amis, Fritz, de
bons camarades. Avance, personne ici ne te veut de
mal.

Fritz abaissa son fusil et regarda fièrement les soldats :

— Je ne vous crains pas, répondit-il, et, tout lâche
que je suis à vos yeux, moi, je ne torturerais pas un enfant. Toucher à celui qui ne peut se défendre, cela crie
vengeance.

Et ses yeux jetaient des éclairs.

Le sergent retint l'enfant par le bras, et lui enroula
une corde autour des poignets avec méthode et sang-
froid en même temps.

— Ah ! tu veux nous rendre la monnaie de nos injures, Fritz, soit ! mais je garde le petit ; c'est un otage,
en terme de guerre, un otage qui nous garantit ta bonne
volonté. Allons ! marche en brave garçon avec nous.

— Rendez d'abord l'enfant à sa mère, dit le jeune sabotier en frappant la terre de la crosse de son fusil, et
je vous tendrai les deux poings pour être liés, et je vous
suivrai docilement comme le mouton suit le boucher.

— Merci de la comparaison, s'écria Mathias en serrant les dents, mais tu commences à m'échauffer fameusement les oreilles, mon bon ami. Tout ceci est de mauvais exemple pour les camarades et pèche contre la discipline. On ne fait pas de conditions à son sergent. Ton fusil ne me fait pas peur. Je t'ai donné du temps pour obéir. Si tu résistes, la force te fera céder. Est-ce à toi d'ordonner ou à moi ? Soldats, avancez !

Fritz restait immobile :

— Tire sur eux, frère, cria Christly.

— S'il tire, observa le sergent, mes soldats t'écorcheront vif, petit diable.

— Qu'importe ! fit bravement Christly; tire sur eux, mon Fritz !

Sur un signe de Mathias, les deux soldats s'avancèrent, mais lentement vers le jeune homme. Celui-ci, sans s'occuper d'eux, parut viser le sergent, qui retenait toujours Christly par la corde enroulée à son poignet.

— Vous ne voulez pas le lâcher dit-il froidement. Tant pis pour vous.

Et il tira.

La balle brisa la corde, et l'enfant délivré courut vers sa mère.

Le sergent secoua sa main contusionnée et brûlée, en grommelant :

— Tu me le payeras ! mais la force du coup le fit tomber à terre.

Fritz pouvait profiter de la stupéfaction des soldats et des recrues pour s'enfuir. Il alla droit à son ennemi et lui dit :

— Je me rends, sergent Mathias. Je serais fâché de vous avoir blessé.

Werner le regarda d'un air assez singulier :

— Si tu m'avais tué, pourtant, mon fils, qui ressemble

à ce mauvais garnement, serait orphelin à cette heure ;
tu es un adroit tireur, Fritz ; je sais ce que je te dois.
Écoute ! par amitié pour cet enragé de Christly, voici ce
que je te propose : achète le silence de mes hommes, et,
quant à moi, si tu peux glisser dans ma poche une trentaine de carlins d'or, j'aurais peut-être la faiblesse de
déchirer l'enrôlement que tu as signé. Ceci entre nous.

La Marannelé l'écoutait avidement.

— Hélas ! dit-elle, notre petit enclos, nos ruches,
cette cabane, ce qu'elle contient, tout ce que nous pos-
sédons enfin, ne vaut pas la somme que vous demandez.

— Je vous accorde deux heures pour aviser, répliqua
brusquement Mathias. Vous avez des voisins, des amis !

— Des amis, quand on est pauvre ! murmura la veuve
avec amertume.

Le sergent tira de sa poche sa pipe rouge avec sa main
gauche, la bourra et se mit tranquillement à fumer, sans
quitter de l'œil son prisonnier.

Fritz s'était assis dans un coin de la chambre et semblait ne plus avoir conscience de ce qui se passait autour
de lui ; sa mère, la tête entre ses mains, réfléchissait
profondément. Elle avait mille projets en tête et ne savait auquel s'arrêter. Irait-elle trouver l'hôtelier Lud-
wigmeyer, son cousin et le parrain de Fritz ? S'adresserait-
elle au vieux Gaspard, à qui son fils avait rendu un si
grand service dans la forêt ? L'un pourrait-il l'obliger,
l'autre le voudrait-il ? Alors elle songeait comme suprême
ressource à son merveilleux narcotique. Elle invitait,
dans sa pensée, le sergent et ses compagnons à se rafraîchir en l'attendant, et à son retour, elle les trouvait
tous endormis. Puis, profitant de leur sommeil, elle em-
menait de gré ou de force son Fritz dans la grotte de
l'Egelsthal.

En ce moment, le père Kurthil, le garde champêtre, parut sur le seuil de la cabane, et, avançant la tête avec curiosité :

— J'ai entendu un coup de feu, dit-il.

Tous les assistants tressaillirent:

— Un coup de feu ! grogna le sergent. Une maladresse qui a failli me coûter la main droite.

— Eh ! mon Dieu, sergent, reprit le garde en manière de consolation, quand ça serait arrivé, où est le mal? N'est-ce pas le sort d'un soldat de mourir d'une balle un jour ou l'autre ?

Mathias fit la grimace, et, s'adressant à la Marannelé, toujours rêveuse :

— Ah ça bonne femme, pendant que vous êtes en train de faire vos comptes, n'oubliez pas d'ajouter quarante bons florins que votre fils a reçus de moi.

— Quarante florins, Seigneur Jésus ! dit la veuve Wendel en posant la main sur l'épaule de Fritz qui paraissait ne pas entendre, — tu as reçu quarante florins, mon enfant ?

Il la regarda d'un air étonné :

— Oui, ma mère.

— Il faut les rendre au sergent, et tout de suite !

— Je ne les ai plus.

— Qu'en as-tu fait, malheureux garçon?

— Je les ai dépensés pour le mai de Grettly.

La veuve joignit les mains : — Quoi ! c'est pour satisfaire ce caprice insensé que tu as vendu ta liberté, ton repos et détruit notre bonheur à tous !

Fritz baissa la tête en murmurant : — Elle est si belle, Grettly, elle est si bonne et je l'aime tant !

Mais le père Kurthil poussait en même temps un cri de triomphe; il tenait enfin le délinquant, qu'il avait inutilement cherché depuis deux jours.

— Sergent, et vous, soldats, dit-il d'un ton solennel, je vous prends tous à témoin et vous somme de me prêter assistance au besoin pour arrêter le nommé Fritz Wendel, qui s'est rendu coupable d'un délit forestier. Vous m'avez fait bien chercher, jeune homme; mais, après tout, puisque je vous tiens, où est le mal ?

Puis, tirant un portefeuille de sa large poche, il se mit en devoir de verbaliser.

— Bonhomme, dit le sergent Mathias, ce sont là des écritures inutiles. Ce garçon m'appartient.

Le père Kurthil le regarda de travers sans interrompre la course rapide de sa plume sur le papier.

— Oui-dà, beau sergent ! eh bien ! moi, je déclare en état de rébellion, non-seulement quiconque me troublera dans mes fonctions, mais encore ceux qui me refuseront assistance.

Mathias devint violet.

— Taisez-vous, ou je vous fais bâillonner par mes hommes.

Le père Kurthil devint pourpre.

— Essayez donc ! Je fais sonner le tocsin.

— Et je vous fais jeter au fond d'une cave.

— Et je vous mets la main au collet à vous, sergent, à vos soldats, au délinquant, à sa mère...

Il fut interrompu par un violent accès de toux. Mathias partit d'un éclat de rire.

— Eh bien ! reprit le garde, quand j'arrêterais tout le monde, où serait le mal ?

— Il est cependant facile de nous mettre d'accord, dit le sergent en s'adressant à la Marannelé. Payez-moi la somme que je réclame, et j'abandonne mon prisonnier.

— Qu'il paye l'amende, sans oublier les frais du procès-verbal ! dit de son côté le père Kurthil, un peu hon-

teux de sa colère, et je vous laisse emmener le délinquant, camarade.

La veuve se sentait atteinte d'un insurmontable dégoût
pendant ce débat ; mais il s'agissait de la vie de son fils ;
elle parla à ces hommes avec une sorte de calme :

— Je vous remercie, dit-elle, attendez-moi une heure.
Il vous faut de l'argent. Si les prières et les supplications
d'une femme peuvent attendrir le cœur d'un avare, je
vous rapporterai une poignée de florins. Sinon, j'accom-
pagnerai Fritz et j'irai me jeter aux genoux de son général pour demander sa grâce.

Le sergent haussa les épaules en continuant de fumer
sa pipe rouge.

— Rapportez les florins, bonne femme, c'est plus sûr.
Le général ne plaisante pas avec la discipline.

La Marannelé sortit de sa cabane et se dirigea rapidement vers la tour de Gaspard Melzer.

— Lui seul peut sauver Fritz, se disait-elle chemin
faisant ; mais croira-t-il que l'honneur et peut-être la vie
de mon enfant pèsent le poids d'une écuelle de florins et
de carlins d'or ? Qui m'eût dit que j'irais un jour m'humilier devant ce vieillard au cœur de pierre ? Et, s'il me
repousse hypocritement en protestant de son amitié et
en niant sa fortune, tandis que Christly a vu le trésor ?
Oh ! le trésor, dont la moitié eût dû appartenir à mon
pauvre homme ! Et je vais implorer ce voleur et ce traî-
tre ! Mais n'importe ! il s'agit de mon fils.

Et elle frappa résolûment à la porte du vieux Gaspard.

IX

L'Avare.

On venait d'achever de souper chez Gaspard Melzer.
La braise du fourneau avait été soigneusement étouffée.
Les portes et les fenêtres du rez-de-chaussée étaient ver-
rouillées et cadenassées.

Marguerite, retirée dans sa chambre et assise devant
une table sur laquelle fumait une petite lampe à mèche
étroite, brodait une bourse qu'elle comptait offrir à son
père comme cadeau de Noël. Tout en tirant son aiguille,
la pieuse enfant chantait l'un des cantiques qu'elle avait
appris au couvent.

En face d'elle dame Catherine, qui n'avait plus ses
yeux de quinze ans, raccommodait, en l'accablant de
malédictions, une culotte en drap vert pistache, que son
maître portait habituellement au logis, vieille compagne
dont il ne voulait pas se séparer, en reconnaissance des
longs services qu'elle lui avait rendus.

La chambre voisine, qui n'avait aucune communication avec celle de la jeune fille, était habitée par Melzer.

Lit sans rideaux, fenêtre grillagée, porte bardée de fer, meubles boiteux et vermoulus, tout était sombre et froid dans cette pièce, qui suintait l'avarice. Aux murs humides et salpétrés pendaient de vieilles draperies à personnages qui toutes étaient décolorées, róngées aux vers et rapiécées çà et là le plus grossièrement du monde. Un pan de ciel était remplacé par la tête d'un taureau, et la belle Europe chevauchait sur une branche d'arbre.

Melzer, enfoui dans un vaste fauteuil garni de cuir, les coudes appuyés sur une table de bois noirci, compulsait des baux de fermages et des titres devant une mauvaise lampe à pompe, qui projetait dans la chambre une lueur blafarde et tremblante ; il était coiffé d'un ample bonnet de soie noiré, fort éraillé, et enveloppé dans son éternelle houppelande verte.

Ce vêtement était d'une longueur raisonnable quoique le bonhomme l'eût souvent rogné par le bas pour en rafraîchir les pans effiloqués ; néanmoins Melzer s'était encore recouvert les jambes d'une mante de laine qui cachait jusqu'à ses larges sabots bourrés de paille.

Quand il eut minutieusement passé tous les baux en revue, il se frotta gaiement les mains avec un sourire silencieux ; puis il calcula les augmentations qu'il pouvait faire subir à ceux qui allaient expirer, et les épingles que le retour de sa fille le mettait en droit de stipuler.

— On a parlé de la pierre philosophale, se dit-il à demi voix avec une moue de dédain. On parle de ces alchimistes qui, penchés nuit et jour sur leurs fourneaux ardents, risquent à toute minute de se faire sauter le crâne par l'éclat d'un creuset ou d'une cornue, pour trouver un peu d'or ! Pauvres savants qui dévorent leur bien et celui de leurs enfants à la recherche d'un secret qui leur

échappera toujours ! Les niais ! Eh bien ! moi, sans tant
de peine, je l'ai trouvé, ce secret merveilleux.

Il caressa les manches de son horrible houppelande.

— Je fais de l'or, continua-t-il, en ne renouvelant pas
ce vieux vêtement ; je fais de l'or avec les souliers que
je ménage, avec le vin que je ne bois pas, avec l'huile
de ma lampe que j'économise en me couchant quand le
jour cesse, avec le jeûne que je m'impose parfois et qui
me préserve des indigestions ; je fais de l'or surtout avec
l'argent que je ne prête pas, car je hais les emprunteurs
autant que les voleurs et les mendiants !

Au même instant, un violent coup de heurtoir retentit
de la porte extérieure jusqu'à la chambre.

Le bonhomme Gaspard dressa les oreilles et serra,
par un mouvement instinctif, tous ses papiers dans le
tiroir de la table.

— Dame Catherine, cria-t-il, n'ouvrez qu'à bon es-
cient. Il n'y a que des amis bien intimes qui puissent
venir me déranger si tard.

Et il attendit avec une certaine inquiétude ; il fallut
cinq minutes à la ménagère pour parlementer, dévisser
les barres de fer qui barricadaient la porte, tirer le verrou de sûreté et ouvrir les deux grosses serrures. Puis
elle introduisit la Marannelé dans la chambre de l'avare
et se retira fort intriguée de cette visite intempestive.

Gaspard surpris releva ses lunettes vertes sur son front
chauve, et, regardant la veuve avec étonnement :

— Le feu est-il chez vous, bonne femme, lui demanda-
t-il, pour que vous veniez chez moi à pareille heure ?

— Plût à Dieu que je n'eusse pas de malheur plus grave
à déplorer ! dit la veuve d'une voix sombre. Je ne vous
dérangerais pas pour vous demander asile.

— Calmez-vous, Marannelé, reprit le vieillard. Mais,

si ce nest pas le feu, je ne comprends guère de quel malheur vous pouvez vous plaindre.

— Tout d'abord, maître Gaspard, interrompit la veuve, qui ne semblait pas l'entendre, pardonnez-moi les dures paroles que je vous ai adressées l'autre jour.

— Des paroles ! bonne femme, que signifient des paroles ? autant en emporte le vent. C'est oublié. Entre vieux amis comme nous, car je suis votre meilleur ami, Marannelé...

— Parlez-vous sérieusement, Melzer, demanda la mère, dont les lèvres tremblaient, et me serai-je trompée sur votre compte ? Ne me leurrez pas, Gaspard, pensez à mon mari comme s'il apparaissait dans cette chambre. Si vous êtes mon ami, prouvez-le, ne me mettez pas le paradis dans le cœur pour y mettre l'enfer un instant après. Moi non plus, je ne me soucie pas des paroles, paroles de haine ou d'amitié, c'est du vent ; vous avez raison.

— Que voulez-vous donc ? dit le bonhomme inquiet et troublé.

— Gaspard Melzer, si je suis venue à cette heure dans votre logis, c'est qu'il s'agit d'une question de vie ou de mort pour notre famille.

— De vie ou de mort ! répéta le vieillard en essayant de se lever. Et à quel propos ? Et qu'y puis-je ?

— Vous y pouvez tout, car l'argent peut nous sauver. Oui, vous aviez raison, Melzer, il ne faut jamais mépriser l'argent, puisqu'il a le pouvoir de sauver l'honneur et la vie. Gaspard, ajouta-t-elle d'une voix sourde, je suis venue vous demander un service d'argent, à vous mon meilleur ami.

Le bonhomme abaissa rapidement sur ses yeux ses grandes lunettes vertes, et fut pris d'une petite toux sèche qui empourpra sa face parcheminée, tout en lui laissant le temps de la réflexion.

— Obliger ses amis dans le besoin, ce n'est pas une bonne action, c'est un devoir, reprit-il enfin, vous avez eu raison d'avoir confiance en moi. Racontez-moi donc, chère Marannelé, comment vous vous trouvez réduite à une telle extrémité ?

La veuve Wendel confessa toute la vérité.

Dans ce terrible récit, Melzer ne saisit qu'une chose, c'est que, bon gré, mal gré, Fritz allait enfin quitter le pays, et il s'en réjouit intérieurement.

— Et penser, s'écria-t-il tout à coup en feignant de s'essuyer les yeux, que si ce malheur était arrivé il y a seulement trois jours, je pouvais vous tirer d'embarras !

— Que voulez-vous dire ? demanda la veuve alarmée.

— Hélas ! ma pauvre amie, c'est bien simple. Je possédais il y a trois jours une somme considérable que je tenais en réserve pour la dot de ma fille ; mais avant-hier je l'ai prêtée jusqu'au dernier kreutzer au plus gros marchand de bois de Boblingen, qui tenait à ne pas manquer une opération importante.

La veuve se sentit frappée au cœur ; le mauvais vouloir de l'avare était flagrant pour elle, qui connaissait par Christly l'existence du trésor caché dans le cellier.

— Je m'attendais à votre réponse, reprit-elle avec effort. Mais ne me croyez pas votre dupe, maître Gaspard. Je sais que vous avez de l'argent ; tout le monde le sait, entendez-vous. Pourquoi mentir avec moi ? Soyez franc et avouez hardiment qu'à vos yeux la vie d'un homme ne vaut pas une bourse pleine. Vous ne trompez personne par votre hypocrisie. Et le jour où le feu du ciel tombera sur votre toit, le jour où quelque rôdeur de nuit vous volera cet argent si précieux, nul ne vous plaindra ; et, si vous devez tendre votre main aux autres, à votre tour, les autres riront de cette misère méritée.

Melzer ne pouvait en croire ses oreilles.

— La douleur vous égare, bonne femme, s'écria-t-il;
comment! des menaces, à moi, au moment où je compatis à vos souffrances, où je regrette de ne pouvoir venir à votre aide! Des menaces d'incendie et de vol! Ah!
c'est trop fort! Parce que votre fils fait des folies, ne faut-
il pas que je me réduise à la mendicité? Vous extrava-
guez, décidément. Ah! l'on sait que je suis riche! ah!
vous savez que j'ai de l'argent! Eh bien! si j'en ai, je le
garde pour ceux qui sauront m'attendrir par leurs larmes
et leurs prières, et non pour les gens orgueilleux qui
viennent m'accuser en face de mensonge et me traiter
comme le dernier des misérables.

Il était heureux du prétexte de colère et de rupture
que lui avaient fourni les souhaits menaçants de la
veuve; mais celle-ci, le regardant avec dédain :

— Écoute-moi bien, Gaspard, dit-elle debout devant
lui et les yeux étincelants comme une prophétesse, si
j'avais cru que les larmes d'une femme pussent toucher
ton cœur de pierre, je me serais humiliée et prosternée
à tes pieds. Je n'ai plus d'orgueil quand il s'agit de sauver la vie de mon fils. Mais la prière est aussi vaine que
la menace pour émouvoir l'homme qui s'est fait un dieu
de fange brillante, le faux chrétien qui rampe devant le
veau d'or, l'avare qui sacrifie à cette idole des victimes
humaines.

Le vieillard furieux se leva, et, montrant la porte du
doigt à la veuve :

— Sortez d'ici, mauvaise femme, s'écria-t-il, je ne me
laisserai pas insulter plus longtemps chez moi. Je ne dois
rien à votre fils, et je ne me dépouillerai pas pour lui.

Mais la Marannelé ne parut pas être intimidée, et, le
regardant avec fixité :

— Tu ne dois rien au fils, reprit-elle durement, mais

ne devais-tu rien au père ? Sens-tu ta conscience tranquille au milieu de ta richesse, Gaspard, et tes biens devraient-ils t'appartenir à toi seul ?

— Je ne vous comprends pas, murmura Gaspard, en reculant pâle devant cette femme qui se dressait devant lui frémissante et terrible comme Demo, la sibylle de Cumes, quand elle rendait ses oracles.

— Tu me comprends trop bien, Melzer. Jusqu'à ce jour, nous ne t'avons rien demandé, et tu croyais ton secret inconnu ; ce soir même, c'est ta charité et ton amitié que j'implorais ; mais, puisque tu te montres sans pitié et que que tu me chasses, je cesse de supplier. Ce n'est ni un service ni même un prêt que je veux réclamer de toi, Gaspard, c'est une restitution, que l'ombre de Wendel a dû te demander souvent pendant tes longues nuits sans sommeil.

— Une restitution ! bégaya le vieillard, qui devint livide. Vous êtes folle, Marannelé, tout à fait folle. Mais ne parlez pas si haut, on pourrait croire...

— Que je dis la vérité, n'est-ce pas ? repartit la veuve, avec mépris. Que t'importe ! Je ne viens pas au nom de la justice humaine faire valoir une créance en règle. Tu peux rire de ma réclamation, tu peux nier ta dette envers mon pauvre mari ! Mais je sais, moi, que tu as trouvé le trésor et que tu nous as volé notre part.

— C'est un mensonge ! un mensonge ! je suis un pauvre homme. Je n'ai jamais trouvé de trésor ; vous voulez me faire assassiner pour vous venger de ce que je ne puis secourir votre fils, Marannelé. Vous avez tort. Je l'aime aussi beaucoup, ce bon Fritz, mais je n'ai pas d'argent, je vous le jure.

Et le bonhomme saisit les mains froides de la veuve, qui d'une voix inspirée continua :

— Ce trésor, il est chez toi ! je le sais... je le vois !

8

Les yeux de Gaspard Melzer devinrent hagards.

— Fussiez-vous cent fois sorcière, vous ne pouvez voir ce qui n'existe pas, Marannelé. Plus bas! plus bas! je vous en prie, on finirait par vous croire... Allons, du calme, bonne femme... Je verrai demain tous mes amis, et, si je puis réunir quelques florins...

La veuve l'interrompit :

— Dans deux heures il sera trop tard, Melzer. Donne à Fritz sa part, et il sera sauvé. Mais non, je lis dans ton âme : tu as hâte de me voir loin d'ici; tu as hâte de voir ton cher Fritz fusillé, car alors tu seras seul maître du trésor; nul ne pourra venir troubler ta joie et te réclamer une parcelle de cet héritage du hasard.

— Vous me jugez mal! Vous ne me connaissez pas! balbutia le vieillard trébuchant comme s'il était pris de vertige devant ces regards devins qui pénétraient jusqu'au fond de sa conscience. Écoutez, Marannelé, je vendrai mes meubles s'il le faut, je tâcherai d'emprunter de l'argent pour tirer Fritz de ce danger. Prenez patience, et demain vous aurez de mes nouvelles... Demain...

La veuve posa sa main robuste sur l'épaule de Melzer, qui frissonna de tous ses membres :

— Demain! lorsque je t'ai dit que dans deux heures il ne serait plus temps. Ne t'amuse pas de ma douleur, Gaspard; il pourrait t'en arriver malheur. Fritz est perdu, car je vois bien que tu rachèterais à peine ta propre vie à prix d'argent.

— Je n'ai pas de trésor, je n'en ai pas! répéta l'opiniâtre vieillard.

— Et cependant, tu aimes ta fille, Melzer? poursuivit la Marannelé. Et, si je te disais que Gretlly ne pourra pas survivre peut-être à mon Fritz et que tu resteras isolé, méprisé, détesté, n'ayant d'autre plaisir et d'autre occupation que de compter ton argent. Cet avenir ne t'effraye-t-il pas ?

— Grettly est une bonne fille, répliqua l'avare, mais il s'agirait de sa vie que je ne pourrais avouer que j'ai trouvé un trésor. C'est un mensonge, vous dis-je, un mensonge !

Indignée de cette révoltante cupidité, la veuve n'insista plus. Elle avait sondé la profondeur de l'égoïsme de Melzer ; aucun sentiment ne vibrait plus en lui que l'amour immodéré, absolu, inexplicable de cet argent dont il ne jouissait pas et qu'il ne pourrait emporter dans la mort.

Mais, avant de s'éloigner, elle lui dit froidement :

— Je suivrai Fritz de près, Melzer, et vous serez bientôt débarrassé des plaintes et des reproches de la vieille nourrice ; seulement, si, comme on le prétend, le mort a parfois le mystérieux pouvoir de soulever la pierre de sa tombe et de venir pendant la nuit s'asseoir au chevet du vivant, nous nous reverrons !

Le vieillard balbutia quelques mots sans suite et s'affaissa dans son fauteuil.

En ce moment Marguerite et dame Catherine, qui avaient tout entendu, entrèrent dans la chambre.

— Bonne nourrice ! s'écria la jeune fille, aie pitié de mon père !

— Adieu, Grettly, répondit la veuve ; pense quelquefois à nous, et que Dieu te protége !

Puis elle sortit précipitamment, accompagnée de Catherine, qui, sur le seuil de la maison, lui dit en lui serrant la main d'une façon mystérieuse :

— Courage, Marannelé ; tout n'est pas désespéré.

Puis elle se hâta de rejoindre Marguerite, qu'elle trouva occupée à essuyer la sueur froide qui ruisselait sur le front du vieillard.

— Est-elle enfin partie ? demanda Gaspard d'une voix étranglée.

— Oui, maître Melzer, répondit madame Catherine.

— Et la porte est bien fermée, n'est-ce pas ?

— Oui, maître.

— Bien. Allons ! il est temps de dormir... Va, mon enfant, il faut espérer que nous ne serons plus dérangés par des fâcheux... Éteignez vite les lumières, car nous devons nous garder du feu. Allez ! j'ai besoin d'être seul.

Marguerite baisa son père au front, sans répliquer un mot, et se retira dans sa chambre, suivie de dame Catherine.

Mais, dès qu'elles furent toutes deux à l'abri des regards soupçonneux du bonhomme, la pauvre Grettly fondit en larmes ; puis, ouvrant de ses mains tremblantes un petit coffret d'ébène qui contenait toute sa fortune de jeune fille :

— Ma bonne, dit-elle, il faut sans perdre une minute, venir en aide à la Marannelé. Chère nourrice ! je l'aime comme j'aurais aimé ma mère !... Oui, elle a raison. Si Fritz mourait !... Oh ! le malheureux ! Mais non, il ne sera pas jugé, il ne sera pas condamné ; il ne mourra pas, si sa liberté et sa vie dépendent de Marguerite Melzer. Je ne serai pas ingrate, moi, comme...

Elle n'osa achever et accuser son père, mais elle re-regardait le coffret avec une sorte de ravissement ; elle semblait se dire :

— Il y a là de quoi racheter l'honneur de Fritz.

— J'ai eu la même pensée que toi, Grettly, repartit dame Catherine, et je t'apporte mes petites économies, quelques vieux bijoux... qui n'ont pas grand prix.

— Donne ! donne ! s'écria l'enfant, qui jeta dans le coffret l'offrande de la ménagère en même temps que ses pendants d'oreille, ses bagues et son collier. Tu es une excellente créature ! mais ne perdons pas de temps.

Elle cacha son trésor sous sa mante, sortit de la chambre à pas de loup, et descendit l'escalier qui conduisait à la porte extérieure; ses jambes étaient fermes, mais il lui semblait que les murs oscillaient autour d'elle, et que par les fentes des portes les yeux irrités de son père la suivaient; son cœur battait, et un nuage pourpre obscurcissait son regard. Dame Catherine l'accompagnait en l'éclairant de sa lampe ; mais, quoiqu'elles prissent des précautions infinies, pour qu'aucun bruit n'éveillât l'attention de Melzer, tout paraissait conspirer contre elles. Les marches craquaient sous leurs pas; les portes criaient sur leurs gonds ; les clefs grinçaient dans les serrures. Tous ces riens réunis effrayèrent Marguerite au point qu'elle s'arrêta sur le seuil, indécise.

— Catherine, dit-elle, j'ai le cœur oppressé ! Je crois bien faire en allant au secours de mes meilleurs amis, et je tremble comme si je commettais une faute. Est-ce un pressentiment qui m'avertit que j'ai tort de contrarier la volonté de mon père ?

— Maître Gaspard ne t'a pas défendu d'aider ta vieille nourrice, ma fille ; ce coffret t'appartient; ne t'arrête pas à moitié chemin d'une bonne action par un scrupule exagéré; suis ta première inspiration, Grettly ; c'est toujours la meilleure. Si ton père te condamne, Dieu t'absoudra.

Marguerite, encouragée par la réponse de la bonne femme, l'embrassa et partit d'un pas rapide.

Quant à la veuve, elle avait regagné lentement son logis, tournant vingt fois autour de la cabane qui servait de prison à son fils avant d'oser y rentrer.

En effet, qu'allait-elle dire à ceux qui l'attendaient ?

8.

Mille folles pensées brûlaient son cerveau ! Elle alla jusqu'à la source voisine, se mouilla le front et les tempes,
but une gorgée d'eau fraîche, puis se décida à rejoindre
les gardiens de son fils, l'œil calme et presque le sourire
aux lèvres ; elle avait résolu d'essayer de sauver Fritz à
l'aide de ce maudit narcotique qui l'avait perdu.

Elle appela le sergent et le père Kurthil dans la chambre d'entrée :

— Tout va bien, leur dit-elle à voix basse, on a encore
des amis, voyez-vous ; j'ai trouvé la somme et on va
vous la compter tout à l'heure.

— Tant mieux ! répliqua Mathias, ce garçon est si
brave dans le malheur, que je voudrais déjà le voir courir dans la montagne !

— Faites venir vos hommes, sergent !

— Pourquoi donc la mère ?

— Je n'ai ni vin ni cidre à vous offrir, sergent, mais
je garde en réserve un flacon de vieille liqueur qui vous
aidera à prendre patience.

Elle regardait Mathias avec une apparente distraction.

Le sergent sourit :

— Volontiers, bonne femme ! Ici, camarades !

Les soldats accoururent de la chambre du fond. La
Marannelé respira. Mathias reprit :

— Quand l'argent sera sur la table, nous boirons pour
vous donner quittance. Jusqu'à ce moment, je veux conserver toute ma raison.

La veuve tressaillit en entendant ce refus qui lui enlevait sa dernière espérance.

— Quand nous boirions un coup avant, où serait le
mal ? est-ce que cela nous empêchera de boire après ?
dit le vieux garde alléché par la séduisante proposition.

La Marannelé courut aussitôt chercher dans la chambre du fond la fiole qui contenait le narcotique.

Fritz, qu'on avait débarrassé de ses liens, parce que la fenêtre était garnie de barreaux, se promenait à grands pas.

— Je suis las d'attendre, ma mère, dit-il doucement.

— Fritz, nous avons encore des amis, répliqua-t-elle à voix haute ; on ne nous a pas abandonnés. Prie Dieu pour les braves gens qui veulent te délivrer, et prends patience.

Puis, sans le regarder, elle rentra dans l'autre chambre et posa son flacon sur la table au milieu des verres préparés par Christly.

Elle remplit à moitié celui du sergent. Ce dernier l'arrêta :

— Quand nous aurons empoché la monnaie, mère Wendel, nous boirons tous gaiement à votre santé et à celle de Fritz ; mais, tant que le pauvre diable reste sous le coup d'une condamnation, pas une goutte de liqueur ne touchera mes lèvres.

La veuve pâlit :

— Mais l'argent est en route ! Il va venir, sergent, buvez-donc ! Croyez-vous que je vous aie menti ?

— Bah ! on a pu vous tromper, bonne femme. Les florins sont rares. Ils tardent bien à briller et à sonner sur la table. J'ai peur que vous ne vous moquiez de nous. Karl, ouvre la porte et regarde si tu vois venir l'ange gardien de la famille Wendel avec une bourse dans chaque main. Vous autres, préparez-vous à partir.

Le soldat s'avança vers la porte et l'ouvrit, mais il recula en poussant un cri de surprise :

— Me voici ! s'écria une voix jeune et fraîche, et la gracieuse apparition de Marguerite se dessina sur le seuil de la cabane.

— Grettly, toi ici, murmura la veuve stupéfaite.

La jeune fille s'avança sans crainte au milieu des soldats surpris, et, ouvrant son coffret, elle en versa vivement le contenu sur la table.

C'était toute la fortune de l'enfant, amassée pièce à pièce pendant dix ans, et gardée dans son petit coffret, comme elle eût conservé dans un reliquaire quelques saintes médailles ; elle thésaurisait, non par avarice, mais pour complaire aux désirs du bonhomme Gaspard.

Quand le sergent eut fait le compte des ducats impériaux, des ducats de Hongrie, des souverains, des rixdalers, des florins, des pièces de dix et de vingt kreutzers qui figuraient dans le nombre, le tout plus ou moins rogné, il estima que l'ensemble pouvait représenter deux cents florins environ.

Mais, quand il fut question d'évaluer les pierreries et les bijoux devant lesquels chacun s'extasiait, un des soldats, Karl, qui avait été apprenti joaillier dans sa jeunesse, en prit plusieurs au hasard et les examina avec une si profonde attention, que tous les yeux se tournèrent aussitôt vers lui.

— Eh bien ? demanda le sergent, est-ce que tout ce clinquant ne te paraît pas catholique ?

— J'en ai peur, repartit Karl ; du reste, on peut s'en assurer aisément.

Marguerite promenait autour d'elle ses grands yeux étonnés et cherchait vainement à comprendre.

Le soldat prit dans sa giberne une balle de plomb, choisit les plus belles pierres qui s'entassaient sous sa main, les échauffa successivement, d'abord en les frottant rapidement sur le drap de son uniforme, ensuite sur la balle, puis les examinant tour à tour :

— Ces pierres sont fausses, dit-il froidement en les passant à Mathias Werner.

— Fausses ! s'écrièrent à la fois la veuve et la jeune fille en frissonnant.

— J'en suis sûr, à cause des rayures du plomb, qui ne laisse jamais de traces sur une pierre véritable, reprit Karl.

— Enfin combien peuvent-elles valoir ? demanda le sergent.

— Ce que vaudraient les cailloux du chemin, s'ils étaient bons à autre chose qu'à nous faire casser le cou.

— Fausses ! répéta la veuve, qui sentit comme un suaire glacial s'entortiller autour de ses membres.

— S'il en est ainsi, monsieur le sergent, dit timidement Marguerite, ne comptez pas les pierreries et n'estimez que l'or.

Le soldat Karl prit la pierre qui servait à battre le briquet et frotta vigoureusement dessus les montures des bijoux ; puis, enflammant à la chandelle quelques-uns de ces morceaux de paille de chanvre, soufrés par un bout, dont on se servait alors dans les campagnes à défaut d'allumettes, il promena le silex au-dessus de la flamme.

— Eh bien ? dit Mathias.

— Eh bien ! sergent, les montures sont fausses comme les pierreries. L'or doit résister à l'action du soufre, et vous voyez qu'au contraire, jusqu'à là dernière trace du métal, tout, ici, est dévoré.

Et il fit passer la pierre sous les yeux de ses compagnons.

Marguerite, le front rouge de honte, regardait fixement les bijoux épars sur la table et n'osait lever les yeux. Elle s'accusait d'avoir rallumé dans le cœur de sa nourrice une espérance éteinte, et elle se troublait en songeant que tous ces hommes qui l'entouraient pouvaient supposer qu'elle avait voulu les tromper.

— Ah ça, où diable avez-vous pêché ces précieux bijoux, ma mignonne ? demanda brusquement Mathias en éclatant de rire.

— Mon Dieu ! répondit la jeune fille, qui sentait les larmes remplir ses yeux, c'est mon père qui me les a tous donnés, et il m'avait bien recommandé de les conserver avec soin, parce qu'ils avaient selon lui une grande valeur.

— Nous ne voulons pas vous faire de la peine, ma belle enfant, dit Mathias, mais votre père vous a volée comme dans un bois. Vous pouvez remporter tout ce butin, et, si vous n'avez rien de mieux à nous offrir pour la rançon de votre ami Fritz, nous allons l'emmener sur-le-champ. Vous, la mère, embrassez votre fils.

Les soldats se levèrent bruyamment ; chacun prit son fusil, et en fit résonner les capucines en frappant de la main sur la crosse ou en découvrit le bassinet afin d'examiner l'amorce.

Ce bruit d'armes, qui était le signal du départ, retentit douloureusement jusqu'au fond du cœur des deux pauvres femmes ; elles échangèrent un regard désespéré et se jetèrent dans les bras l'une de l'autre.

— Hélas ! que ne suis-je riche, Marannelé ! murmura Gretly d'une voix brisée par les sanglots. On ne t'arracherait pas ton fils.

— Riche ! répéta Christly en se haussant jusqu'à l'oreille de la jeune fille ; mais tu l'es cent fois plus que tu ne crois, petite sœur, et, si tu le voulais bien, tu pourrais chasser d'ici tous ces méchants soldats !

———————

X

Le Trésor.

La jeune fille leva doucement les épaules en regardant Christly d'un air étonné.

— Moi, riche, dit-elle, hélas ! ce coffret est toute ma richesse, et encore dame Catherine y a-t-elle versé ses épargnes. Tu vois ce qu'il contient et ce qu'ils l'ont estimé ?

L'enfant hocha gravement la tête :

— Je sais où il y a un autre trésor auquel tu peux puiser à pleines mains, Grettly.

— Un trésor ! s'écria Marguerite.

La veuve fit un signe pour imposer silence à Christly ; mais aussitôt, vaincue par l'égoïsme maternel, elle détourna la tête en se disant :

— Ne pas respecter l'inspiration de cet enfant, ne serait-ce pas tenter Dieu ?

— Oui, un trésor, continua Christly, un vrai trésor

dans lequel je te ferai voir de grandes écuelles de bois toutes remplies de pièces d'or et d'argent.

— Et tu n'as pas rêvé cela, mon pauvre garçon ? C'est bien dans notre village, à Nordstetten, que tu as trouvé cette fortuue ?

— C'est dans le cellier de ton père, Grettly.

Marguerite devint plus pâle et toute tremblante.

— Tu me trompes, c'est impossible !

— Pourquoi te mentirais-je ? J'ai vu.

La jeune fille se tordit les mains avec désespoir :

— Mais je n'ai pas la clef, et jamais mon père ne voudra...

— Si tu avais la clef, irais-tu droit au trésor, Grettly ? demanda l'enfant en attachant sur elle un regard inquiet.

— Ne s'agit-il pas de sauver Fritz ! répondit simplement Marguerite.

Christly lui tendit la clef sans ajouter un seul mot.

— Viens donc ! s'écria la pauvre fille, qui n'avait plus qu'une idée fixe brûlant son cerveau, qu'une image arrêtée devant ses yeux, qu'une angoisse au cœur, celle de ne pas arriver à temps.

Et, comme les soldats encombraient la porte et l'empêchaient de sortir :

— Vous êtes de braves cœurs, dit-elle vivement ; par pitié pour cette pauvre veuve, accordez-nous cinq minutes encore ! Partagez-vous mon offrande ; et, pendant ce temps, j'espère réunir le reste de la somme que vous exigez.

— Soit ! nous acceptons, charmante fille, répliqua galamment Mathias Werner ; je vous donne un quart-d'heure de délai, moins pour l'argent que pour l'amour de vos jolis yeux.

— Oh ! merci, monsieur le sergent, murmura Marguerite avec un sourire mouillé de larmes, et se tournant vers Christly, qui achevait d'allumer la lanterne sourde dont sa mère se servait, quand la nuit était bien sombre, pour aller visiter ses malades.

— Viens, viens ! ajouta-t-elle en entraînant le petit garçon hors de la cabane.

L'obscurité était profonde. D'épais nuages voilaient la lune. Marguerite et Christly, se tenant par la main, marchaient à grands pas, sans cependant oser ouvrir leur lanterne.

Ils ne rencontrèrent pas sur leur route une seule fenêtre éclairée. Dans chaque maison, lumière et feu, tout était mort comme si minuit eût déjà sonné.

Arrivée sur la place, la jeune fille s'arrêta haletante devant la maison de son père, et interrogea d'un regard toutes les fenêtres du logis ; une seule scintillait comme un œil ouvert sur cette sombre façade : c'était celle de la chambre où couchait Melzer. Cette lueur incertaine et vacillante, qu'on voyait trembloter à travers les vitres, lui prouva que son père était encore levé et se livrait au travail.

Elle s'engagea aussitôt dans la ruelle et pénétra résolûment dans le cellier, dont l'enfant avait déjà ouvert la porte. A peine entrée :

— Où est le trésor, Christly ? demanda-t-elle d'une voix brève.

— Là ! répondit-il.

Et, glissant la lame de son couteau entre deux pierres, il exécuta la manœuvre qu'il avait opérée la veille. La porte tourna lourdement sur ses gonds. Il attira Marguerite à lui, et fit étinceler à ses yeux l'or et les pierreries sous le feu de sa lanterne.

La fille de Gaspard étouffa un cri de joie et étendit

9

avidement ses mains mignonnes, qui allèrent se heurter à la grille de fer.

— Ouvre cette grille, Christly ! Ouvre donc ! s'écria-t-elle avec une fiévreuse impatience.

— Je n'en ai pas la clef, dit l'enfant.

Grettly le regarda avec une expression de stupeur et frissonna.

— Mais on peut glisser sa main à travers les barreaux, ajouta-t-il. Essaye !

Elle tenta vainement d'y parvenir, quoique sa main ne fût guère plus grande que celle d'un enfant.

Elle portait au doigt une petite bague de perles, qui avait été bénite à Rome et qui était pour elle un talisman sacré ; à sa dernière tentative, la soie de la bague se rompit et les perles s'égrenèrent.

Ce fait si simple effraya la superstitieuse enfant. Était-ce un signe de mauvais présage ? Était-ce un avertissement qui lui venait de Dieu ?

— Tu vois bien que je ne puis pas, Christly, dit-elle d'une voix éteinte par le doute et le découragement. Essaye à ton tour, essaye vite !

— J'ai réussi hier, je réussirai aujourd'hui, répliqua le frère de Fritz. J'ai passé ma main entre les barreaux du milieu.

— Eh bien ! pourquoi hésites-tu ? ne peux-tu atteindre facilement cette grande sébile toute pleine d'or.

— Oh ! murmura Christly en reculant avec une sorte d'effroi, je n'ose pas, moi.

— Pourquoi donc ? demanda Marguerite surprise.

Il y eut un instant de silence, puis l'enfant balbutia :

— Parce que prendre cet or, c'est voler.

— Voler ! répéta la jeune fille en reculant à son tour devant ce trésor dont l'éclat la fascinait.

— Écoute, Grettly, reprit-il naïvement, il m'est arrivé

une fois de mettre dans ma poche pour m'amuser à la fête, comme un grand garçon, deux kreutzers que ma mère avait oubliés dans son tiroir. Je n'en ai pas dormi pendant huit jours. Ma mère m'a pardonné, et son pardon m'a fait pleurer. Depuis, j'ai trouvé, dans un sentier de la forêt, une bourse pleine de thalers ; mais elle me brûlait les doigts, et je l'ai portée bien vite à notre bourgmestre. Comment veux-tu donc que j'ose toucher à l'argent du père Melzer ?

Marguerite rougit et son cœur battit violemment ; mais elle songea que les minutes s'écoulaient et que Mathias Werner attendait. Elle affermit sa voix :

— Tu ne veux donc pas m'aider à sauver ton frère qu'ils vont emmener ce soir et qu'ils fusilleront demain ?

C'était là, en effet, l'unique pensée de la jeune fille : sauver Fritz à tout prix ! Pensée incessante, implacable, qui la dominait au point d'étouffer en elle non-seulement tous les nobles instincts de son enfance, toutes les saintes croyances si profondément enracinées dans son cœur, mais jusqu'au cri de sa conscience.

Christly pleurait silencieusement. Elle n'eut pas pitié de cette douleur sacrée, et, lui montrant sa main ensanglantée :

— Tu vois bien que je ne puis pas atteindre cet or, dit-elle d'une voix amère. Si tu hésites encore, Christly, c'est que tu n'aimes pas ton frère.

L'enfant devint d'une pâleur livide, son front se perla de sueur ; il attacha sur sa complice un regard de doux reproche, et, après un instant de lutte violente avec lui-même, il releva sa manche et plongea hardiment sa main entre les barreaux de la grille.

Au même instant, les deux coupables entendirent à dix pas d'eux, dans le couloir qui conduisait de l'inté-

rieur de la maison au cellier, la petite toux sèche du
vieux Gaspard retentir aigrement.

— Mon père ! dit la jeune fille avec épouvante.

Et elle ferma brusquement la lanterne.

L'enfant jeta un cri sourd de terreur et d'angoisse. Il
ne pouvait plus retirer sa main.

Maître Gaspard s'était arrêté pour tousser. Christly
fit un dernier effort et dégagea sa main meurtrie.

On entendit la clef grincer dans la serrure.

— Christly ! murmura Marguerite, viens, ou nous
sommes perdus tous les deux.

Pour la première fois de sa vie, elle redoutait son père
qui allait apparaître comme sa conscience visible et vivante.

L'enfant repoussa la pierre, qui se replaça dans son
cadre. Déjà la porte s'ouvrait doucement, et Gaspard,
s'éclairant de sa petite lampe fumeuse, entra dans le cellier.

Pendant qu'il se retournait pour faire glisser sans bruit
le verrou rouillé de la porte. Marguerite entraîna Christly
derrière un amas de futailles, et là, se dissimulant de
leur mieux, retenant leur respiration, ils s'adossèrent
au mur en tremblant de tous leurs membres, comme si
l'heure du jugement dernier allait sonner pour eux.

Gaspard promena la clarté de sa lampe tout autour du
cellier et sonda doucement les pierres avec sa clef.

— Non, dit-il, un peu rassuré par le résultat de cette
minutieuse investigation, non, il est impossible qu'on
me soupçonne de cacher ici mon trésor.

Alors il jeta son vieux manteau fourré sur ses épaules,
afin de se garantir du froid, cala devant le fauteuil sa
table boiteuse, sur laquelle il posa avec précaution sa
lampe ; puis il tira d'une poche secrète de son gilet une
clef mignonne, ouvrit la grille, et se mit à faire les doux

yeux à ses chères sébiles, à leur sourire, comme une
mère sourit à son enfant bien-aimé.

— Ah ! Marannelé maudite ! murmura-t-il en tendant
son poing fermé dans le vide comme si le fantôme de la
veuve se dressait devant lui, tu vas crier partout qu'il
y a un trésor caché dans ma maison. Les fainéants, les
vagabonds, les voleurs pourraient te croire et chercher
à pénétrer ici. Ah ! je saurai bien te faire déguerpir du
pays, sorcière endiablée !

Il toucha du doigt une sébile, et le tintement de l'or
l'effraya ; il regarda derrière lui comme pour s'assurer
que nul ne l'épiait. Son visage semblait prendre les tein-
tes fauves du métal. Il reprit :

— Elle sait pourtant, cette femme, que tout le monde
nous hait, nous autres pauvres riches ! Je suis entouré
d'envieux. Mes voisins sont des ennemis et des jaloux
qui n'ont besoin de rien, et qui cependant voudraient
s'emparer de mon bien, semblables à Achab, qui, pour
agrandir ses jardins, prit la vigne du pauvre Naboth.
Oh ! si des larrons s'introduisaient dans mon logis et
s'ils découvraient ma cachette, que deviendrais-je ?

A cette pensée, il frissonna de tout son corps, et ses
mains touchèrent convulsivement les pièces d'or comme
s'il eût craint de se les voir arracher.

— Que c'est donc beau, ces ducats, ces florins, ces
louis de France, continua-t-il avec un soupir d'extase.
Ça brille mieux qu'un rayon de soleil, et il suffit de les
regarder pour ne plus se sentir au cœur aucun désir. A
quoi bon ! je tiens là dans ma main tous les bonheurs de
la vie. Je pourrais m'habiller comme un conseiller, je
pourrais monter dans une voiture de prince, je pourrais
m'enivrer des vins les plus renommés, je pourrais...
acheter la conscience du bourgmestre, ajouta-t-il avec
un rire sourd. Eh bien ! il me plaît de boire de l'eau, de

porter un vieil habit et d'être traîné en carriole. Bah !
pouvoir, c'est avoir. Que le pauvre, condamné à vivre
de pain noir et d'eau trouble, rêve de vins exquis et de
mets succulents, soit ! Tant que je vivrai, moi, j'aurai
plaisir à faire maigre chère pour augmenter mon trésor.

Une quinte de toux assez violente interrompit son hi-
larité.

— Tant que je vivrai ! ai-je dit ! mais, si je mourais...
Il faudra donc mourir... sans emporter mon argent avec
moi ! Il faudra quitter ce trésor que je défendrais au
prix de mon sang ! Oh ! c'est injuste ! Quand on est
riche, on ne devrait pas mourir. Les pauvres, à la bonne
heure ! Ils n'ont rien à regretter, eux.

Le vieil avare était hideux à voir, tandis qu'il faisait à
voix haute ces réflexions empreintes d'un si féroce
égoïsme. Marguerite voyait bien que l'âme de son père
s'était incarnée dans cet amas d'or que fouillaient ses
bras amaigris ; sa conscience s'y éteignait, son amour
paternel s'y glaçait ; elle comprenait enfin que toucher
au trésor de Gaspard Melzer, c'était verser son sang et
toucher à sa vie.

Mais ce remords vague et confus disparaissait devant
une autre pensée plus menaçante.

Mathias Werner et ses soldats attendaient la rançon
de Fritz Wendel.

Elle entendit Gaspard prononcer son nom. Elle écouta.

— Si je meurs, continua-t-il d'une voix altérée, ma
petite Grettly sera mon héritière.... Oui, tout sera
pour elle, tout... après moi.... Oh ! je ne veux pas lui
faire tort d'un kreutzer. Eh ! eh ! je lui donnerai la clef
de la cachette, avec serment de n'en parler à personne...
Et elle pourra, comme son père, venir chaque soir réjouir
ses yeux du scintillement de l'or.

Marguerite pensa :

— Je suis l'héritière du trésor; n'ai-je pas le droit d'y puiser pour le salut de Fritz et de sa famille?

Melzer poursuivit :

— Gretlly a été élevée modestement, elle n'aura jamais l'idée de gaspiller tant d'argent. Elle l'augmentera peut-être par son travail. C'est une bonne et honnête fille. Elle n'a ni fantaisies ni caprices... Je n'avais à craindre d'elle que son amitié pour son frère de lait, mais je crois bien m'être débarrassé de ce gaillard-là pour longtemps.

Et il se frotta les mains en laissant échapper une sorte de rire goguenard.

Marguerite tressaillit d'horreur, et tous ses remords s'évanouirent.

Après avoir essuyé les verres de ses lunettes, ternis par l'humidité du cellier, Gaspard tira à lui cinq ou six sébiles remplies de pièces d'or, d'argent et de pierreries, qu'il rangea sur la table les unes à côté des autres.

Alors ses petits yeux gris flamboyèrent comme des charbons ardents dans l'ombre, et il tomba pour ainsi dire en extase.

L'or était devenu le culte de cet homme, et il s'agenouillait devant les effigies dont chaque pièce était frappée, comme un fervent devant l'image d'un saint vénéré.

— Ah! quand je vous contemple ainsi, chères petites pièces, et vous pierreries étincelantes, murmura-t-il en joignant ses mains ridées et tremblantes, il me semble que je suis transporté dans un vrai paradis. Vous êtes pour moi le symbole du firmament. En effet, mon argent n'a-t-il pas le doux et paisible éclat de la lune? mon or, le rayonnement éblouissant du soleil? mes diamants, le scintillement des étoiles? Qu'ils sont heureux, les ivrognes, qui voient double! C'est avec les yeux d'un homme ivre que j'aimerais à te contempler, ô mon cher trésor!

Quand il eut rassasié ses yeux de cet émouvant spectacle, l'avare éprouva l'irrésistible besoin de mettre les papilles de ses doigts secs et crochus en rapport avec ce métal luisant et poli qu'il aimait tant à palper, et dont le contact seul activait en lui la circulation du sang et les battements du cœur.

Il se mit donc à ranger les pièces par piles symétriquement alignées et, tout en caressant chacune d'elles du regard : — Les fous, dit-il, prétendent que, si l'argent est rond, c'est pour rouler ! Moi, je suis de l'avis des sages, qui prétendent que, si l'argent est plat, c'est pour qu'on puisse mieux l'entasser.

Quand le vieillard eut épuisé toutes les jouissances de ce deuxième sens, il voulut en satisfaire un troisième.

Posant en équilibre sur le bout de son index un ducat d'or, il le frappa doucement avec un double florin ; puis, élevant le métal tout vibrant jusqu'à son oreille, il recueillit avidement et à diverses reprises ce faisceau de rayons sonores, plus mélodieux pour lui que le plus bel air d'opéra.

Mais comme toutes les fibres de son corps frémissaient d'aise, le ducat d'or perdit son aplomb et alla rouler du côté des vieilles futailles, où Marguerite et Christly se tenaient blottis.

Les pauvres enfants se crurent perdus, car ils virent l'avare s'élancer à la poursuite de son ducat avec autant d'impétuosité que s'il eût aperçu vingt mains étrangères s'allonger pour le lui disputer, ou qu'il crût entendre vingt voix lui crier :

— Part à deux !

Mais dans sa précipitation il pencha trop sa lampe, et l'huile, inondant la mèche, elle s'éteignit aussitôt.

— Nom du diable ! s'écria Melzer en s'arrêtant stupéfait, voilà une jolie besogne !

Appeler dame Catherine, c'était la mettre de moitié dans son secret. Il résolut donc d'aller lui-même jusqu'à sa chambre pour y chercher du feu.

Étendant les bras en avant, il se mit à marcher à tâtons, et, tout en allant au hasard, il s'approcha si près de Marguerite, qu'il lui effleura le visage de la main et posa son lourd sabot sur le pied mignon de la jeune fille.

Malgré l'horrible douleur qu'elle éprouva, la brave enfant ne poussa pas un cri.

Le vieillard finit par trouver la porte, et sortit en la fermant doucement derrière lui.

Alors Marguerite, qui, depuis un quart d'heure de mortelle attente, comptait les secondes par les battements de son cœur, se leva d'un bond, courut avec une sorte de frénésie à la table, jeta dans sa robe, à trois reprises, autant d'or que sa petite main pouvait en contenir, tandis que Christly rouvrait la porte ; puis elle se sauva en toute hâte, et sa course était si rapide, que l'enfant avait peine à la suivre.

Il lui semblait que Fritz marchait devant elle et lui montrait le chemin.

Mais, dès qu'elle eut franchi le seuil de la maison de son père, Marguerite se sentit prise de vertige ; à ses yeux, les croix de pierre ou les branches des arbres se tordaient et s'allongeaient, semblables à des bras de géant qui cherchaient à lui barrer le passage.

Elle entendait l'or qui, pièce à pièce, tombait de sa robe sur le chemin, et elle n'osait cependant s'arrêter pour le ramasser, car elle entendait aussi s'élever du fond de son cœur une voix qui criait sans relâche : Voleuse ! voleuse !

Enfin, elle arriva presque folle de terreur et à bout de force devant la cabane de la veuve Wendel, et elle s'y jeta comme les coupables poursuivis venaient autrefois se réfugier dans une église qui avait droit d'asile.

9.

XI

La Voleuse.

La Marannelé fixa sur la jeune fille un regard plein d'angoisse.

— Tiens, nourrice, dit Marguerite d'une voix brisée, tout cela est pour toi; ton fils est sauvé!

Et, détournant la tête, elle versa sur la table, autour de laquelle étaient debout le sergent et ses compagnons, tout l'or qu'elle avait emporté dans sa robe.

— Vive Dieu! dit le soldat-orfèvre, en ramassant en un tas toutes les pièces éparses, voilà cette fois une monnaie que je déclare de bon aloi.

— Halloh! halloh! s'écria le groupe d'une seule voix.

— Ma jolie fille, interrompit le sergent Mathias en prenant du bout des doigts des ducats et des louis qu'il s'amusait à laisser retomber en pluie sonnante, il était temps d'arriver, car nous allions partir.

Cependant le père Kurthil, à qui la sordide avarice du

vieux Gaspard était connue, hochait silencieusement la
tête.

— Hum ! hum ! grommela-t-il enfin, tout en caressant
sa barbe blanche, tant de prodigalité m'étonne de la
part du brave Melzer ! J'ai grand peur qu'il n'accomplisse cet acte de générosité à son insu ! Après tout, c'est
un ladre, ajouta-t-il en manière de conclusion, et, quand
il en serait ainsi, je ne vois pas où serait le mal.

Sur un signe de sa mère, Christly sortit et alla s'asseoir
au seuil de la cabane, afin d'empêcher d'entrer les voisines qui viendraient pour consulter la veuve ou chercher quelques médicaments.

— Allons ! allons ! au partage, bonne femme ! dit le
sergent, car il se fait tard et nous avons une longue route
à parcourir.

La veuve s'assit devant la table.

— Rien de plus facile à régler que ce compte, répondit-elle ; d'abord, je vous dois, à vous, monsieur Mathias,
d'une part, quarante florins que vous avez avancés à mon
fils ; de l'autre, trente carlins d'or que vous réclamez
pour prix de votre complaisance.

Le sergent ne répondit rien.

— Je dois, poursuivit-elle, vingt florins à chacun de
vos hommes, total quatre-vingts florins.

Les soldats se regardèrent.

— Enfin, je dois au père Kurthil trente thalers et les
frais de son procès-verbal. Le compte est-il juste ?

Étonnée du silence général, la veuve leva les yeux ;
toutes les figures exprimaient le désappointement.

A la vue de cette masse d'or, chacun avait senti l'appétit lui venir et voulait mordre au gâteau.

— Pardon, bonne mère, dit le sergent d'un air embarrassé, êtes-vous bien sûre que je ne vous aie réclamé
que trente carlins d'or ?

— Pas un kreutzer de plus, répliqua froidement la Marannelé.

— Je croyais pourtant, reprit-il, avoir parlé de cinquante.

— Et vous avez traité pour nous, sergent, à raison de vingt florins par homme? interrompit le soldat-orfèvre. Vingt florins! c'est une plaisanterie. Aucun de nous n'acceptera ce marché !

— M'offrir trente-cinq thalers, dit à son tour le père Kurthil, c'est une dérision... Cela me revient de droit. Quand il resterait quelque chose pour moi, tout compte fait, je ne vois pas où serait le mal?

La Marannelé indignée se leva :

— Qu'exigez-vous donc, maintenant? demanda-t-elle amèrement.

Le sergent consulta du regard tous ces hommes que nous pouvons appeler ses complices :

— Puisque l'argent tombe tout à coup chez vous comme par enchantement, bonne femme, il y a un moyen efficace de tout concilier. Il faut que cette charmante et généreuse fille partage elle-même entre nous tous la somme qu'elle vient d'apporter. :

— Halloh ! le sergent a bien parlé ! s'écrièrent les soldats.

Marguerite prit à part la veuve stupéfaite et lui dit à voix basse :

— Nous devons à tout prix en finir avec ces misérables, nourrice, car j'ai hâte de les voir s'éloigner d'ici. Fritz est toujours à leur merci. Ils sont les plus forts; tu ne peux marchander la vie de ton fils.

Et aussitôt elle se mit à diviser en six parts le tas d'or éparpillé sur la table.

Le sergent Mathias, qui fredonnait un air entre ses dents, pour se donner une contenance, se glissa devant la jeune fille.

— Souvenez-vous, lui dit-il tout bas, que sans moi cette voie de salut ne s'ouvrait pas pour votre jeune ami, et qu'il était perdu.

— Souvenez-vous, murmura le soldat qui était à sa droite, que la vie du pauvre Fritz dépend de notre silence.

— Souvenez-vous, balbutia le garde qui était à sa gauche, que, quand même vous seriez tous d'accord, je n'en ai pas moins le droit d'emmener le délinquant pour mon compte personnel.

Marguerite resta anéantie. Comment faire pour donner raison à des cupidités qui exhalaient sans vergogne leurs prétentions contradictoires?

— Partagez donc vous-mêmes ! dit-elle en repoussant les pièces d'or sur la table.

Alors tous ces hommes, transportés de cette frénésie particulière qu'excite la vue du précieux métal chez les joueurs et les dénicheurs de *placers*, se précipitèrent en tumulte sur les ducats, les carlins et les louis, en s'injuriant et se menaçant comme il arrive presque toujours quand il s'agit de partage.

Le sergent voulut interposer son autorité, mais elle fut méconnue.

Les deux pauvres femmés désespérées ne savaient comment rétablir le calme et trancher le différend, lorsque Fritz, qui, de l'autre chambre, avait tout entendu, apparut brusquement.

Il s'arrêta sur le seuil, et dit d'une voix calme :

— Patience, messieurs ! vous avez commencé trop tôt la curée, mais vous allez être bientôt d'accord.

Tous les yeux se tournèrent aussitôt vers lui et il se fit un instant de silence.

Le fils de la veuve s'approcha lentement de Marguerite :

— Grettly, lui demanda-t-il d'une voix impérieuse, je veux savoir d'où te vient cette grosse somme d'argent avec laquelle tu veux racheter ma liberté et ma vie ?

La jeune fille atterrée ne répondait pas.

— Que t'importe, mon Fritz, repartit la Marannelé, en se jetant au-devant de son fils ; qu'il te suffise de savoir que cet argent est à nous, bien à nous ! Je le jure devant Dieu qui me voit et m'entend.

Fritz écarta doucement la veuve.

— Ce n'est pas à vous que je m'adresse, répondit-il ; vous savez bien qu'un fils n'a pas le droit d'interroger ainsi sa mère. C'est à toi, Grettly, à toi seule que je demande d'où te vient tout cet or ?

— C'est moi, Fritz, qui à mon tour te demanderai de quel droit tu m'interroges si sévèrement, moi qui ne suis ni ta sœur ni ta femme ? répondit la jeune fille de Melzer ; car elle frémissait à la pensée d'avoir subi tant de terreurs et enduré tant de tortures morales inutilement, si Fritz refusait d'accepter son argent.

Le jeune homme attacha sur elle un regard doux et triste.

— Grettly, dit-il, puisque tu n'es ni ma sœur ni ma fiancée, puisque tu n'es qu'une étrangère pour nous, ne dois-je pas te demander de quel droit tu prétends me faire accepter ton aumône ?

— Une aumône ! répéta douloureusement Marguerite.

Et, serrant entre ses petites mains les bras du pauvre sabotier, elle ajouta d'une voix si éteinte que lui seul put l'entendre :

— Mais parce que je t'aime, malheureux !

Fritz resta impassible, et reprit avec une implacable ténacité :

— Pardonne-moi ma curiosité, Grettly, mais je veux savoir, entends-tu bien !... je veux savoir !

Marguerite hésita et ses yeux se mouillèrent de larmes :

— N'ai-je pu amasser, pièce à pièce, cette épargne, Fritz ? Ne me regarde pas si froidement. Mon père est riche...

— Ton père est avare. Pourquoi chercher à me tromper ? C'est mal.

Il l'entraîna dans un coin de la chambre :

— Avoue-moi franchement la vérité. J'ai tout deviné, ma Grettly. Mon frère t'a parlé d'un trésor caché dans la maison du bonhomme Melzer. Oh ! ne me déments pas. Je lis ta faute sur ton candide visage. Tu t'es laissé tenter par Christly ou par ma mère. Leur cœur a faibli devant mon danger. Ils ont abusé de ton amitié. Grettly, tu as volé ton père.

— Pardon, Fritz, pardon ! murmura-t-elle en courbant le front devant lui comme devant un juge. Tu as dit le mot terrible qui bourdonne déjà à mes oreilles ; mais ne me condamne pas, Fritz. La fortune de mon père est la mienne. Ce trésor, il l'a dit lui-même, c'est pour me le léguer un jour qu'il le garde, qu'il l'entasse, qu'il l'augmente. Christly était avec moi et il a entendu les paroles de mon père.

— Grettly, ma sœur, répondit le jeune homme, il ne m'appartient pas de t'accuser. Ton cœur t'a égarée. Je te remercie de ton dévouement, mais je ne rachèterai pas ma vie au prix de ton repentir éternel. Ma Grettly doit rester pure de toute faute et doit porter toujours la tête haute. Reprends cet or, si tu m'aimes, et va le replacer dans le cellier de Gaspard Melzer.

Marguerite, navrée, s'adossa à la muraille et dit sourdement :

— J'obéirai, Fritz.

Au même instant Christly entra tout effaré dans la cabane en s'écriant :

— Cache-toi, Grettly, voici ton père!

C'était en effet le vieil avare que, de son poste d'observation, l'enfant avait vu venir.

En rentrant avec la lampe qu'il avait rallumée, le bonhomme avait trouvé le cellier dans un désordre effrayant : son fauteuil renversé lui barrait le chemin ; les sébiles rangées sur la table étaient à moitié vides ; la porte condamnée qui donnait sur la ruelle était entr'ouverte, et le seuil en était jonché de pièces d'or.

Le vol était patent ; mais quel était le voleur? Que se passa-t-il alors dans le cœur de l'avare? Nul ne fut témoin de son désespoir insensé, nul n'entendit ses cris de détresse et d'angoisse ; mais sa souffrance dût être inouïe. Comme sa passion, elle se serait exaspérée jusqu'à la folie s'il n'eût été soutenu par un vague espoir de retrouver son argent et d'atteindre, de juger, de punir le coupable.

Quand, un quart d'heure après, il sortit par la petite ruelle, armé de sa lanterne, sa démarche était incertaine et chancelante ; sa face habituellement jaune était marbrée de taches verdâtres, et une écume sanglante frangeait ses lèvres.

Après avoir soigneusement ramassé les pièces d'or semées devant sa porte, l'avare avait pris sans hésiter le sentier qui menait à la cabane de la Marannelé, et, chemin faisant, il s'était arrêté plusieurs fois pour recueillir un à un les ducats, les louis et les carlins que Marguerite avait laissés tomber de sa robe, et que les rayons de la lune faisaient scintiller devant lui comme des vers luisants dans l'ombre.

C'est ainsi qu'il était arrivé jusqu'au logis de la veuve. Christly eut à peine poussé son cri d'alarme, que les deux femmes se serrèrent l'une contre l'autre avec épouvante.

— Oh! cache-moi, bonne nourrice, s'écria Marguerite; si mon père me trouve ici, je suis perdue!

Puis, se tournant vers les soldats :

— Et vous, braves gens, par pitié, ne me trahissez pas!

Sa figure exprimait une terreur si profonde, son regard était si suppliant, que Mathias Werner et ses hommes se sentirent émus.

— Pauvre fille! murmura Fritz, qui affectait cependant une contenance impassible.

Pendant que la Marannelé entraînait Grettly, éperdue, derrière le rideau qui masquait le lit de bruyère, la porte s'ouvrit brusquement; Melzer, le visage bouleversé et livide, s'élança dans la cabane et fondit comme une avalanche sur la table où se faisait le partage, ses yeux étincelèrent d'une joie farouche, et il s'écria d'une voix rauque :

— On a forcé mon logis... on a volé mon or... Mais ce sont là mes vieilles pièces de Hollande, d'Autriche et de France... les voilà... je les reconnais!... Ah! je tiens mes voleurs!

Il regarda autour de lui et aperçut la Marannelé. Il courut à elle et la saisit par le bras :

— C'est toi qui m'as volé, n'est-ce pas?

— Vous vous trompez, maître Gaspard, répondit tranquillement la veuve.

L'avare éclata de rire, mais ce rire était sinistre.

— Mon argent est donc venu te trouver tout seul? s'écria-t-il. Ah! l'insigne menteuse! Mais il y a une justice sous le ciel, et la justice saura bien te faire avouer. Allons, sorcière maudite, dis-moi par quelle conjuration magique tu t'es procuré la clef de mon cellier. Dis-moi par quel charme diabolique tu as su arriver à point pour mettre la main sur mes sébiles! Avoue ton crime, magicienne, ou je ne réponds plus de ma colère!

— Je vous le répète, Gaspard, répliqua la veuve, je ne suis pas entrée dans votre cellier. Je ne vous ai rien dérobé. La Marannelé est une honnête femme !

Melzer leva les bras en l'air, comme stupéfait de tant d'impudence ; puis il tira de dessous sa houppelande, en guise de pièce de conviction, la casquette de Christly, sa belle casquette à houppe d'or faux, qu'il avait trouvée derrière les vieilles futailles.

— Oseras-tu encore nier que tu es venue ce soir dans ma maison, en compagnie de ton serpent de fils ? dit-il avec un accent de triomphe.

La veuve resta un instant interdite.

Christly baissa les yeux et devint rouge de honte.

Fritz promena de la mère à l'enfant un regard irrité, qui semblait leur dire :

— Je savais bien que c'était l'un de vous qui avait entraîné Grettly !

Quant aux soldats, pas un ne se sentait le courage de dénoncer la pauvre fille pour justifier la veuve.

Cependant celle-ci tenta d'apaiser le vieillard :

— Melzer, ne suis-je pas assez malheureuse ? Mon fils est perdu pour moi, et c'est lui qui nous faisait vivre de son travail. Je vais être réduite à mendier mon pain par les chemins, pour nourrir cet enfant, il ne me reste plus rien au monde que ma réputation de femme laborieuse et probe ; ne me privez pas, Gaspard, de ce dernier bien.

Et, le voyant toujours impassible :

— Voulez-vous donc que la veuve de votre ami Wendel soit chassée de porte en porte ? que les enfants du pays me poursuivent à coups de pierres en m'appelant voleuse ?

— Rassure-toi, honnête créature, repartit l'avare en ricanant, tu n'auras pas la peine d'aller mendier ton pain. Je vais t'assurer un asile pour tes vieux jours et du pain pour ton petit louveteau, en vous faisant arrêter sur-le-champ tous les deux.

Il se tourna vers le garde :

— Père Kurthil, dressez procès-verbal, et conduisez devant le bourgmestre cette femme et son garnement de fils.

Fritz avait tressailli, mais il échangea avec sa mère un regard sublime de courage et de résignation, et ils se turent tous les deux. Le rideau de bruyère tremblait comme s'il eût été agité par le vent.

— Voyons, maître Gaspard, hasarda le garde, ne soyez pas si dur au pauvre monde ! Puisque vous avez retrouvé votre trésor, entre nous, je ne vois pas où est le mal. Reprenez vos ducats, et remerciez Dieu.

— Il m'en manque ! s'écria l'avare ; il doit m'en manquer.

Il jeta sur tous les assistants un regard soupçonneux et menaçant :

— Chacun de vous a peut-être déjà pris une part du butin ; mais personne ne sortira sans être fouillé. Non, je ne laisserai sortir personne.

Le sergent Mathias haussa les épaules, et les soldats firent sonner sur le plancher la crosse de leurs fusils. Le rideau tremblait de plus en plus.

— Garde, s'écria Gaspard, je vous somme d'emmener sans délai, en prison, la mère et l'enfant.

Le père Kurthil, à la grande surprise de l'avare, ne bougea pas.

— Et si j'avais des raisons personnelles et majeures pour ne pas obtempérer à cet ordre, maître Melzer, où serait le mal ? répondit-il. J'en sais peut-être plus long que vous sur cette affaire. Vous êtes riche, ces gens sont malheureux. Pourquoi les poursuivre avec tant d'acharnement ?

— Hélas ! hélas ! mon brave père Kurthil, dit le vieux Gaspard fort surpris de cet élan de sensibilité, si elle n'eût volé que moi, la coquine, je lui pardonnerais peut-être ; mais cet argent n'est pas le mien... c'est celui de ma petite Grettly, de ma fille bien-aimée... c'est la dot qu'à force de privations et de fatigues je lui amasse depuis plus de dix ans.

Puis, se tournant avec fureur vers la Marannelé :

— Et tu oses dire que tu aimes mon enfant, toi, sous prétexte que tu l'as nourrie de ton lait ? Avoue que tu aimes encore mieux son argent. Parce que je ne veux pas qu'elle épouse cet enragé de Fritz, tu veux, toi, qu'elle reste fille jusqu'au jour de ma mort ! Et, pour mieux y réussir, tu lui voles sa dot, maudite sorcière ! Oh ! je serai sans pitié ! Qu'on l'arrête ! qu'on l'arrête !

— Malheureux ! s'écria la veuve Wendel, dont l'orgueil se révolta en s'entendant prodiguer ces injures imméritées par un homme qu'elle méprisait et accusait elle-même dans sa pensée ; d'un seul mot je pourrais te confondre !

— Dis-le donc ce mot magique !

Fritz s'avança vers la Marannelé :

— Ma mère, dit-il, devons-nous sacrifier celle qui s'est bravement dévouée pour nous !

— Tu as raison, mon fils, répliqua-t-elle avec une abnégation touchante, cet homme ne saura rien... Père Kurthil, faites votre devoir, et emmenez-nous en prison.

Le rideau s'agita comme s'il allait se déchirer sous un effort convulsif.

La veuve tendit les bras à son fils :

— Disons-nous adieu, Fritz, car nous ne nous reverrons plus jamais !

— Arrêtez ! s'écria une voix brisée ; la voleuse, c'est moi !

Le rideau venait de glisser sur sa tringle de fer, et Marguerite se jeta entre la Marannelé et son père.

— Grettly ! murmura Gaspard en reculant comme à l'apparition d'un spectre.

— Pardonnez-moi, mon père, reprit la pauvre fille, je suis bien coupable ; mais il s'agissait de la vie de Fritz, de notre sauveur, mon père, du fils de votre ami Wendel, du fils de ma chère nourrice ; ma raison s'est perdue ; j'ai cru pouvoir user d'un bien qui devait m'appartenir un jour. J'ai manqué à mon devoir de fille obéissante et soumise. Punissez-moi donc, renvoyez-moi au couvent, mais ne me retirez pas votre tendresse, mon père !

Elle voulut embrasser la main du vieillard ; il recula.

— Ingrate enfant ! tu n'as pensé qu'à cette famille de mendiants et tu ne t'es pas souciée de mon chagrin et de mon désespoir. Tu n'as pas pensé que tu allais abréger ma vie de plusieurs années et peut-être même me porter un coup mortel. Fille dénaturée ! je te maudis !

— Grâce, mon père ! s'écria Marguerite éperdue, en se jetant aux pieds de l'inflexible Melzer. Souvenez-vous de ma mère ! Si elle vivait, elle vous implorerait pour moi.

— Je te maudis ! répéta le vieil avare avec une colère froide et opiniâtre. Tu feras pénitence de ton crime pendant le reste de tes jours. Mon affection et ma faiblesse t'ont enhardie au mal. Ma sévérité remettra ton cœur dans le droit chemin. La maison de ton père ne sera plus désormais pour toi qu'une prison ; tu n'en sortiras que le dimanche pour aller à la messe. Maintenant quitte avec moi ce repaire, où tu ne rentreras jamais.

Il se tourna vers la Marannelé et son fils :

— Quant à vous autres, souvenez-vous qu'il y a encore à Nordstetten ou ailleurs des juges pour punir ceux qui abusent de la jeunesse et l'entraînent à mal faire.

Le terrible vieillard poussa ensuite devant lui sa pauvre fille, qui n'osait pas lever les yeux sur Fritz, et sortit de la cabane, après avoir ramassé toutes les pièces
d'or entassées sur la table.

— Tonnerre ! s'écria le soldat-orfévre qui se tenait
sur le seuil et qui fit le geste d'ajuster Gaspard Melzer
avec son fusil, si je ne craignais pas de blesser la petite,
je tirerais sur ce vieux coquin-là comme sur un renard
sortant d'un poulailler.

— Et vous auriez tort, mon ami, dit Fritz Wendel à qui
le sergent liait les mains, car, devant Dieu comme devant les hommes, le seul, parmi nous, qui soit vérita-
blement dans son droit, en justice stricte comme en
équité, c'est le vieux Melzer.

— C'est égal, murmura le père Kurthil, c'est un vilain oiseau, et, quand on le descendrait d'un coup de fusil, par mégarde, je ne vois pas où serait le mal.

— Dieu nous vengera ! dit la Marannelé ; cet homme
est impitoyable quoique sa conscience soit aussi noire et
son âme aussi chargée de péchés que l'enfer ; il croit
échapper à la justice humaine, mais l'œil de Dieu est ouvert sur lui.

— Adieu, ma mère ! dit Fritz en l'embrassant. Sergent
Mathias, il est temps de nous mettre en marche.

XII

L'Église et la Serre.

Le lendemain, au moment où sonnait le premier coup de la messe, dame Catherine entra chez Marguerite, qu'elle trouva absorbée dans son désespoir, pâle et froide comme une statue de marbre, le front penché dans ses mains et les coudes appuyés sur la table.

La pauvre enfant ne s'était pas couchée.

La ménagère étouffa un soupir et lui dit d'une voix douce :

— Grettly, il est temps de vous habiller.

La jeune fille tourna vers dame Catherine ses yeux rougis par l'insomnie et les larmes, et répondit :

— Je n'ose aller à l'église. Dois-je rendre tout le village témoin de ma douleur ?

— Mon enfant, il faut aller prier Dieu pour vous qui avez failli, pour ceux que vous aimez et qui sont en danger, et aussi pour ceux qui vous aiment.

— Pour ceux qui sont en danger, répéta Marguerite avec un accent déchirant, tu as raison, Catherine. Hélas ! depuis que je suis rentrée dans cette chambre qui me plaisait tant autrefois et qui doit désormais me servir de prison, je n'ai cessé de pleurer et de prier.

— Je ne le vois que trop à votre visage, qui est blanc comme un linge, chère petite ; mais, quelle que soit votre douleur, vous ne pouvez vous dispenser d'assister à la messe ce matin. Tous les voisins en jaseraient. Avez-vous oublié que notre bon curé vous a choisie pour quêteuse à la place de la grande Thérèse ? donc votre place est au banc d'œuvre.

Et en même temps, dame Catherine préparait sur le lit la riche toilette que l'avare Melzer avait fait confectionner pour sa fille par la meilleure tailleuse de la ville d'Horb, afin d'éblouir le marchand de bois de Boblingen quand il viendrait lui présenter son fils.

— Bonne Catherine, dit Marguerite en secouant tristement la tête, je ne me sens pas le courage de m'habiller si richement. D'ailleurs, j'aurais l'air de vouloir humilier mes compagnes, qui ont été si joyeuses de me revoir. Non, je mettrai tout simplement le costume que portent les filles du pays, — et qui a paru si joli à ce pauvre Fritz, ajouta-t-elle tout bas.

Pendant que la ménagère, cédant à ce caprice, aidait sa jeune maîtresse à s'habiller, on entendit le dernier coup de la messe.

— Vite, Catherine, mon livre d'Heures et ma bourse.

— Les voici, mon enfant, et que Dieu exauce vos prières ! dit la brave femme avec émotion.

Marguerite s'efforça de refouler ses larmes, embrassa dame Catherine et sortit.

Elle aperçut sur la place quelques jeunes garçons qui causaient et qui s'écartèrent respectueusement pour lui

livrer passage ; puis un peu plus loin, près du porche
de l'église, un groupe de jeunes filles qui paraissaient
attendre l'heure de la messe pour entrer dans le sanc-
tuaire.

Les hommes rendirent à Marguerite son salut, mais
leur maintien semblait gauche et embarrassé ; les regards qu'ils jetaient furtivement sur elle étaient em-
preints d'une tristesse mêlée de douce pitié qu'elle ne
remarqua pas.

Elle s'avança vers ses anciennes compagnes, qui se
livraient sous le porche à une conversation des plus ani-
mées. La grande-Thérèse, que Marguerite devait remplacer comme quêteuse, avait en ce moment la parole.
Ses joues étaient plus rouges qu'une crête de coq, et les
yeux semblaient lui sortir de la tête.

La fille de Melzer les aborda avec une expansion qui
témoignait de la sincère amitié qu'elle avait conservée
pour celles qui avaient partagé les jeux de son enfance ;
mais vainement elle tendit son front à celle-ci, sa main
à celle-là, aucune ne parut s'apercevoir de sa présence,
et elles prirent toutes leur vol vers l'église, comme une
bande de pies effarouchées.

Marguerite ne savait que penser de ce singulier accueil ; cependant elle suivit les jeunes paysannes et se
dirigea vers le banc d'œuvre ; mais toutes les places
étaient occupées déjà par la grande Thérèse et les porteuses desouches.

S'arrêtant donc à l'entrée du banc :

— Veuillez vous serrer un peu, mes amies, leur dit-
elle timidement, afin que je puisse m'asseoir parmi vous.

Aucune des jeunes filles ne parut l'entendre. Vainement leur renouvela-t-elle sa prière ; les yeux attachés
sur leurs livres ou sur leurs chapelets avec une feinte
dévotion, elles restèrent froides, muettes, impassibles

sur leur banc, comme les sénateurs romains sur leurs chaises curules.

Marguerite était stupéfaite de ce mutisme brutal et obstiné qu'elle ne pouvait s'expliquer ; mais, craignant de troubler le silence qui régnait dans l'église, elle prit avec résignation un petit escabeau qui se trouvait vacant, s'agenouilla à l'entrée du banc d'œuvre et se mit à prier avec ferveur.

Après le *Credo*, quand les marguilliers se levèrent pour commencer la quête, elle se leva à son tour, et, tendant la main vers la grande fille qu'elle devait remplacer :

— Thérèse, lui dit-elle, veux-tu me remettre l'aumônière ?

— Pas tant d'empressement, Grettly, répliqua la méchante créature avec un accent de cruelle raillerie, c'est moi qui vais aujourd'hui quêter pour toi ; il ne faut pas que l'argent des pauvres passe par des mains qui pourraient en faire un mauvais usage.

Et, repoussant brusquement Marguerite, elle alla, suivant la coutume, se joindre aux marguilliers, qui commençaient leur ronde.

Le front de la jeune fille se couvrit d'une vive rougeur, et elle sentit les pleurs monter de son cœur oppressé à ses yeux. Ses genoux se dérobèrent sous elle. Il lui fallut s'appuyer au banc pour ne pas tomber.

Les porteuses de souches la regardaient en dessous et ricanaient sur leurs chapelets qu'elles faisaient semblant d'égrener.

Marguerite resta un instant courbée sous le poids de cette insulte grossière, en se demandant si elle la méritait ; mais bientôt elle releva la tête :

— J'ai voulu sauver Fritz, se dit-elle ; pour lui, j'ai bravé la colère de mon père, et Fritz m'a froidement blâmée. Mon père m'a maudite et m'a donné son logis pour prison. Les filles de Nordstetten, que j'aimais comme des sœurs, me repoussent et me renient. Ce monde m'est fermé. Il ne me reste plus qu'un refuge, c'est le ciel. Mon Dieu ! mon Dieu ! ayez pitié de moi et laissez-moi aller vers vous !

S'éloignant alors de ses anciennes amies, elle se dirigea vers les derniers bancs occupés par les femmes, espérant y trouver une humble place où personne ne ferait attention à elle, mais toutes étaient prises.

En ce moment, la grande Thérèse, accompagnée des marguilliers, se présenta, tendant sa bourse à chaque femme ; la plupart se contentaient de s'incliner dévotement devant la quêteuse ; les plus généreuses laissaient tomber dans l'aumônière un ou deux kreutzers.

Mais, quand Thérèse passa devant Marguerite et qu'elle lui vit tendre un beau florin du bout de ses petits doigts effilés, elle retira méchamment son aumônière.

Au bruit que fit la pièce en tombant sur la dalle, les commères relevèrent la tête curieusement, et les plus proches purent entendre la quêteuse dire en s'éloignant :

— Un florin ! quand tant d'honnêtes gens ne peuvent donner qu'un kreutzer ! On voit bien que l'argent ne lui coûte pas cher à cette demoiselle. Après tout, quand on n'a qu'à se baisser pour en ramasser, on peut être généreuse à bon compte.

Et, après avoir lancé son venin, la vipère poursuivit son chemin.

Ce nouvel affront, chose étrange ! ne provoqua dans le cœur ulcéré de Marguerite aucun sentiment de haine ni de colère.

Elle regarda tristement la grande Thérèse, qui continuait sa quête.

— Hélas ! murmura-t-elle, la pauvre fille ne se doute pas du mal qu'elle m'a fait.

Ses larmes tombaient goutte à goutte sur les feuilles de son livre d'Heures, qui les buvaient aussitôt.

Elle était à bout de forces et de courage, mais elle avait pris son parti, et sa tête lui semblait moins lourde, son cœur moins oppressé.

L'église était déserte depuis longtemps ; les enfants de chœur avaient éteint les cierges, et Marguerite était encore à sa place, pleurant et priant toujours.

Les prières et les larmes la soulageaient.

Avant de quitter l'église, elle alla s'agenouiller pieusement devant l'image de la Vierge. Thérèse et les filles aux mains rouges qui s'étaient associées à sa sotte vengeance, s'étaient réunies en groupe à l'entrée de la maison de Dieu, et riaient stupidement entre elles.

Marguerite se demanda si jamais elle avait offensé involontairement cette grande fille. Un souvenir passa rapide comme un éclair dans son esprit, et elle comprit la haine de Thérèse.

Trois ans auparavant, la quêteuse était une belle créature, blonde comme les blés et au visage candide comme celui d'une madone. Jorgli, le bûcheron, la recherchait en mariage. Un matin, Marguerite les avait rencontrés tous deux assis au bord de la fontaine du village. Jorgli parlait de son amour avec la franchise naturelle aux hommes de la forêt. Thérèse, tout en l'écoutant, avait abaissé la frange de ses longs cils sur ses joues plus veloutées qu'une pêche. Grettly crut d'abord que c'était par pudeur. Non. C'était afin de mieux voir une petite fauvette qui venait de tomber du nid de sa mère et que la candide paysanne s'amusait à plumer toute vivante.

Thérèse accomplissait cet acte de cruauté avec plus de calme et d'insouciance que n'en ressent une jeune fille

de la ville qui effeuille une à une les pétales d'une marguerite, afin de savoir si elle peut compter sur la fidélité
de son amant.

Grettly indignée n'avait pu s'empêcher d'arracher la
fauvette des mains de sa compagne et de s'écrier :

— Tu as donc bien mauvais cœur, Thérèse ? Prends
garde ! celle qui aime à faire souffrir un oiseau du bon
Dieu finira par détourner d'elle les honnêtes cœurs !

Jorgli, frappé de ces derniers mots, s'était levé en silence et s'était éloigné. Or le bûcheron ne s'était pas
marié avec Thérèse, et Thérèse n'avait point pardonné
à Marguerite la leçon qu'elle lui avait donnée.

Cependant l'image de la Vierge semblait sourire douloureusement à la fille de Gaspard Melzer et lui dire :

— Tu vois bien, Marguerite, que toutes ces filles sans
cœur ne peuvent comprendre la noblesse et la pureté
de ton âme ; leurs sauvages instincts se sont révoltés
devant ta nature chaste et candide ; pressentant qu'elles
ne pourraient jamais s'élever jusqu'à toi, elles ont voulu
t'abaisser jusqu'à elles. Et c'est pour cela qu'elles ont
arraché, sans pitié, une à une, les plumes de tes ailes
d'ange !

Pendant que la grande Thérèse et ses bonnes amies
s'éloignaient en caquetant, la sœur de lait de Fritz, for-
tifiée par la prière, se releva pleine de courage et de résignation, et, après avoir essuyé ses dernières larmes,
elle sortit de l'église.

Dame Catherine, qui emplissait en ce moment sa seille
à la fontaine publique, avait laissé la porte du logis entr'ouverte.

Marguerite profita de cette circonstance pour se glisser
furtivement dans la maison ; puis elle courut s'enfermer
dans la serre qui se trouvait située tout au bout du jardin.

Cette serre était une grande cage vitrée, construite

dans l'angle de hautes murailles exposées au midi.

Le bonhomme Melzer, pour épargner son bois et n'être pas obligé de chauffer sa serre pendant les froids les plus rigoureux, veillait lui-même à ce qu'elle fût toujours hermétiquement fermée.

Tous les endroits par où l'air extérieur pouvait entrer avaient été soigneusement bourrés de mousse, et de grands paillassons appliqués extérieurement sur le vitrage, depuis le sol jusqu'à la toiture, la garantissaient encore de l'âpre fraîcheur des nuits.

C'était seulement par le grand toit de verre, qui se soulevait au moyen d'une espèce de crémaillère, que les fleurs, quand le soleil frappait d'aplomb, pouvaient respirer et vivre.

Après avoir exploré le jardin d'un coup d'œil rapide et s'être bien assurée que personne ne pouvait la voir, Marguerite pénétra dans la serre, et, afin que de l'extérieur on ne pût en ouvrir la porte, elle introduisit dans la gâche la lame d'une petite faucille qui se trouva sous sa main.

Puis elle alla s'asseoir sur un banc de bois rustique auquel le vieux Melzer donnait l'hospitalité dans sa serre pendant les mois d'hiver, et cachant sa tête entre ses mains, afin de mieux concentrer sa pensée, elle se mit à résumer froidement, un à un, tous les événements qui s'étaient accumulés depuis la veille.

En si peu de temps, que d'illusions évanouies, d'espérances éteintes et d'affections brisées !

Elle sentait sa tête s'alourdir; plus elle essayait de fixer sa pensée sur les malheurs qui l'avaient frappée, plus leur souvenir semblait la laisser froide et insensible. Elle posa sa main sur son cœur : elle crut qu'il ne battait plus.

Elle comprit qu'un grand vide s'était fait tout à coup

dans son âme, que la vie, qui lui avait paru jusqu'alors riante et belle, ne pouvait plus être désormais, pour elle, qu'un chemin sans issue, le monde qu'un désert, et qu'il était temps de mourir.

Pauvre enfant! elle n'avait approché ses lèvres de la coupe de la vie que pour en sentir l'amertume. Pourtant elle sourit, et son front s'illumina d'une joie céleste ; elle venait de penser à Fritz, qui, lui aussi, allait bientôt mourir et ne tarderait pas à la rejoindre.

Mais bientôt le sourire de ses lèvres et l'éclair radieux de son front s'éteignirent.

— Si Dieu, dans sa colère, allait me damner pour l'éternité ! murmura-t-elle. Si je devais être séparée de mon ami dans le ciel comme sur la terre !

Puis, après un instant de silence :

— Non, c'est impossible, Dieu, qui est juste et clément, aura pitié de moi ! Il me pardonnera d'avoir cherché dans la mort un refuge contre des douleurs que je ne puis supporter. Vivre n'est un devoir que pour ceux qui ont des misères à consoler, des blessures à guérir ou quelqu'un à aimer ; mais vivre captive, isolée, sans pouvoir être utile à personne, sans pouvoir disposer seulement d'un kreutzer en faveur des pauvres, sans pouvoir obtenir un regard bienveillant de mon père, c'est là une expiation stérile dont je n'ai pas le courage. Ceux qui sont impuissants à faire le bien n'ont-ils donc pas le droit de mourir ?

Les nuages, chassés tout à coup par le vent, firent place à de larges bandes d'azur, et le soleil darda ses chauds rayons à travers les vitres de la serre.

Marguerite se leva, mais ses genoux fléchissaient sous elle, et la sueur commençait à perler à son front. Elle marcha lentement, s'appuyant à chaque caisse d'arbustes pour contempler une dernière fois ces fleurs aimées, au milieu desquelles la mort devait la surprendre.

Et toutes ces fleurs charmantes ou bizarres, ranimées par la chaleur qui leur venait d'en haut, se redressaient sur leurs tiges, tendant leurs calices au soleil, déployant leurs aigrettes et leurs éventails diaprés, — et elles semblaient s'épanouir en disant :

— Mon Dieu ! qu'il fait bon vivre !

Mais de chaque fleur s'exhalaient en même temps d'âcres senteurs et d'enivrants parfums.

Au milieu de ce bain d'effluves tièdes et odorantes, les lèvres de Marguerite pâlissaient et ses paupières, en s'alourdissant, voilaient peu à peu son regard.

Cependant elle marchait toujours d'un pas chancelant, et elle aperçut, abandonnée dans un coin de la serre, une ancolie, petite fleur bleue, qui s'étiolait faute d'eau.

Elle s'arrêta devant la chétive fleur et la regarda avec compassion : — Pauvre petite, dit-elle en l'effleurant de ses lèvres décolorées, toi aussi, comme moi tu vas mourir, car mon cœur est flétri comme ta tige est fanée. Peut-être étions-nous destinées à nous éteindre en même temps, toi faute d'une goutte de cette rosée qui vient du ciel et vivifie la fleur; moi, parce qu'on m'a ravi l'affection et l'amour, qui seuls font vivre le cœur.

Tout en prononçant ces paroles, elle sentait que l'engourdissement gagnait ses membres, et qu'un assoupissement fiévreux, énervant, irrésistible, s'emparait de tout son être.

En effet, les pénétrantes et délétères vapeurs qui se dégageaient des plantes et tournoyaient dans la serre obscurcissaient sa pensée et la plongaient dans une torpeur mortelle.

L'enfant s'agenouilla sur un amas de joncs, se renversa doucement en arrière, les mains jointes pour la

prière, appuya sa tête alourdie sur la caisse de la petite
fleur bleue et s'endormit profondément.

Chose étrange! l'ancolie déjà fanée se coucha sur sa
tige flétrie et vint, de son calice, effleurer le front de la
jeune fille.

A ce contact, Marguerite se réveilla comme sous un
baiser, et, entr'ouvrant ses grands yeux ardents de fièvre :

— Merci, petite fleur, soupira-t-elle, merci à toi, qui
m'apportes le sommeil éternel.

Après avoir machinalement attiré jusqu'à ses lèvres ce
calice, duquel se dégageaient de mortelles senteurs, elle
s'endormit de nouveau, sans regret pour la vie qu'elle
allait quitter, sans une larme pour ceux qu'elle avait
aimés et qu'elle ne devait plus revoir.

Elle avait tout oublié.

Alors son sommeil, semblable à celui que procure
l'opium, se peupla tout à coup de rêves étranges et de
fantastiques visions. Bercée par de suaves mélodies, elle
voyait le ciel s'entr'ouvrir; au milieu d'un cercle éblouissant de lumière, des anges lui souriaient et l'appelaient ;
puis ils lui jetaient, pour l'aider à monter jusqu'à eux,
de ces grands fils de la Vierge que nous voyons, quand
le soleil se couche dans son lit de pourpre, flotter capri-
cieusement dans l'air.

Enlacée dans ce réseau de fils soyeux, elle sentait que
les anges l'attiraient vers eux, que ses pieds se déta-
chaient de la terre humide et froide, et que son âme,
blanche et légère comme un nuage, s'élançait jusqu'à la
voie lactée qui conduit aux portes du ciel.

Mais à peine était-elle arrivée à ces hauteurs éthérées,
qu'elle entendit une voix lamentable qui de la terre
semblait s'élever jusqu'à elle. Et, regardant en bas, elle
aperçut Fritz qui l'appelait à son tour en lui tendant ses
bras meurtris par d'indignes liens.

Une blessure profonde rayait son front, et le sang qui s'échappait de sa plaie béante inondait son pâle visage et rougissait ses vêtements.

Cette voix, qui répétait incessamment son nom, avait des accents si plaintifs, si déchirants, que Marguerite se réveilla.

Cependant ce n'était pas la voix du fils de la Marannelé ; c'était celle du vieux Gaspard Melzer qui parcourait le jardin en criant :

— Grettly ! Grettly ! mon enfant, où es-tu ?

— Mon père ! murmura péniblement la jeune fille en se soulevant à demi. C'est lui qui me cherche... Il me cherche et il me pleure... et moi, j'ai pu douter de son cœur. J'ai cru que sa colère serait implacable. J'allais mourir, fille ingrate, sans dire adieu à ce vieillard qui a pris soin de mon enfance et qui m'a aimée jusqu'à l'heure où j'ai mérité sa malédiction... sans me demander seulement qui sera là pour le consoler à son heure suprême... qui sera là pour lui fermer les yeux. Le chagrin m'a fait oublier mon devoir. Non, je n'ai pas le droit de mourir encore. Dieu doit réserver des châtiments terribles à l'enfant qui abandonne ainsi son père.

Alors, rassemblant, pour combattre sa torpeur, tout ce qui lui restait de force et de volonté, elle se traîna en s'appuyant aux caisses des arbustes et des plantes rares, essayant de gagner la porte.

Hélas ! sa main défaillante ne put parvenir à arracher la faucille engagée dans la gâche.

Elle voulut crier ; aucun son ne s'échappa de ses lèvres, puis ses yeux se voilèrent et elle s'affaissa sur elle-même.

Cependant, il lui semblait toujours entendre dans l'éloignement la même voix plaintive et désolée qui répétait :

— Grettly ! Grettly ! mon enfant, où es-tu ?

XIII

Le Ravin.

Vers midi, pendant que s'accomplissaient les derniers événements que nous venons de raconter, la veuve Wendel vint s'asseoir au seuil de la cabane de la vieille Ursule Erath, qui demeurait sur la place et à laquelle elle avait rendu souvent service.

Il n'était question dans tout le village que de l'aventure de Fritz ; aussi la bonne femme s'empressa-t-elle de demander à la Marannelé des nouvelles de son fils.

— Le père Kurthil voulait l'emmener d'un côté, répondit tristement la veuve, le sergent voulait l'emmener d'un autre, et, comme ils ne pouvaient tomber d'accord entre eux, ils l'ont conduit chez le bourgmestre, où il a passé la nuit sous bonne garde.

Ce matin, vers sept heures, le petit de la Geneviève est venu me dire de sa part que, de midi à une heure, on devait le conduire dans la prison de Stuttgard, et,

c'est pour le voir passer une dernière fois, continua la
Marannelé en essuyant ses yeux, que je suis venu chez
vous, la mère.

—Pauvre garçon, soupira la vieille Ursule, lui qui était
si honnête et si serviable à son prochain, lui qui a si
bien soigné notre taureau avec les drogues que vous
m'aviez données d'amitié. Cet animal, qui est sauvage
comme un loup, se laissait faire pourtant, et, tandis que
Fritz lui frottait la tête entre les deux cornes, il se tour-
nait tout doucement et lui léchait les mains. Si les bêtes avaient de la raison, c'est celle-là qui aurait du
chagrin en apprenant ce qui vient d'arriver à ce cher enfant.

— Est-ce que ses accès de fureur ne sont pas encore
calmés ? demanda la veuve Wendel.

— Hélas ! non. Pas plus tard qu'hier, il a rompu son
lien et il a failli éventrer le cheval du père Zahn, notre
voisin.

— Ah ! ses accès ne sont pas encore calmés ? murmura lentement la Marannelé. Eh bien ! reprit-elle après
un instant de silence, il faut lui mettre une entrave, et le
faire conduire à la prairie tous les jours. Amenez-le-moi,
mère Ursule.

La vieille se leva et alla chercher son taureau, qui
était abrité dans une étable attenant à la cabane.

Une petite fille lavait en ce moment à la fontaine la
jupe rouge qu'elle comptait mettre le soir. Mais elle
n'eut pas plutôt aperçu l'animal, dont elle connaissait la
méchanceté, qu'elle s'enfuit laissant sa lessive inache-
vée.

La veuve Wendel prit la bête par sa longe, lui fit faire
quelques pas, et parut l'examiner avec une profonde attention. Cependant son regard et sa pensée étaient ailleurs.

Elle songeait à Fritz, et ses yeux interrogeaient la route par laquelle il devait arriver.

Elle l'aperçut bientôt au milieu des soldats qui lui servaient d'escorte.

Quand ils ne furent plus qu'à quelques pas de la place, la veuve saisit la jupe rouge abandonnée par l'enfant, la fit tournoyer devant les yeux irrités du taureau et lui en frappa la tête à diverses reprises.

L'animal se leva furieux et se mit à bondir, lançant ses cornes tantôt à droite, tantôt à gauche, et cherchant partout un ennemi, car la veuve Wendel s'était enfuie dans la maison en entraînant la vieille Ursule.

C'est alors que le sergent et ses hommes, ne soupçonnant rien de ce qui s'était passé, débouchèrent sur la place et se trouvèrent face à face avec ce redoutable adversaire.

Peu habitués à ce genre de combat, les soldats se débandèrent et s'enfuirent, cherchant partout un abri.

Mais toutes les portes étaient closes.

Fritz, profitant de cet instant de désordre, courut résolûment au-devant du taureau, qui, acculé contre un mur, frappait avec fureur la terre de la corne et du pied.

L'animal attacha sur le jeune homme ses prunelles sanglantes; mais, le reconnaissant, il lui tendit son énorme tête, comme un éléphant qui retrouve son cornac.

Plein de confiance alors, Fritz le prit par les cornes, sauta debout sur son dos et escalada lestement la muraille.

Le sergent Mathias et un de ses hommes voulurent s'élancer à la poursuite du fugitif; mais le taureau, les voyant approcher, se mit en défense et leur barra le passage.

Pendant ce temps, le jeune sabotier gagnait du terrain. De mur en mur, il atteignit le toit d'une maison attenant au jardin du vieux Melzer. Il est sauvé, ce toit de chaume franchi. Mais le sergent, arrachant le fusil des mains de l'un de ses hommes, ajusta Fritz et fit feu. Le fils de la veuve, effleuré par une balle, porta la main à son front, oscilla un instant sur la pente du chaume et disparut dans le vide.

En même temps, un second coup de feu partait du groupe des soldats. et à l'éclat de cette détonation se mêla un bruit singulier, dont personne ne put se rendre compte.

Tous, alors, avec un empressement bien naturel, laissèrent le taureau maître de la place, et coururent, par des chemins différents, cerner la cabane du haut de laquelle le prisonnier s'était laissé choir.

Fritz était tombé sur la serre du bonhomme Gaspard, et avait brisé le vitrage en passant au travers.

Étourdi par la chute, il resta un instant affaissé sur lui-même, sans pouvoir se relever. Mais, quoique aveuglé par le sang qui s'échappait de son front, il ne tarda pas à apercevoir, gisant à dix pas de lui, Grettly, qui, étendue sur le sol, s'endormait dans une suprême agonie.

Rien que par cette espèce d'intuition dont les amants seuls semblent doués, Fritz devina ce qui s'était passé.

Grettly, dans sa douleur, avait voulu mourir.

Arrachant la faucille passée dans la gâche, il ouvrit la porte, enleva Marguerite entre ses bras et alla la déposer sur le petit banc de mousse et de verdure qu'ombrageait le berceau. Puis, courant à la salle basse, où d'ordinaire se tenait dame Catherine :

— De l'eau, vite, de l'eau ! s'écria-t-il en entrant.

En voyant tout à coup devant elle Fritz, à qui elle

n'avait pas ouvert la porte, qui s'était introduit dans le logis à son insu, et dont le visage et les vêtements étaient souillés de sang, la ménagère recula d'effroi.

— Ah ! malheureux ! s'écria-t-elle, que vous est-il arrivé ?

— Il ne s'agit pas de moi, dame Catherine, mais de Grettly, qui se meurt. Venez, venez !

Dame Catherine prit en toute hâte un vase plein d'eau fraîche et suivit le fils de la veuve Wendel. Mais dans l'étroit couloir qui conduisait au jardin, ils rencontrèrent le vieux Melzer, qui, depuis une heure, n'avait pas cessé de fouiller la maison, cherchant partout sa fille.

En voyant Fritz couvert de sang, le bonhomme s'arrêta stupéfait.

— Toi, ici ! s'écria-t-il, que viens-tu faire chez moi, damné garçon ?

— Grettly se meurt ! sauvez-la ! Elle se meurt, entendez-vous ? répliqua le jeune sabotier hors de lui, et, saisissant le vieillard par le bras, il l'entraîna au jardin.

— Ma fille ! répéta Melzer atterré, ma pauvre fille ! Oh ! misérable que je suis !

Arrivés devant le banc de-mousse, tous trois s'agenouillèrent autour de Marguerite évanouie, lui mouillant les tempes, l'appelant par son nom et cherchant à la rappeler à la vie.

— Ma Grettly, mon enfant bien-aimée ! disait Gaspard en sanglotant, ouvre les yeux, reconnais la voix de ton vieux père. J'ai été bien sévère, bien cruel envers toi, mais j'ai grand remords de t'avoir causé tant de chagrin, et c'est du fond du cœur que je te pardonne. Allons, souris-moi, chère petite, et que tout soit oublié.

Marguerite, ranimée par les bons soins de dame Catherine, souleva lentement sa paupière alourdie. Elle aperçut à ses pieds son père qui pleurait, et Fritz, qui, pâle, tout sanglant, lui tendait les bras en souriant tristement, tel qu'il lui était apparu dans son rêve.

Voyant pleurer son père pour la première fois, Marguerite prit la main du vieillard, la baisa et l'inonda de ses larmes.

— Oh! j'ai été bien coupable et bien ingrate envers vous, murmura-t-elle d'une voix entrecoupée de sanglots. Pardonnez-moi, mon père!

— Qu'est-il donc arrivé à ma fille? demanda-t-il à dame Catherine, et se tournant vers Fritz : Et toi, comment te trouves-tu dans mon logis?

— J'y suis entré bien malgré moi, maître Melzer, répondit le jeune homme. En traversant la place avec l'escorte qui me conduisait à Stuttgard, j'ai trouvé l'occasion de m'enfuir. J'ai escaladé quelques murailles et le toit de la maison voisine. Alors on m'a tiré un coup de feu, et je suis tombé dans votre serre.

— Dans ma serre! s'écria le vieil avare; mais, malheureux, tu as dû défoncer mon vitrage et briser mes carreaux?

— Je ne vous cacherai pas que j'en ai cassé quelques-uns sans le vouloir, maître Gaspard, et c'est bien heureux pour Grettly, qui, faute d'un peu d'air, allait mourir asphyxiée dans la serre, au milieu de ses fleurs.

— Alors c'est toi qui en tombant l'as sauvée? repartit Melzer après un instant de réflexion.

— Est-ce là un crime impardonnable, mon père? murmura Marguerite en se jetant dans les bras du vieillard.

Au même instant on entendit frapper à la porte à coups de crosses de fusil.

Dame Catherine courut à son guichet, et, revenant aussitôt :

— Maître Gaspard, dit-elle tout effarée, ce sont des soldats qui demandent à fouiller la maison, et je crois bien, hélas! que c'est à ce pauvre Fritz qu'ils en veulent.

— A Fritz? interrompit Gaspard. Oh! oh! c'est bon à savoir. Viens çà, garçon, continua-t-il en ouvrant une porte basse envahie par le lierre et les broussailles; entre là, et, quoi qu'il advienne, ne bouge pas; plus tard on te donnera la clé des champs.

Et après avoir refermé la porte :

— Maintenant, dame Catherine, allez ouvrir à ces braves gens, et montrez-leur le chemin.

— Oh! merci, merci, mon père, s'écria Marguerite avec un sourire plein de reconnaissance.

Et pendant que la ménagère accomplissait l'ordre du vieux Melzer :

— Nom d'un sabot! continua le bonhomme, il ne sera pas dit que j'aurai livré à ces coquins-là un garçon qui vient de sauver ma fille.

Le sergent et ses hommes, après avoir fouillé la maison de Melzer dans ses moindres recoins, se retirèrent convaincus que Fritz ne s'y était pas réfugié, car, le cas échéant, le bonhomme, qui était l'ennemi intime du jeune sabotier, n'eût certes pas manqué de le leur livrer. Ils se rabattirent alors sur les maisons du voisinage, mais sans plus de succès.

Mathias Werner était fort inquiet. La disparition de Fritz lui enlevait non-seulement les bénéfices qu'il avait rêvés, mais en réalité quarante bons florins sonnants qu'il avait payés comme avances, et dont il était personnellement responsable. Il ne trouva donc rien de mieux que d'attribuer la fuite de sa recrue à la négligence de ses hommes.

— Çà, mes gentils agneaux, leur dit-il, je vous ai

confié, pour le conduire de la maison du bourgmestre de Nordstetten à la prison de Stuttgard, un garçon en bon état. Sous prétexte que, chemin faisant, vous avez rencontré un taureau furieux, vous avez abandonné votre prisonnier qui, vous voyant fuir, s'est laissé gagner par l'exemple. Moi, votre chef, j'ai tiré sur le fugitif. Il est tombé sous mon coup de feu, vous vous êtes élancés à sa poursuite, je vous ai aidés dans vos recherches, et cependant vous ne l'avez pas retrouvé.

Or, vous êtes corporellement responsables de tout prisonnier confié à votre garde. Je suis donc dans la dure nécessité de dénoncer ce fait au major, qui, vous le savez, n'est pas du tout commode. Ce que vous avez de mieux à faire en cette occurrence, c'est de rentrer le plus promptement possible à la caserne et de garder sur toute l'affaire le plus profond silence jusqu'à mon retour, qui ne peut tarder.

Une fois seul, j'agis sans éveiller les soupçons du voisinage. Je tends une souricière aux alentours de la cabane de la veuve, et je découvre en quel endroit s'est réfugié son fils. Alors, je requiers main-forte et je l'appréhende au corps.

— Bien joué ! repartit Karl, le soldat-orfèvre.

— Cependant, continua le sergent, si j'échoue dans cette dernière tentative, il ne vous reste plus, mes enfants, qu'à recommander votre peau à votre saint patron. Allez !

Les soldats prirent assez piteusement congé de leur chef, et s'éloignèrent en se promettant bien entre eux de ne pas dire un seul mot de leur mésaventure.

Le soir même, Mathias Werner alla s'embusquer dans un épais taillis, non loin de la cabane de la veuve, épiant avec une patience de chat tous ceux qui pourraient, soit y entrer, soit en sortir.

Mais il eut beau guetter, il ne vit que deux ou trois
bonnes femmes qui vinrent par curiosité visiter la Marannelé, sous prétexte de la consoler.

La veuve filait devant sa porte ouverte, et Christly,
qui avait repris son travail interrompu depuis quelques
jours, rentra vers l'heure ordinaire du souper.

Tout dénotait donc que Fritz n'était pas au logis.

Cependant le recruteur n'abandonna son poste d'observation que lorsqu'il vit s'éteindre la lumière.

Alors il se rapprocha de la cabane à pas de loup, et
appliqua son oreille aux volets, espérant recueillir quelques mots qui pourraient l'aider à découvrir en quel endroit Fritz s'était caché.

Tout demeura sombre et silencieux dans le logis de la
veuve, et le sergent s'éloigna en se promettant de revenir le lendemain.

Le lendemain, en effet, il s'embusqua comme la veille
et ne quitta sa cachette que quand la nuit fut venue pour
aller rôder autour de la cabane. Mais aucun bruit ne s'en
échappa, nul rayon de lumière n'apparut à travers les
volets disjoints.

Découragé, Mathias allait se retirer cette fois en re-
nonçant à son projet lorsqu'il entendit la porte s'entr'ouvrir doucement. C'était la Marannelé qui, enveloppée
dans sa longue robe brune, sortait tenant à la main un
panier.

A la faveur de la lune, qui dardait en ce moment ses
pâles rayons à travers les éclaircies du ciel, le sergent
put voir que ce panier contenait une miche, une écuelle
pleine et une bouteille de grès.

Blotti dans l'ombre que projetait la cabane et respirant à peine, Mathias laissa passer la veuve en se disant
à lui-même :

— Où la Marannelé va souper chez quelque voisine

pour achever sa soirée, ou elle connaît la retraite de son fils et elle va lui porter à manger.

En faisant cette dernière réflexion, le sergent Mathias était dans le vrai.

Sorti de chez Gaspard et n'osant retourner chez sa mère, où il se doutait bien qu'on ne tarderait pas à venir l'arrêter, Fritz s'était réfugié dans la grotte d'Egelsthal, chargeant dame Catherine de faire savoir à la Marannelé l'endroit qu'il avait choisi pour retraite, et la bonne ménagère n'avait eu garde d'y manquer. Or, vers neuf heures, quand tout dormait dans le pays, la Marannelé mit dans un petit panier ce qui restait de vivres au logis et gagna la vallée d'Egelsthal, ne se doutant pas que de loin le sergent la suivait. Arrivée devant une petite croix plantée au milieu d'un carrefour, elle s'agenouilla et remercia Dieu de lui avoir si miraculeusement conservé son fils.

Pendant qu'elle priait, Mathias Werner s'approcha doucement, et, se posant debout devant elle :

— Que faites-vous donc là, bonne mère ?

A cette apparition, la veuve se retourna brusquement, et reconnaissant cet homme, elle frissonna de tout son corps.

— Où diable allez-vous à pareille heure ? continua le sergent.

— Je viens chaque soir m'agenouiller au pied de cette croix, que j'ai en grande vénération, et j'y prie pour les âmes des trépassés, répondit la Marannelé.

— Est-ce aussi pour les trépassés que vous apportez cette miche de pain frais et ce cruchon de vin ?

— C'est la nourriture qui doit nous faire vivre le lendemain, mon pauvre Christly et moi, et chaque soir je viens prier Dieu de la bénir.

— Tu mens ! Ce n'est ni à ton petit ni à toi que ces vivres sont destinés.

— A qui donc ?

— C'est à Fritz.

— A Fritz ! murmura la veuve. Le pauvre enfant, hélas ! est perdu pour moi.

— Tu dis plus vrai que tu ne crois, sorcière ; depuis deux jours je te guette et je sais maintenant où il s'est réfugié.

— Vous le savez ! s'écria la Marannelé, et moi, sa mère, je l'ignore.

— Ah ! tu l'ignores ? Eh bien ! je vais te l'apprendre. Ton fils est caché dans la grotte d'Egelsthal, dont les gens de ton village paraissent peu désireux d'indiquer le chemin aux étrangers ; mais la faim, qui fait sortir le loup hors du bois, saura bien faire aussi sortir ton fils de sa tanière.

Puis, arrachant le panier des mains de la veuve, le sergent passa le canon de son fusil dans l'anse et le chargea sur son épaule.

La Marannelé poussa un cri désespéré et s'élança vers Mathias les mains étendues en avant.

— Pas un geste, sorcière, ou je te tue comme je tuerais un chien. J'ai fait serment de m'emparer de ton fils, et tonnerre ! je l'aurai. Si toi, sa mère, tu refuses de me le livrer volontairement, je te jure qu'avant deux jours il sera mort de faim. Les hauteurs qui dominent la vallée sont gardées par mes hommes, qui feront feu sans pitié sur lui s'il se hasarde à quitter son repaire. Et moi, à partir de cette heure, je ne te quitte plus d'un instant, honorable veuve ! Ainsi tu peux à ton choix maintenant nier ou avouer que tu sais où niche ton damné Fritz. Je me contenterai pour ma responsabilité personnelle de le prendre mort si tu ne consens à me le livrer vivant. Choisis !

La veuve attacha sur le sergent un regard effrayant

41.

de haine et de menace. Si elle avait eu en ce moment
une arme entre les mains, certes, elle n'eût pas reculé
devant un meurtre ; elle eût tué sans miséricorde cet
homme qui décidait ainsi de la vie de son fils.

—Mon Dieu ! dit-elle cependant de sa voix la plus
calme après un instant de silence, si j'étais sûre que vous
ne verserez pas le sang de ce pauvre garçon, vous comprenez bien que j'aimerais mieux vous le livrer que de
le laisser mourir de faim dans son refuge ou de l'exposer
à tomber sous le feu de vos hommes. Mais, quand une
fois vous le tiendrez dans vos serres de vautour, sais-je,
moi, quel châtiment vous lui infligerez ?

— Je vous l'ai déjà dit, répliqua Mathias Werner avec
un accent de vérité auquel pourtant la veuve ne se laissa
pas prendre, il en sera quitte pour quelques mois de
prison, voilà tout. Cependant, se hâta-t-il d'ajouter, souvenez-vous que chaque heure qui s'écoule, en aggravant
sa faute, rend la punition qui l'attend plus sévère.

— Oh ! si j'étais bien convaincue que vous ne cherchez pas à m'abuser et qu'il en fût quitte pour la prison,
comme vous me l'affirmez, je vous le livrerais sans remords.

— Pourquoi douter de ma parole ? dit le sergent.

— Si vous voulez que j'aie confiance en vous, jurez-moi
devant Dieu qu'on ne le tuera pas.

— Je le jurerai cent fois, mille fois s'il le faut.

— Le serment est chose sainte et sacrée, Mathias
Werner, et si vous trompiez une pauvre mère qui va vous
livrer son enfant, ce serait un crime, songez-y.

— Veuve Wendel, repartit le sergent avec emphase,
souvenez-vous que personne plus que moi n'est rigide
observateur de la foi jurée.

— Cette dernière parole me rassure, dit la Marannelé
en s'efforçant de cacher ce qu'il y avait de cruel dans le

sourire qui crispait sa lèvre mince, venez donc, et que la volonté de Dieu s'accomplisse.

Le sergent, son fusil sur l'épaule, se mit à gravir l'étroit sentier dans lequel s'était engagée la veuve.

Après une demi-heure d'une marche pénible à travers un chemin bordé de ronces, tantôt caillouteux, tantôt défoncé par les eaux, ils arrivèrent dans un endroit escarpé et tout hérissé de broussailles inextricables. Le chemin s'arrêtait là.

— Ah çà ! la mère, où diable me conduisez-vous ? demanda Mathias en promenant autour de lui des regards inquiets. En effet, un bruit sourd qui semblait sortir des entrailles de la terre montait jusqu'à lui, et ce bruit, qui grondait au milieu du silence de la nuit, avait quelque chose de saisissant et de terrible.

— Ne vous ai-je pas promis de vous livrer mon fils ? répondit la veuve impassible et montrant du doigt à son compagnon une saillie de rocher à près de sept mètres au-dessous d'eux : Voilà le chemin, ajouta-t-elle.

Et sans hésiter, s'aidant des pieds et des mains, s'accrochant aux ronces et aux aspérités du roc, elle se mit à descendre. Mathias Werner réfléchit un instant, puis, débouclant la bretelle de son fusil, il le passa en bandoulière et descendit à reculons, comme son guide, en ayant soin de ne lâcher les racines auxquelles il s'était cramponné que lorsqu'il sentait son pied solidement posé.

Quand il eut atteint la saillie, le sergent se retourna, et vit qu'un ravin à pic et sans fond s'ouvrait sous ses pas. Il recula avec épouvante.

— Que je sois pendu si je vais plus loin ! s'écria-t-il en s'adossant au rocher.

La Marannelé s'approcha de Mathias et lui adressa quelques mots qu'il n'entendit pas. Le bruit d'un ruisseau qui descendait d'une montagne voisine et se précipitait dans le gouffre en écumant couvrait le son de sa voix. On eût dit que le démon de l'onde mêlait ses accents redoutables au mugissement de ses flots en courroux. Et cette nappe bouillonnante tombait si près de Mathias et de la veuve, qu'ils étaient inondés des humides vapeurs que le vent leur soufflait au visage.

La lune brillait en ce moment de tout son éclat au milieu d'un ciel étoilé.

Le sergent put faire comprendre alors par signes à la Marannelé qu'il était bien décidé à ne pas pousser plus loin l'aventure ; mais la veuve sourit dédaigneusement, et, étendant la main vers la gauche, elle lui montra un petit sentier grossièrement taillé en plein roc et elle passa la première.

Se roidissant contre la terreur qui le dominait Mathias suivit la veuve en silence, posant son pied partout où elle avait posé le sien et s'appuyant aux flancs du rocher.

Au fur et à mesure qu'ils avançaient, le bruit de la cataracte s'éteignait et le sentier devenait de plus en plus impraticable.

— Rassurez-vous, Mathias, dit la Marannelé en s'arrêtant devant un tronc d'arbre que le souffle de la tempête semblait, en un jour de colère, avoir couché comme un pont en travers de l'abîme, une fois de l'autre côté, vous êtes sauvé.

Mathias, haletant, épuisé de fatigue, jeta sur ce pont, aussi effrayant que périlleux, un regard effaré, et il se demanda s'il pourrait le franchir.

L'espace à traverser n'était pas très-large, mais le gouffre qui s'ouvrait béant sous ses pas avait plus de vingt-sept mètres de profondeur.

La veuve Wendel vit son hésitation, et, voulant lui inspirer quelque courage, elle passa hardiment sur ce pont chancelant ; et, après l'avoir traversé, revenant sur ses pas :

— Je vous attends, dit-elle.

— Mais c'est le chemin de l'enfer ! répondit Mathias Werner sans oser avancer d'une semelle.

— Vous, un soldat, vous hésitez à suivre une femme ?

— Tout à l'heure, tu ne semblais pas avoir grande confiance en mes promesses, et je t'avouerai sans détour que moi maintenant, je commence à me défier de toi, bonne femme ! En regardant cet effroyable passage, j'en suis à me demander si c'est bien de l'autre côté de ce ravin que se cache ton fils, et si tu ne m'entraînes pas dans quelque piége.

— Quelle preuve vous faut-il donc? demanda la Marannelé.

— Appelle Fritz, et, s'il répond à ton signal, je ne douterai plus qu'il ne soit en effet dans la grotte d'Egelsthal.

La veuve se fit aussitôt un porte-voix de ses deux mains et poussa un cri guttural auquel répondit un sifflement qui, répercuté par les échos de la vallée, arriva net et distinct jusqu'au sergent.

— Êtes-vous convaincu, maintenant? dit la Marannelé.

— Oui, répondit Mathias, dont le regard ne pouvait se détacher de ce pont qui semblait trembler sous le vent ; mais je ne vois pas la nécessité de passer sur ce tronc d'arbre pour causer avec ton fils. Ne peux-tu pas l'appeler et lui dire de venir ?

— Je l'appellerais qu'il ne viendrait pas. Le signal que je viens de faire n'a d'autre but que de lui annoncer ma venue. Je puis, si bon vous semble, passer seule et l'aller querir.

— Pour t'enfuir avec lui par quelque issue secrète, n'est-ce pas ? interrompit Mathias Werner. Je te tiens, tu ne me quitteras pas.

— Décidément, je commence à croire que vous avez peur.

Ce dernier mot de la veuve produisit sur le sergent un effet presque magique.

— Peur ! répéta-t-il en retroussant son épaisse moustache ; passe encore une fois devant, sorcière, et tu verras si je reste en arrière.

En effet, il suivit résolûment la veuve Wendel, qui, le précédant de quelques pas, marchait avec autant d'assurance que dans une sente frayée à travers un champ de blé.

Le sergent au contraire n'avançait que lentement, pas à pas, regardant fixement devant lui pour tenter d'échapper au vertige qui le gagnait malgré son courage.

A mi-chemin la veuve s'arrêta et, se tournant vers Mathias Werner, elle lui posa la main sur l'épaule.

— Il est bien convenu, n'est-ce pas, que mon fils aura la vie sauve ? dit-elle.

— Marche donc, sorcière ! s'écria le sergent en cherchant à la repousser. Marche ! car je sens mes genoux trembler.

— Non, je n'irai pas plus loin, repartit la Marannelé avec un éclat de rire sauvage, car ta parole est un mensonge et ton serment un blasphème. Une voix secrète me dit que mon fils, livré entre tes mains ce soir, doit tomber demain sous les balles de tes soldats. Si, par excès d'amour, j'ai perdu mon enfant, je saurai le sauver, au prix même de ma vie.

— Lâche-moi ! dit Mathias d'une voix rauque, et je déchirerai devant toi l'engagement qu'il a signé, et je ne te réclamerai pas les florins qu'il a reçus.

— Non, repartit la veuve, depuis deux jours j'ai trop souffert. Il faut en finir.

— Que veux-tu dire ?

— Que ta dernière heure et la mienne sont venues, et

qu'il est temps de recommander notre âme à Dieu, Mathias, car nous allons mourir ensemble.

Il y avait dans la voix de la veuve Wendel une expression si solennelle et si terrible à la fois que le sergent, épouvanté, se replia sur lui-même jusqu'au tronc d'arbre, auquel il s'accrocha convulsivement des genoux et des mains, cherchant à gagner à reculons le chemin par lequel il était venu.

Le voyant tenter de fuir, la Marannelé se rua sur lui avec son éclat de rire insensé, et, l'enlaçant dans ses bras, elle se suspendit au-dessus du gouffre, espérant entraîner le sergent dans sa chute.

Alors une lutte désespérée s'engagea entre cet homme qui se cramponnait à la vie près de lui échapper, et cette femme qui voyait, au fond de l'abîme, la mort lui souriant et lui tendant les bras.

De la main qui lui restait libre, Mathias assenait de si terribles coups sur la tête de la Marannelé, que le sang s'en échappait de toutes parts.

La veuve eut un instant peur à son tour. Elle craignait de s'évanouir et d'être obligée de lâcher prise.

Mais elle était si convulsivement soudée au sergent, que la mort même n'aurait pu l'en séparer.

En ce moment retentit un sifflement aigu et lentement modulé.

C'était Fritz qui, inquiet de ne pas voir arriver sa mère, dont il avait cependant entendu le signal, répondait une seconde fois à son appel tout en marchant à sa rencontre.

Mathias et la Marannelé tressaillirent en même temps, l'un épouvanté du secours inattendu qui arrivait à la veuve Wendel au moment où elle était à bout de forces, l'autre avide de mettre fin à cette lutte désespérée, redoutant que son fils ne se perdît en voulant la sauver.

Et puisant une énergie nouvelle dans son cœur de mère, elle imprima une dernière secousse au sergent et disparut en l'entraînant après elle.

Le cri que poussa Mathias en tombant s'éteignit dans le bruit de la cataracte et n'arriva pas jusqu'à Fritz.

XIV

La Meule de blé.

Un homme sortit alors du tronc creux d'un vieux saule dans lequel il était blotti ; il longea le ravin en courant et alla se pencher curieusement au-dessus du gouffre, qu'il sonda longtemps du regard ; puis, appliquant son oreille sur l'herbe humide, il écouta, respirant à peine, si quelques sourds gémissements ne monteraient point par hasard du fond de cet abîme.

Mais il n'entendit que la lamentation de la cascade et les hurlements lointains des chiens dans les fermes et les bergeries.

Cet homme, connu de la forêt Noire sous le nom de Jean-Georges Beck, était l'insolent mendiant qui avait jeté dans la carriole de Gaspard Melzer tout un essaim d'abeilles sauvages.

— Cornes de Satan ! c'est une rude femme, cette Marannelé, se dit-il à lui-même. Il faut avoir le diable au

corps pour s'engouffrer volontairement dans un si vilain
trou! Comme elle est sorcière, peut-être connaît-elle un
charme qui garantit des contusions, ou est-elle assez
adroite rebouteuse pour raccommoder elle-même ses
membres disloqués?

Il restait toujours l'oreille collée au sol.

— Je n'entends aucun bruit, aucune plainte. Ils sont
morts tous les deux, sans aucun doute. Dieu veuille avoir
leur âme.

Il se releva.

— Certainement, ce terrible Mathias cachait dans sa
ceinture plus d'or qu'il ne m'en faudrait pour acheter un
bon morceau de terre et vivre tranquille. Puisque la
veuve voulait se débarrasser de lui, pourquoi n'a-t-elle
pas choisi un fossé moins profond? Je serais devenu l'héritier du sergent sans grande peine.

Il regardait le ravin avec des yeux pétillants de cupidité.

— Descendre dans ce précipice avec l'espoir d'en sortir vivant, c'est jouer avec la certitude de perdre. Si j'é-
tais plus jeune, j'essayerais; ça me tente furieusement,
mais je n'ose pas.

Il se pencha de nouveau vers l'abîme, comme si ses
regards ardents de convoitise eussent pu évoquer les
morts, mais l'abîme restait menaçant de ténèbres.

Cependant une puissance inconnue semblait clouer
Jean-Georges Beck à cette place. Il croyait entendre l'or
du sergent recruteur tinter à ses oreilles et l'appeler. Il
ne voulut pas s'éloigner avant d'avoir sondé la profondeur du ravin. Il arracha un lambeau de sa veste de
toile, l'alluma et le lança dans le vide. La guenille enflammée descendit lentement en tournoyant sur elle-
même et s'éteignit bientôt.

Le mendiant, peu satisfait de ce résultat, s'empressa

de renouveler l'expérience, et cette fois il lui sembla voir une forme humaine accrochée aux broussailles à cinq ou six mètres au-dessous de la saillie du rocher.

Jean-Georges tressaillit en pensant que ce corps pouvait bien être celui du sergent, dont il comptait s'attribuer l'héritage. Comme il n'avait plus de feu, il résolut de tenter sur-le-champ l'aventure. Il prit dans sa besace une corde qu'il attacha solidement au tronc d'arbre qui servait de pont et se laissa doucement glisser jusqu'au bout.

La corde était malheureusement trop courte ; l'allongeant de toute la longueur de ses bras, il se mit à chercher dans le vide. Bientôt sa main en rencontra une autre aussi froide et aussi rigide que celle d'un cadavre.

A ce contact, le mendiant frissonna. Cependant il ne lâcha pas sa proie, et l'appât de l'or décuplant ses forces, il parvint, non sans des efforts inouïs, à remonter en tirant après lui ce corps que lui disputaient les épines et les ronces.

La lune, un instant masquée par de gros nuages violets que chassait devant lui le vent du nord, brillait alors de tout son éclat.

Jean-Georges ne se fut pas plutôt agenouillé pour déboucler la ceinture du sergent qu'il proféra un effroyable blasphème et fit un mouvement pour rejeter le cadavre au fond du gouffre.

Ce n'était pas Mathias Werner, c'était la Marannelé qu'il tenait entre ses mains frémissantes et crispées comme les serres d'un aigle.

Cependant, il eut pitié de cette femme, qui souvent lui avait fait l'aumône et qui l'avait un jour guéri des morsures d'un chien que tout le pays disait enragé.

D'ailleurs, la veuve Wendel n'était pas morte ; les

broussailles l'avaient heureusement arrêtée dans sa chute terrible, son pouls battait, bien faiblement il est vrai, mais enfin il battait.

Le mendiant l'étendit donc sur l'herbe, plaça une pierre sous sa tête et s'éloigna, convaincu que l'air froid de la nuit ne tarderait pas à la ranimer.

Pour revenir saine et sauve d'un saut où un chamois se tuerait, il faut décidément que la bonne femme soit sorcière ! pensait-il.

Après une heure de marche, l'estimable Jean-Georges Beck s'arrêta dans une verte vallée, au centre de laquelle se dressait le squelette d'une vaste métairie, inexploitée depuis plusieurs années. L'avarice ou l'incurie du propriétaire avait laissé tomber les toits en ruine, de sorte que les pluies d'hiver avaient fini par pourrir les planchers.

Cet amas de bâtiments lézardés, balafrés de plaques verdâtres et percés de trous béants, était enceint d'un vieux mur, non moins délabré, qu'un manteau de plantes parasites étroitement enlacées entre elles, semblait seul soutenir.

De grosses poutres étayaient à l'intérieur la grande porte charretière, qui était enclavée dans ce mur; un formidable cadenas fermait extérieurement cette porte vermoulue, à travers les planches de laquelle un enfant eût pu passer sans peine.

Ces bâtiments ruinés servaient encore à emmagasiner des grains que le propriétaire y laissait s'avarier tous les ans dans la douce espérance d'une disette prochaine. Toutes les granges, dont les planchers craquaient, étaient tellement combles qu'il avait fallu construire, à l'extérieur, une trentaine d'énormes meules, tant de seigle que de blé, qui, comme autant d'étais, se trouvaient appuyées circulairement au vieux mur.

Jean-Georges Beck alla droit à la plus formidable de ces meules, en tira trois des gerbes situées à la base, du côté le moins apparent, et, se glissant dans ce vide comme un lézard, il disparut aussitôt.

Cette meule de blé était tout simplement sa maison des champs.

C'était là qu'il venait chercher un refuge ou passer la nuit, quand il était surpris loin de son gîte par la neige ou l'orage, et quand l'hospitalité lui était refusée dans les environs.

Une quarantaine de gerbes fort adroitement enlevées du cœur même de cette meule laissait la place nécessaire pour se tenir debout ou se coucher. Divers objets de rigoureuse utilité garnissaient l'étrange cellule du plus hardi mendiant de la forêt Noire.

Un lambeau de couverture tachée, trouée et rapiécée, s'accrochait à une seille remplie d'eau. Sur un débris de planche enfumée, une pipe et un briquet sommeillaient à côté de trois gros paquets de tabac. Crainte de famine, un chanteau de pain pendait isolé au bout d'une ficelle, afin que ni rats, ni mulots ne pussent y mettre la dent.

Une fois dans l'intérieur, Jean-Georges Beck tira à lui les trois gerbes et les remit en place. C'était sa manière de fermer sa porte. Puis il se roula dans sa couverture, après avoir bu une gorgée d'eau, et ne tarda pas à s'endormir du sommeil d'un juste qui aurait été très-fatigué.

Tandis qu'il ronflait à faire envie au riche possesseur de la meule, dont il s'était constitué le principal locataire, la Marannelé, ranimée par la fraîcheur de la nuit, rouvrit les yeux et promena autour d'elle des regards étonnés.

Mille idées confuses se heurtaient dans son cerveau. Elle ne pouvait s'expliquer comment elle se trouvait sur le revers du sentier qui longeait le ravin.

Le front dans ses mains, elle s'efforçait de rappeler ses souvenirs, et se demandait si elle ne faisait pas un mauvais rêve. Mais bientôt les faits qui s'étaient passés quelques heures auparavant se retracèrent nettement à sa mémoire.

Elle crut revoir le sergent Mathias se cramponnant par un effort convulsif au tronc d'arbre; elle crut entendre encore le cri déchirant jeté par lui au moment où elle l'entraînait dans sa chute.

Mais par quel prodige était-elle encore vivante? Quelle main l'avait arrachée de ce gouffre? Ce mystère confondait sa raison. Il lui semblait impossible que sa lutte avec le recruteur, en ce lieu désert et au milieu de la nuit, eût eu d'autres témoins que le ciel.

Fritz, cependant, pouvait avoir assisté de loin au dénoûment de cet horrible duel; seul, il l'avait sans doute sauvée, et, si elle ne le trouvait pas à ses côtés, c'est qu'il était allé chercher des cordiaux dans la cabane de sa mère.

Effrayée des dangers auxquels le déserteur s'exposait imprudemment pour elle, la veuve rassembla ce qui lui restait de forces et de courage et prit en toute hâte la direction de son pauvre logis.

Tout à coup elle aperçut, venant à sa rencontre, son ennemi Gaspard Melzer, qui cheminait gaillardement, sa casquette enfoncée sur sa tête jusqu'aux yeux, le collet de son éternelle houppelande relevé sur ses larges oreilles pour les garantir du vent, et les deux mains dans ses poches, ce qui était certes plus honnête que de les mettre dans les poches des autres.

Comme la Marannelé avait un puissant intérêt à ne pas laisser courir le bruit qu'elle avait passé la nuit dehors, elle se blottit derrière une haie vive, en attendant que le bonhomme se fût éloigné.

Il était environ quatre heures du matin.

Le vieux Melzer, qui s'était levé avant le jour, faisait alors sa ronde habituelle afin de s'assurer qu'aucun dommage n'avait été commis sur ses terres pendant la nuit.

Il s'arrêta donc complaisamment devant la métairie en ruine dont nous avons parlé, car il était l'heureux propriétaire de ces nids à rats, dans lesquels il avait entassé plus de fourrage et de grains qu'il n'en eût fallu pour nourrir tout Nordstetten, bêtes et gens, pendant une année.

L'avare alla regarder attentivement l'entrée de son cadenas, consolida l'une des traverses de la porte charretière, que le vent menaçait de faire choir, jeta un coup d'œil désolé sur son mur croulant et alla visiter ses meules l'une après l'autre, comme s'il eût voulu les compter, dans la crainte qu'on ne lui en eût dérobé quelqu'une en passant.

Tout lui parut en bon état.

Il allait continuer sa route et visiter d'autres terres, lorsqu'il aperçut une fumée bleuâtre qui s'échappait d'une des meules.

Le bonhomme regarda avec stupéfaction cette fumée qui, par sa couleur et son odeur, ne ressemblait nullement à celle qui se dégage de la paille enflammée.

Pendant qu'il cherchait à s'expliquer ce phénomène, une des gerbes se détacha brusquement de la meule et vint tomber à ses pieds.

Le bonhomme recula, saisi d'épouvante, croyant à quelque sorcellerie inventée par son ennemie la Marannelé.

Il se trompait. C'était le locataire Jean-Georges Beck, qui ouvrait sa fenêtre pour faire pénétrer un peu d'air frais du matin dans son modeste réduit.

Melzer tourna pendant quelques instants autour de la

meule de blé sans oser approcher, tant il craignait de voir s'élancer hors du trou un loup ou un renard. Comme tout restait tranquille, il reprit peu à peu courage, et s'armant d'une longue perche qui lui permettait de sonder à distance, il l'introduisit avec de grandes précautions dans l'intérieur de la meule.

— Qui va là? s'écria une voix qui semblait sortir des entrailles de la terre.

Melzer abandonna sa perche, et fit un saut merveilleux en arrière.

Au même instant, le vagabond passa la tête par le trou, et, reconnaissant le bonhomme :

— Halloh! c'est vous, cher maître Gaspard? dit-il d'un ton railleur; faites-moi donc le plaisir d'entrer dans ma chambre.

— Comment, c'est toi, vaurien! repartit le bonhomme d'une voix tremblante de colère et en écarquillant ses petits yeux ronds. Tu oses reparaître dans ce pays, après le tour infâme que tu m'as joué dernièrement dans la forêt.

— Bah! vous n'en êtes pas mort, répliqua Jean-Georges Beck d'un air narquois.

— Que fais-tu là? demanda impérieusement Melzer.

— Vous êtes bien curieux, mon brave homme. Quand vous êtes dans votre vieille tour, vais-je vous demander ce que vous y faites?

— Réponds quand je t'interroge, meurt-de-faim, tu sais que je ne suis pas patient.

— Maître Gaspard, vous savez par expérience qu'on ne gagne rien à se mettre en colère contre moi. Si vous vous êtes levé de mauvaise humeur ce matin, ne vous arrêtez pas plus longtemps devant ma fenêtre.

— Devant ta fenêtre, tripeur de paille! Allons, déguerpis au plus vite! s'écria Melzer exaspéré. Pour gâter de bons grains, il y a là dedans assez de vermine sans toi!

Jean-Georges Beck éclata de rire.

— Tu es amusant, mon brave homme! mais, ah çà! de quoi diable te mêles-tu? et pourquoi fais-tu la besogne du père Kurthil?

L'avare se croisa majestueusement les bras.

— Je me mêle de ce qui me regarde, vieux gueux; cette meule est à moi, Gaspard Melzer, de Nordstetten, et je te défends de venir t'y vautrer à l'avenir. Entends-tu bien?

— Tu t'y prends un peu tard, vieux ladre; cette meule me sert de maison de campagne depuis deux ans, à moi, Jean-Georges Beck, d'Herrenberg. Mais je suis bon prince, quoique mendiant. La nuit prochaine, j'irai coucher dans une autre.

Le bonhomme se drapa orgueilleusement dans sa vieille houppelande :

— Toutes ces meules que tu vois rangées le long du mur m'appartiennent, impudent vagabond!

— Bien! bien! grommela le mendiant en sortant de la meule par le chemin qu'il avait pris pour y entrer; il ne manque pas de granges de l'autre côté du mur, et je dormirai aussi bien là dedans qu'ailleurs.

Melzer frémit à ces audacieuses paroles.

— Ne t'avise pas de franchir ce mur au risque de le faire crouler, brigand, ni de mettre le pied dans ces bâtiments. Si je t'y surprends, je te ferai arrêter sans miséricorde, car cette métairie m'appartient comme les meules.

Jean-Georges Beck haussa les épaules, et toisant l'avare avec dédain :

— Être si riche! murmura-t-il, avoir tant de bon grain qui se perd, et refuser un morceau de pain aux pauvres! Mais nous avons un compte à régler ensemble!

Il s'approcha du bonhomme et continua d'un ton menaçant :

12

— Quand on a tant de propriétés, on paye du moins ses dettes. Je t'ai livré de confiance mon essaim d'abeilles sauvages, l'autre nuit, et tu ne m'en as pas encore payé le prix, si j'ai bonne mémoire.

— Tais-toi, misérable, tais-toi! s'écria le vieillard s'exaltant au seul souvenir du danger qu'avait couru sa fille bien-aimée; si tu ris de la justice de Dieu, crains au moins celle des hommes, à laquelle tu n'échapperas pas, c'est moi qui te le jure.

— Merci de ta prédiction! dit ironiquement Jean-Georges. Aurais-tu fait tes études chez ton excellente amie la veuve Wendel?

L'effronterie du mendiant rendit Melzer furieux jusqu'à l'imprudence; il oublia qu'il était seul, sans armes, dans un endroit solitaire, en face d'un homme déterminé, habitué aux rixes et aux luttes, et il répliqua :

— Tu dois bien penser, mauvais drôle, que j'ai signalé ta conduite au bourgmestre; ose venir encore rôder dans Nordstetten ou dans ses environs, et tu verras ce qui t'attend.

Jusqu'à ce moment, Jean-Georges avait tourné en plaisanterie les menaces du riche Melzer; mais lorsqu'il entendit parler d'arrestation, lui qui avait toujours refusé de s'assujettir à la règle du travail par amour immodéré pour la vie libre et nomade, il sentit la colère s'emparer de tout son être :

— Ah! vieux coquin, s'écria-t-il, tu m'as dénoncé! Ah! tu veux m'empêcher d'aller demander aux autres le pain que tu me refuses? Ah! tu veux que j'en sois réduit à mourir de faim?

— Te faire mourir de faim!... non pas, répliqua Melzer. Viens jusqu'à Nordstetten, et tu verras qu'au contraire, grâce à moi, le père Kurthil s'empressera de te procurer gratis la nourriture et le logement.

Jean-Georges Beck avait déjà recouvré son magnifique sang-froid. Il s'inclina devant son adversaire.

— Ainsi, maître Gaspard, vous prenez soin de mes vieux jours. Merci! mille fois merci! Seulement, je ne veux pas être ingrat, et si l'on doit me mettre en prison, il ne faut pas que ce soit pour un péché mignon.

En même temps, il prit avec calme son briquet dans sa besace, puis alluma sa pipe à la flamme d'un long papier tordu en torche.

— Mon cher bienfaiteur, dit-il avec une superbe insolence, en s'interrompant à chaque bouffée de tabac qu'il aspirait au nez du bonhomme, je crois qu'il est décidément l'heure de régler nos comptes.

Et il jeta dans la meule, avec un éclat de rire féroce, le lambeau de papier qui flambait encore.

La flamme courut en serpentant autour de l'énorme meule et grimpa jusqu'au faîte.

L'avare poussa un cri déchirant et se rua sur les premières gerbes incendiées, sans calculer le danger, avec l'énergique résolution d'une mère qui voudrait sauver son enfant; il les attira à lui et tenta de les éteindre sous ses pieds; mais aussitôt il vit s'en échapper des milliers d'étincelles qui, poussées par le vent, allèrent propager le feu de meule en meule.

Éperdu, presque fou de désespoir, Melzer courait de l'une à l'autre criant au feu, appelant au secours; mais il était trop loin de toute habitation pour qu'on pût l'entendre.

Bientôt la porte vermoulue s'enflamma et ses étais embrasés s'écroulèrent sur les bâtiments, qui se convertirent en une ardente fournaise.

A la vue de ces irréparables désastres, l'avare, dont l'impuissance trahissait la volonté, fut saisi d'une sorte de folie. Il courait autour de sa cour, tantôt poussant des rugissements comme une bête fauve, tantôt pleurant comme un enfant malade.

Tout à coup il s'arrêta devant l'incendiaire, et, le menaçant du poing :

— Ah ! la prison n'est pas de ton goût, Jean-Georges Beck, dit-il en ricanant, eh bien ! tu n'auras pas le temps de t'y ennuyer, car c'est le bourreau qui se chargera de t'en tirer. Tu seras pendu, Jean-Georges, tu seras pendu !

Le mendiant était resté impassible et muet à regarder brûler les meules en fumant sa pipe, mais les paroles de Melzer lui firent comprendre le danger de sa position ; il s'approcha brusquement de son ennemi, qui répétait toujours : Tu seras pendu ! et, lui assenant sur la tête un coup de son long bâton, il l'étendit à ses pieds.

— Puisque personne ne m'a vu, se dit le misérable, gagnons vivement au large. Si quelqu'un m'accuse d'avoir mis le feu à la métairie, ce ne sera certes pas le vieux Gaspard, car il va griller là dedans comme un porc sur la paille.

Il passa en même temps à travers une des brèches du mur qui s'éboulait de toutes parts, gagna la lisière d'un petit bois et disparut sous les arbres.

L'incendie avait fait de rapides progrès ; les fourrages et les grains pétillaient au milieu des longues colonnes de fumée rousse et épaisse qu'étoilaient des langues de flamme. La forêt semblait se couronner de ce diadème sanglant, qui ne tarda pas à répandre l'épouvante dans tous les hameaux voisins.

Au bruit des cloches qui sonnaient le tocsin, on voyait accourir des bandes de paysans de Nordstetten et des environs ; mais, quoiqu'ils eussent fait grande diligence, ils n'arrivèrent que pour voir brûler les dernières gerbes et s'écrouler la dernière masure. Jorgli le bûcheron, qui osa pénétrer dans la cour de la métairie, trouva Melzer étendu sans mouvement et inondé de sang; ses mains et ses vêtements étaient horriblement brûlés; il ne reprit pas connaissance lorsqu'on le releva, et on dut le transporter chez lui sur une civière faite de branchages.

Tout le monde se perdait en conjectures sur la cause de l'incendie; mais le père Kurthil hocha gravement la la tête lorsque Jorgli et son ami Jockel, le marchand de chevaux, lui exprimèrent leur surprise à ce sujet :

— Le feu n'a pas pu prendre tout seul dans cette métairie, mes bonnes gens, leur dit-il d'un ton sentencieux. Elle est isolée et inhabitée depuis si longtemps! Quelqu'un qui en veut à maître Gaspard a dû faire le coup. Le bonhomme a tant d'ennemis!

— Mais soupçonnez-vous des habitants du pays? demanda curieusement le marchand de chevaux.

— Quand je soupçonnerais un enfant de la forêt, où serait le mal? répondit froidement le garde. Mais qui vivra verra!

XV

Burck.

Marguerite, justement effrayée du déplorable état dans lequel son père avait été transporté chez lui, s'était empressée de faire atteler la carriole et d'envoyer un homme à Horb avec ordre d'amener le meilleur médecin de l'endroit.

L'homme de l'art avait pansé les nombreuses brûlures du vieux Melzer, préparé lui-même une potion, et s'était retiré en promettant de revenir le lendemain de grand matin.

Mais le soir, vers dix heures, Gaspard avait été pris d'une fièvre violente, accompagnée de transport au cerveau.

Marguerite et dame Catherine, qui avaient passé tout le jour au chevet du malade, pensèrent qu'en l'absence du médecin, la Marannelé pourrait leur composer quelque calmant.

La ménagère alluma donc sa lanterne et s'en alla chez la veuve Wendel.

En route, elle rencontra une dizaine de commères qui sortaient de la veillée, et qui, aussitôt, l'entourèrent en l'accablant de questions.

La bonne dame se hâta de les satisfaire et leur donna tous les détails désirables sur le funeste événement survenu à son maître.

— Maintenant, bonsoir, voisines, ajouta-t-elle au bout d'un bon quart d'heure, car je suis très-pressée. J'ai laissé mon maître avec une fièvre ardente, et je cours demander à la Marannelé quelque remède qui aide le pauvre homme à dormir un peu cette nuit.

— A·la Marannelé! s'écrièrent d'une seule voix les dignes commères en se regardant entre elles avec tous les signes du plus profond étonnement.

— Eh bien? sans doute, à elle-même, répondit dame Catherine; ne vous imaginez-vous pas qu'à cette heure je vais aller à Horb demander au médecin son avis?

— Vous ferez comme vous l'entendrez, dit Toinette Soguez. Je ne veux pas vous donner de conseil.

— Je sais bien que moi, à votre place, reprit Agathe Brænner, je n'irais rien demander à la Wendel pour mon maître.

— Ni moi! répétèrent les autres en chœur.

— Et pourquoi? dit la ménagère singulièrement intriguée.

— Pourquoi? répliqua la première en se penchant confidentiellement à l'oreille de dame Catherine, parce qu'on assure que c'est le fils de la veuve qui, pour se venger de Gaspard Melzer, a incendié, ce matin, la métairie.

— Fritz! s'écria la gouvernante avec un geste d'incrédulité, c'est impossible!

— Jésus Marie ! c'est le bruit qui court, continua la vieille Toinette ; la chose n'est pas invraisemblable. D'ailleurs, le père Kurthil, qui est entré un instant à la veillée, pour allumer sa pipe, nous a dit que, depuis ce matin, les gendarmes étaient en quête de Fritz.

— Si on le cherche, répondit dame Catherine, c'est qu'il n'a pas rejoint son régiment, voilà tout.

— On le cherche, parce qu'il a méchamment mis le feu aux granges du vieux Melzer, insista Toinette. Vous comprenez bien qu'il doit être l'ennemi de votre maître. D'abord, Melzer n'a pas voulu prêter à sa mère la somme que réclamait le sergent Mathias. Puis il a mis à la porte ce galant sabotier, quand il a eu l'effronterie d'aller demander sa fille en mariage. Vous devez en savoir quelque chose, il me semble !

— Ce que je sais, reprit dame Catherine, c'est que Fritz Wendel est incapable de s'être vengé si lâchement de maître Gaspard. Il aime trop notre demoiselle, d'ailleurs.

— Je vous répète ce que tout le monde dit dans le village, repartit Toinette Soguez, et, pour que tout le monde s'accorde à dire la même chose, il faut bien que ce soit la vérité.

— Vrai ou non, interrompit Agathe Brænner, c'est toujours une mauvaise affaire pour Fritz.

— Pas si mauvaise ! s'écria la Geneviève en poussant sa voisine du coude. Fritz a dû se dire : Le vieux Melzer est trop avare pour survivre à la perte de ses meules et de sa métairie. Une fois le bonhomme mort, rien ne m'empêchera plus d'épouser Grettly ; vous comprenez, n'est-ce pas ?

— Oui, parfaitement, répondit Catherine avec un soupir, car le dernier argument de la vieille venait d'ébranler sa conviction. Puisqu'il en est ainsi, continua-t-elle, je n'irai pas chez la Marannelé. Bonsoir, voisines, je vous remercie de m'avoir mise au courant des bruits qui circulent dans le pays.

Et elle regagna lentement son logis en se disant, les
yeux pleins de larmes :

— Pauvre Gretily, que va-t-elle devenir quand elle
apprendra cette maudite nouvelle?

Marguerite, qui guettait impatiemment le retour de
dame Catherine, courut au-devant d'elle en l'entendant
rentrer, et l'interrogea du regard.

— La Marannelé est absente, dit la ménagère; j'ai
frappé à plusieurs reprises, et personne ne m'a répondu.

La jeune fille haussa légèrement les épaules.

— Je vais y aller, moi, reprit-elle. Je l'appellerai, elle
reconnaîtra ma voix, et je suis sûre qu'elle m'ouvrira.
Donne-moi ta lanterne, Catherine.

— Vous ne pouvez sortir seule à pareille heure, se
hâta de dire la bonne dame; songez qu'il est près de minuit, mon enfant.

— Eh bien! viens avec moi.

— Il serait imprudent de laisser seul votre père : un
malheur est si vite arrivé!

— Tu as raison, il vaut encore mieux que j'aille sans
toi chez ma nourrice.

Et, prenant la lanterne, Marguerite fit un pas pour
sortir.

— Au nom du ciel, n'y allez pas! s'écria dame Catherine en lui saisissant le bras.

Marguerite s'arrêta brusquement, et, entraînant la gouvernante dans sa chambre, elle attacha sur elle un regard qui semblait vouloir pénétrer jusqu'au fond de son
cœur.

— Tu sais quelque chose que tu veux me cacher, dit-
elle en portant, par un geste qui lui était familier, son
index à la hauteur du visage de Catherine.

La bonne dame ne savait pas mentir; elle garda le silence et baissa les yeux, afin de cacher son embarras.

— Voyons, chère Catherine, dis-moi tout, poursuivit Marguerite d'une voix suppliante. Tu sais bien que je suis forte et résignée dans le malheur. Ne t'en ai-je pas donné la preuve ce matin, quand on nous a ramené mon père ensanglanté, presque mourant? D'ailleurs, la réalité sera, certes, au-dessous des malheurs que se crée déjà mon imagination. Parle, je t'en supplie, je le veux.

Vaincue par les instantes prières de sa jeune maîtresse, la ménagère lui raconta textuellement la conversation qui venait d'avoir lieu entre elle et les voisines qu'elle avait rencontrées.

Marguerite, assise sur le bord de son lit, les lèvres pâles, l'œil fixe et les mains pendantes, avait écouté dame Catherine avec une stupéfaction mêlée d'épouvante. Mais, bondissant tout à coup comme une lionne blessée:

— Non! non! s'écria-t-elle, comme toi, je dirai: C'est impossible! Ils ont effrontément menti ceux qui accusent Fritz d'une telle infamie! Quel motif, je te le demande, aurait pu le pousser à commettre ce crime, qui est sans aucun profit pour lui? Je t'avoue que je le cherche en vain.

— Jésus! répondit la ménagère en hochant la tête, elles prétendent toutes qu'en frappant Gaspard Melzer dans ce qu'il a de plus cher au monde, dans sa fortune, le but de Fritz était de porter au vieillard un coup mortel et de briser ainsi l'obstacle qui s'opposait à son bonheur.

— Ose-t-on le calomnier ainsi? murmura Marguerite en voilant ses yeux de ses deux mains.

— Vous comprenez bien qu'une fois votre père mort, rien, en effet, ne vous empêche plus d'être l'un à l'autre.

— Jamais! s'écria la jeune fille avec un geste d'indignation. Je crois Fritz innocent de ces odieux calculs,

mais je n'épouserai jamais un homme qui n'aimerait pas
et ne respecterait pas mon père.

Puis, après un instant de silence :

— Est-ce que tu le crois coupable, toi, bonne Catherine? demanda-t-elle d'une voix tremblante.

— Ma chère Grettly, répondit sentencieusement la
ménagère, le désespoir est un mauvais conseiller, et le
malheur nous rend souvent méchants.

— Oh! Fritz! Fritz! serait-il donc possible que le désespoir ait égaré ta raison? s'écria la jeune fille.

Ce cri qui s'échappait de son âme prouvait que Fritz
était bien près de perdre son dernier défenseur.

Marguerite fondait en larmes.

— Du calme, mon enfant, lui dit tout bas dame Catherine, vous m'avez promis d'être forte et résignée, et
de son lit votre père pourrait vous entendre.

La jeune fille se releva. Elle mordait convulsivement
son mouchoir pour étouffer ses sanglots. Puis elle s'élança
hors de sa chambre, afin d'aller se réfugier sous le berceau du jardin.

Mais, à peine se fut-elle engagée dans la première allée,
que Burck, un chien de haute taille que Fritz lui avait
donné quelque temps avant son départ pour le couvent
et qu'il avait élevé lui-même, vint à sa rencontre avec
toutes les manifestations de la joie la plus bruyante. Il
sautait devant elle en lui barrant le passage, se dressait
sur ses pattes de derrière pour lui lécher les mains, et
poussait de petits cris qui ressemblaient aux gémissements d'un enfant.

La jeune fille le repoussa doucement et alla s'asseoir
sur son banc de mousse. Burck l'y suivit, se coucha à ses
pieds, et lui posant sur les genoux son énorme tête, il
lui soulevait les mains du bout de son museau, qui était
plus froid que le marbre.

Absorbée dans sa douleur, Marguerite ne semblait ni voir, ni entendre tous les frémissements d'impatience du fidèle animal.

La lune, en ce moment, argentait de ses pâles rayons les étroites allées du jardin, faisant étinceler les vitres de la serre et, glissant à travers le feuillage encore clair-semé du berceau, elle éclairait à demi la tête blonde de Marguerite, dont les joues décolorées étaient sillonnées de pleurs.

Burck, immobile, attachait sur les yeux de sa jeune maîtresse son œil intelligent, qui passait alternativement du vert d'émeraude au rouge ardent du rubis; et, la voyant pleurer, il soupirait tristement.

Mais, lorsque l'horloge de la petite église de Nordstetten sonna minuit, Burck dressa l'oreille, et, regardant la lune, il se mit à hurler lugubrement.

Marguerite tressaillit, car les hurlements du chien pendant la nuit sont de sinistres présages.

Elle enferma la puissante gueule de Burck entre ses deux petites mains toutes tremblantes, se leva, le conduisit à sa niche et le mit à la chaîne. Puis revenant s'asseoir sur son banc de mousse, elle tomba bientôt dans une rêverie profonde.

Pendant ce temps, Fritz, que la faim torturait (car il avait vainement attendu sa mère), s'était décidé à abandonner enfin sa retraite. Vers dix heures du soir, il traversa le pont tremblant du ravin, et, s'engageant dans des chemins détournés, il s'avança jusqu'aux premières maisons de Nordstetten.

Il y avait, en cet endroit, une petite ferme qui était exploitée par le père d'un de ses amis d'enfance, Michel Wagner, et cet ami couchait habituellement dans une écurie attenante au bâtiment principal, mais dont l'entrée donnait sur la campagne. C'est à cette écurie que Fritz alla frapper.

Grand fut l'étonnement du jeune charretier, qui était loin de s'attendre à semblable visite.

Après quelques paroles rapidement échangées, Michel s'empressa d'aller dérober à la cuisine paternelle une miche de pain noir, un quartier de fromage et un grand cruchon de vin, restes du souper.

Quand Fritz eut achevé son repas :

— Mon camarade, lui dit son hôte, l'air de Nordstetten ne vaut rien pour toi en ce moment. Il y court certains bruits dont nous n'avons pas le temps de causer. Si j'ai un conseil à te donner, c'est de déloger au plus vite et de profiter des six grandes heures de nuit que tu as encore devant toi, pour gagner lestement du terrain.

Fritz supposa qu'il s'agissait des poursuites dirigées contre lui comme déserteur.

— Je ne me suis hasardé jusqu'à l'entrée du pays, dit-il, que pour venir te demander à souper et te charger de faire savoir à ma bonne vieille mère que j'ai quitté Nordstetten cette nuit même.

— Tu peux compter sur moi, répondit Michel Wagner, en allant prendre dans un coffre à avoine une vieille bourse de cuir qui contenait environ trois florins en menue monnaie, c'est-à-dire toute sa fortune présente, et, la mettant dans la main de Fritz, qui hésitait à l'accepter :

— Ne perdons pas notre temps en vains refus, lui dit-il. A cette heure, il est plus important pour toi de jouer des jambes que de la langue. Embrassons-nous donc, et pars sans plus tarder.

Fritz prit la bourse, serra la main de son hôte et s'éloigna aussitôt. Mais il n'eut pas fait cent pas qu'il s'arrêta pour jeter un dernier regard sur Nordstetten, où s'était écoulée son insouciante jeunesse, humble hameau dont chaque sentier, chaque haie, chaque masure lui rappelait un souvenir. Il voulut contempler le petit clocher de son église qui se découpait en grisaille sur l'azur du ciel.

C'est sur la place, à deux pas de l'église, que s'élève la maison de Grettly, avec son grand jardin, témoin des jeux de leur enfance. C'est là qu'est le berceau rustique qu'il avait fait lui-même et le banc de mousse épaisse où sa sœur de lait va rêver. C'est là aussi qu'est la serre avec ses fleurs aux formes étranges, aux enivrants parfums, au milieu desquelles il a trouvé Grettly mourante.

Partira-t-il sans revoir encore ces lieux aimés et sans emporter au moins une fleur ? Pendant qu'il lutte avec lui-même, une puissance invincible l'a poussé vers la maison du vieux Gaspard. Oubliant le danger qui le menace, n'écoutant que son amour, il a escaladé les murs du jardin de Melzer.

Burck, du fond de sa niche, avait parfaitement vu un homme qui se tenait à cheval sur la crête du mur ; mais, en habile tacticien, il s'était bien gardé de desserrer les crocs, car il aimait, ce brave Burck, à voir son ennemi de près.

Quand il entendit le sable du jardin crier doucement sous les pieds de ce visiteur nocturne, il s'élança hors de sa niche de toute la longueur de sa chaîne en poussant des aboiements furieux.

A ces cris, qui, dans le langage de la race canine, doivent probablement signifier quelque chose comme : Sentinelles, prenez garde à vous ! tous les chiens des maisons voisines se mirent à aboyer. Et l'alerte, se transmettant de proche en proche, ne tarda pas à faire le tour du village.

— Maudit chien ! murmura Fritz.

Par bonheur, les paysans ont le sommeil dur, et nul d'entre eux ne s'éveilla.

Quant à Burck, non content d'avoir semé l'alarme

dans Nordstetten, il imprimait à sa chaîne de si rudes
secousses qu'il en rompit un des anneaux.

Alors, le nez au vent, la gueule écumante, il traversa
le jardin en trois bonds. Mais, changeant brusquement
d'allure, il fit un temps d'arrêt, et, comme honteux de sa
méprise, il s'en alla, la tête basse, se rouler aux pieds de
Fritz en aboyant joyeusement. Puis il courut vers Marguerite pour lui annoncer la venue de leur ami commun.

La jeune fille, craignant que tous ces aboiements, dont
elle ne s'expliquait pas la cause, ne troublassent le sommeil de son père, s'était levée. Voyant Burck accourir,
elle le prit par son collier et voulut le reconduire à sa
niche. Vaine tentative ! loin d'obéir, Burck entraîna sa
maîtresse vers l'extrémité du jardin.

Fritz venait de s'engager dans une sombre allée, où il
errait tristement.

Il avait cru que, s'il revoyait une dernière fois le jardin
de Grettly, ses fleurs et tout ce qu'elle aimait, il partirait
moins malheureux. Hélas ! le bonheur qu'il avait rêvé,
sur lequel il avait compté pour retremper son courage
abattu, n'existait que dans son imagination. Il comprit
que c'était Grettly qui, par sa présence, donnait à toutes
choses l'éclat, le parfum et la vie.

Il lui fallait donc se résigner à partir sans la voir. Il
sentait à cette seule pensée les larmes trembler au bord
de ses cils, et il eut un instant de sombre désespoir et de
profond dégoût pour la vie.

En ce moment, un nuage s'étendit comme un voile funèbre sur le disque argenté de la lune.

Tout alors prit aussitôt, autour de Fritz, une teinte
sinistre et désolée. Il lui sembla que les fleurs, comme
des plantes flétries ou desséchées, n'exhalaient plus aucune senteur. Le jardin lui parut triste et froid comme
celui d'un vieux cimetière abandonné, et quoiqu'il ne fût

en proie ni à la fièvre, ni au délire, il crut voir une ombre blanche soulever lentement la pierre de son tombeau et errer à l'aventure à travers les grands arbres.

Ce qui n'était d'abord qu'une vision devint bientôt une réalité. L'ombre prit un corps, et Fritz reconnut Grettly, que, malgré sa résistance, le brave Burck, dans une excellente intention sans doute, avait entraînée jusqu'au fond du jardin.

Le fils de la veuve laissa échapper un cri de joie, et, tombant à genoux, les yeux tournés vers le ciel, il remercia Dieu qui lui accordait ce suprême bonheur. Le cri qu'il avait poussé n'avait pas eu d'écho dans le cœur de Marguerite, et dès qu'elle fut remise de l'émotion que lui avait causée la présence inattendue de Fritz, au milieu de la nuit, dans le jardin de son père :

— Que viens-tu faire ici, malheureux ! s'écria-t-elle.

— Pardonne-moi, lui répondit Fritz, je ne me suis pas senti le courage de m'éloigner sans chercher au moins à te revoir une dernière fois, ma Grettly bien-aimée !

S'approchant de la jeune fille, il l'enlaça dans ses bras et la pressa contre son cœur.

— Oh! ne me touche pas! s'écria Marguerite en se dégageant brusquement. N'as-tu donc pas compris que tout était désormais fini entre nous et que nous ne pouvions plus nous revoir ?

— Oui, c'est vrai, murmura Fritz avec un douloureux soupir. Je sais que ton père t'a défendu de m'aimer, qu'il t'a ordonné de m'oublier, et que tu es une fille respectueuse et soumise. Mais je vais te quitter pour bien longtemps, ma Grettly, ne me laisse pas partir sans emporter la douce consolation d'être toujours aimé de toi.

— Que t'importe un amour qui ne se réalisera jamais ! répondit Marguerite avec une froideur qui glaça Fritz jusqu'au fond du cœur.

— Jamais? répéta-t-il en joignant les mains avec désespoir. Est-ce que tu ne m'aimerais plus?

— Je t'ai aimé, repartit Marguerite, tant que je t'ai
cru incapable de toute mauvaise pensée, de toute mauvaise action. Mais ce que tu as fait me délie de tous mes
serments.

Fritz regarda la jeune fille avec étonnement.

— Ah! si, en agissant ainsi, continua-t-elle, tu as cru
hâter le moment qui devait nous unir, tu t'es cruellement
trompé; car, je le jure devant Dieu qui m'entend, je ne
serai jamais à toi!

— Grettly, interrompit Fritz, tout ce que tu me dis
m'épouvante, et j'en suis à me demander si le chagrin
n'a pas égaré ma raison. Tu me parles, je t'écoute, et je
ne te comprends pas.

Marguerite prit Fritz par la main, et le conduisant en
silence dans l'endroit le plus élevé du jardin, elle lui
montra du doigt une lueur rougeâtre qui éclairait au
loin la campagne.

— Regarde! dit-elle d'une voix sombre.

— Ce sont les derniers reflets d'un incendie qui s'é-
teint, reprit Fritz étonné.

— Oui. Ce sont nos meules et nos granges qui brû-
lent.

— Votre métairie! s'écria le jeune sabotier, mais elle
est inhabitée et loin de toute demeure. Ce serait donc à
la malveillance qu'il faudrait attribuer...

— Tu l'as dit! interrompit brusquement Marguerite.
Ce crime odieux a été conçu et accompli par un enfant
du pays qui croyait avoir à se venger de mon père.

— Son nom, Grettly, afin que s'il est de mes amis, je
puisse hautement le renier pour tel!

— Son nom? répéta la jeune fille, il est dans toutes
les bouches; sur cent voix qui l'accusent, pas une seule

n'ose s'élever pour le défendre; enfin, celui que signale la rumeur publique, puisque tu veux paraître l'ignorer, celui-là, c'est toi!

— Moi! s'écria Fritz en reculant d'un pas.

Mais se rapprochant bientôt de Marguerite :

— Pauvre enfant, lui dit-il avec un sourire navrant, tu n'as donc pas deviné que cette calomnie est un piége tendu à notre amour? Qu'abusant de ta crédulité, on a voulu arracher de ton cœur jusqu'au consolant souvenir de notre amitié d'enfance? On espérait que je partirais sans te revoir, et que, pendant mon absence, la haine, comme un germe fécond, grandirait dans ton cœur. Il savait bien, celui qui te trompait ainsi, que s'il arrive parfois qu'on aime un jour ceux qu'on croyait haïr, on n'aime plus jamais ceux que l'on a cessé d'aimer. Oh! c'est un adroit et rusé vieillard que Gaspard Melzer.

— Malheureux! s'écria Marguerite indignée, n'accuse pas mon père, lui qui, même dans le délire de la fièvre, n'a pas une seule fois prononcé ton nom. Ne tente pas de te justifier, tu n'y parviendrais pas. Emploie plus utilement les derniers instants qui peuvent encore assurer ton salut. Va-t'en, et ne cherche jamais à me revoir. Peut-être alors te pardonnerai-je le mal que tu m'as fait.

— Non! non! je ne partirai pas, s'écria Fritz d'une voix déchirante. Il est impossible que nous nous séparions ainsi.

— Va-t'en! répéta Marguerite. Songe que si tu tombes entre les mains de ceux qui te cherchent, tu es perdu.

— Eh! que m'importe la vie? reprit Fritz avec emportement. Plutôt mille fois mourir que de vivre un seul instant sans ton amour, sous le poids de ton mépris. Grettly, au nom de ta mère, continua-t-il d'une voix suppliante, dis-moi que tu t'es laissé égarer, que tu es maintenant convaincue de mon innocence, et je pars heureux.

Marguerite détourna la tête et garda le silence.

— Elle s'obstine à me croire coupable, mon Dieu ! dit Fritz avec désespoir; elle doute de ma parole, et pourtant elle sait bien que, même tout enfant, jamais je n'ai menti !

Et cachant sa tête entre ses mains :

— Oh! je voudrais pouvoir pleurer, murmura-t-il; il me semble que cela me ferait du bien.

Puis après une légère pause :

— Grettly, si l'on t'accusait devant moi, je ne dis pas d'un crime, mais d'une faute, sais-tu bien que je refuserais d'y croire? Je trouverais au fond de mon cœur cent excellentes raisons pour confondre les calomniateurs et leur prouver ton innocence. C'est que je t'aime, moi, Grettly, tandis que toi, je le vois bien maintenant, tu ne m'as jamais aimé!

— L'ingrat! murmura Marguerite en tournant ses grands yeux brillants de larmes vers le ciel qu'elle semblait vouloir prendre à témoin, c'est pour lui qu'il m'a fallu courber le front devant les insultes de mes compagnes; c'est pour lui que j'ai encouru la malédiction de mon père; c'est pour lui que j'ai voulu mourir, et il ose dire que je ne l'ai jamais aimé. — Tais-toi, malheureux, s'écria-t-elle en s'approchant de Fritz avec une exaltation fébrile, et continuant d'une voix si basse qu'on l'entendait à peine : Tais-toi, te dis-je, car depuis que mon père m'a défendu de t'aimer, il me semble que je t'aime encore davantage.

Fritz comprit qu'il était absous. Il se jeta aux pieds de Marguerite et fondit en larmes.

La noble enfant, en le voyant ainsi, eut un frémissement de bonheur qui remua tout son être; jetant ses deux bras autour du cou de Fritz, elle le contempla un instant avec orgueil, et s'écria :

— Oui, je vois bien maintenant qu'ils m'ont trompée et que tu ne pouvais être coupable de cet horrible crime.

Age heureux et plein de confiance, qui ne croit qu'au bien et ne soupçonne jamais le mensonge, qui passe si aisément du désespoir à l'espérance ! tu connais seul ces palpitations de bonheur qui font pleurer et sourire à travers les larmes !

— A présent, ma Gretlly bien-aimée, dit Fritz, je puis te dire adieu, car j'ai retrouvé ma force et mon courage et je me sens capable d'affronter tous les dangers.

— Tout à l'heure, je te disais : va-t'en ! repartit Marguerite, à présent je te dis : reste encore ! laisse-moi te demander au moins pardon de mes injurieux soupçons. Il fallait en vérité que je fusse folle, n'est-ce pas, ami, pour croire si facilement à tous les bruits que ces méchantes gens se plaisent à répandre sur ton compte. Que j'ai dû te faire souffrir, pauvre Fritz !

— Bonne Gretlly, tous mes chagrins sont oubliés... un seul excepté pourtant. Je pense qu'il faut nous quitter, et je me demande si nous nous reverrons jamais.

— Pars le cœur plein d'espérance, ami, une voix secrète me dit que nous nous reverrons bientôt.

— Puissent tes pressentiments ne pas te tromper, ma Gretlly !

— Crois-moi, continua-t-elle, un jour viendra où, assis l'un près de l'autre, ma main dans la tienne, nous nous rappellerons en souriant les cruelles angoisses que nous avons éprouvées et les larmes que nous avons versées.

— Que Dieu t'entende et t'exauce !

Tandis qu'ils causaient ainsi, les oiseaux abrités sous les grands arbres du jardin secouaient leurs ailes humides de rosée et commençaient à courir de branche en branche en gazouillant, comme pour saluer le soleil qui se levait pour eux.

— Déjà le jour ! dit Fritz. Que le temps passe rapidement auprès de toi, ma Grettly !

— Il faut partir, reprit-elle, je ne t'ai déjà retenu que trop longtemps. Adieu ! adieu !

— Me laisseras-tu partir sans me donner un gage d'amour... un souvenir ?

— Que veux-tu que je te donne ? hélas !

— Quelque chose que je garderai toujours sur mon cœur, une bague, une fleur que je puisse baiser en m'endormant, et qui mêle ton image à mes rêves ; qui, si je tombe un jour épuisé de faim ou de fatigue sur la poussière du chemin, ranime, comme un baume vivifiant, mes forces engourdies ; qui soit enfin mon talisman à l'heure suprême du danger !

— Mon Dieu ! soupira Marguerite en tendant à Fritz ses petits doigts effilés, tu le vois, je n'ai pas une bague, mon père me les a toutes reprises. Je n'ai pas une fleur non plus ; depuis que tu m'as trouvée mourante dans la serre, ils en ont soigneusement fermé la porte à clef. Le seul gage d'amour que je puisse te donner, le voici :

Prenant alors entre ses deux mains la tête de Fritz, et l'attirant jusqu'à ses lèvres :

— Je t'aime ! murmura-t-elle dans un baiser.

Et se reculant doucement, elle se prit à contempler avec un bonheur indicible celui qu'elle appelait son frère.

— Grettly ! s'écria Fritz, quand tu attaches ainsi tes yeux sur les miens, je sens ton regard descendre jusqu'au fond de mon cœur et le faire bondir dans ma poitrine ! — Quand tu me dis ce mot : Je t'aime ! toute la chair de mon corps frémit ! — Quand ta main me touche, elle me brûle ! — Et toi, Grettly, est-ce que tu n'éprouves rien de ces frissons intérieurs, de ces commotions soudaines et terribles qui vont porter le trouble jusque dans la raison ?

13.

— Non. Moi je suis heureuse, au contraire, répondit Marguerite avec une naïveté charmante.

Elle était en effet si pure et si chaste, elle avait tant de virginité dans le cœur qu'elle ne rougissait de rien, pas même de dire en face à Fritz : je t'aime; pas même d'abandonner aux brûlants baisers de ce jeune homme sa joue dont le velouté délicat ressemblait au duvet d'une fleur.

— Ami, reprit Marguerite, je t'ai donné le gage que tu m'as demandé, et tu n'es pas parti. Songe que le jour vient à grands pas et que chaque minute de retard augmente les dangers qui te guettent.

— Tu as raison, et je vois bien que j'ai trop présumé de mes forces. Au moment de me séparer de toi je sens que le courage me manque. J'en aurais pour mourir là, à tes yeux, et je n'en ai pas pour te quitter. Que j'envie le bonheur de ton père et celui de dame Catherine! ils te verront à toute heure du jour, ils entendront le doux son de ta voix, et moi je ne te verrai plus, je ne t'entendrai plus. Oui, je suis jaloux de Burck, à qui tu prodigueras tes caresses, de cette herbe que tu fouleras aux pieds, de l'air que tu viendras respirer sous ce berceau, jaloux de ton ombre qui te suivra pas à pas, tandis que chacun de ceux que je vais faire m'éloignera de toi pour toujours, peut-être.

— Fritz, interrompit Marguerite qui voyait avec anxiété le soleil dorer la cime des hauts arbres, rester une seconde de plus ici c'est jouer follement ta vie, c'est vouloir tenter Dieu.

Et lui jetant ses bras autour du cou :

— Pars, murmura-t-elle, pars en emportant mon cœur et mon âme tout entière que je te donne dans ce dernier baiser.

— Si tu me renvoies avec tant de caresses et de si

douces paroles, je n'aurai jamais la force de me séparer de toi. Tu vois, je veux m'éloigner, et un charme irrésistible me retient ici malgré moi. Tout ne semble-t-il pas conspirer contre ma volonté chancelante ? Tout, jusqu'à tes regards qui m'enivrent, jusqu'à tes bras qui m'enchaînent ?

— Allons ! dit Marguerite devenue tout à coup sérieuse, j'aurai la force et la résignation qui te manquent. Puisqu'il faut que l'un des deux quitte l'autre, c'est moi qui partirai la première.

Et s'arrachant des bras de Fritz :

— Adieu ! adieu ! lui dit-elle en s'enfuyant du côté de la maison.

Au même instant trois coups retentirent à la porte qui donnait sur la place.

Marguerite s'arrêta dans sa course, immobile et pâle comme une statue de pierre.

Burck se mit à gronder sourdement.

Fritz s'était élancé vers le fond du jardin, et s'aidait d'un treillage où s'enlaçait la vigne ; il commençait à escalader la muraille, lorsque le chien que, dans sa précipitation, il avait oublié de caresser, courut à lui, se redressa sur ses grandes pattes, et saisissant entre ses crocs aigus le pantalon de toile de son maître, il se mit à le tirer avec tant de violentes secousses que le treillage vermoulu se brisa. Fou de colère, Fritz ouvrit son couteau, et, saisissant par son collier Burck qui bondissait joyeusement à ses côtés et cherchait à lui lécher les mains, il allait égorger la pauvre bête, lorsque Marguerite se jeta au-devant du coup.

— Oh ! par pitié, Fritz, s'écria-t-elle, ne tue pas ce fidèle serviteur que j'aime parce que c'est toi qui me l'as donné. Et puis qui sait, mon Dieu ! si, en s'accrochant ainsi à toi, il n'a pas voulu te faire comprendre qu'il y a de l'autre côté de ce mur, des hommes embusqués qui t'attendent au passage ?

On entendit de nouveau frapper à la porte.

— Il faut ouvrir, Grettly, dit Fritz d'une voix calme et résignée. La fuite est maintenant impossible, j'ai trop tardé, je suis perdu.

— Perdu ! répéta Marguerite, pas encore, car je puis te sauver. Viens !

XVI

La Chambre de Marguerite.

La digne ménagère, qui était loin de se douter que Fritz fût caché dans la maison, ouvrit bravement son guichet.

Elle aperçut des canons de fusil qui étincelaient aux premiers rayons du soleil levant.

— Ah ! encore une perquisition, s'écria-t-elle du ton revêche d'une femme que la pureté de sa conscience met à l'abri de tout reproche ; on s'imagine donc que la tour de maître Gaspard sert de refuge à tous les malfaiteurs de la forêt Noire.

Cependant elle avait tiré les verrous et fait entrer le bourgmestre et son escorte qui se composait du père Kurthil et de quatre gendarmes.

Marguerite, aussi pâle qu'une morte, la main appuyée sur son cœur, se tenait, toute tremblante, derrière dame Catherine.

Elle eût été seule que, certes, son trouble l'eût trahie, mais la contenance ferme et hardie de sa compagne la sauva.

Le bourgmestre était un excellent homme, au visage rond et bourgeonné, et que sa rotondité majestueuse recommandait tout particulièrement au respect des habitants de Nordstetten. Il était marchand de bois et se nommait Joseph-Melchior Stauffer.

— Mademoiselle, dit-il en saluant d'un air important la jeune fille, veuillez me faire conduire sur-le-champ auprès de mon vieil ami Melzer.

— Auprès de mon père ! répondit Marguerite en attachant des regards inquiets sur dame Catherine ; mais c'est impossible, monsieur Stauffer ; il vient, après une nuit affreuse, de s'endormir tout à l'heure, n'est-ce pas, ma bonne amie ?

— Grettly a raison, s'empressa de répondre la gouvernante, et je m'oppose personnellement à ce qu'on réveille mon maître, sous aucun prétexte. Si vous avez quelques renseignements à lui demander, respectable bourgmestre, adressez-vous à notre demoiselle ou à moi. C'est absolument comme si vous parliez au pauvre malade lui-même ! Sauf que le bonhomme est, à cette heure, incapable de vous entendre, tandis que nous sommes toutes deux prêtes à vous répondre ; n'est-ce pas, Grettly ?

— Sans doute, et si M. Joseph Stauffer....

— Melchior, ma chère enfant, je m'appelle Melchior, interrompit le magistrat, et, en ce moment, il serait même convenable de m'appeler monsieur le bourgmestre, car c'est en cette qualité que je me suis fait ouvrir votre logis ce matin.

Marguerite tressaillit.

— Eh bien ! si monsieur le bourgmestre avait la

bonté de nous dire le motif de cette visite imprévue....

Melchior Stauffer essaya de donner à sa physionomie placide et même débonnaire une expression solennelle, qui contrastait avec ses grands yeux bleu-faïence et son nez vermillonné.

— Voici le fait, demoiselle Marguerite. Cette nuit même, un inconnu suspect s'est introduit dans votre jardin.

— Dans notre jardin ! s'écria la ménagère fort effrayée.

Le bourgmestre reprit, satisfait d'avoir produit une si vive impression :

— Jockel, votre voisin, est venu me prévenir que, vers une heure du matin, comme il allait chercher Hans Meyer, le maréchal, pour un de ses chevaux qui avait besoin d'être saigné sur-le-champ, il avait vu de ses deux yeux, un homme escalader votre mur. Or, ce coureur de nuit pourrait fort bien être le brigand qui a incendié la métairie de votre père. Je me suis donc levé en toute hâte, j'ai rassemblé mon monde et je suis venu en personne visiter votre maison.

— Merci de votre empressement à prévenir quelque malheur, cher monsieur Melchior, répondit la jeune fille d'une voix mal assurée; mais je crois que notre voisin s'est trompé, car nous avons été sur pied toute la nuit, et nous n'avons rien entendu.

— Il ne faut pas vous en fier à moi, mon enfant, observa dame Catherine ; je me souviens que je me suis assoupie pendant quelques heures, et il me semble, tandis que je rêvais, avoir entendu les chiens hurler...

Puis, après un instant de réflexion :

— Jésus ! Maria ! continua-t-elle en se réfugiant au milieu des gendarmes, si Jockel avait dit vrai ! Au nom de votre saint patron, monsieur le Bourgmestre, ne nous

abandonnez pas, avant d'avoir fouillé la maison de fond
en comble !

Marguerite s'efforça de sourire.

— Je crois que nous nous alarmons à tort, Catherine.
Burck est trop bon chien de garde pour qu'un rôdeur de
nuit ait pu pénétrer impunément dans notre jardin.

— A moins d'être de ses amis, insinua perfidement
le père Kurthil.

Marguerite feignit de ne pas comprendre et se tut.

Quant à la ménagère, elle n'avait pas, pour garder le
silence, les mêmes motifs que sa jeune maîtresse. Elle
répliqua donc avec une vivacité aigre-douce :

— Le seul ami de Burck, c'est Fritz Wendel. Vous ne
supposez pas, j'imagine, que s'il a fait le mauvais coup
dont l'accusent les méchantes langues du pays, il ait eu
l'impudence de venir chercher asile dans la maison de
maître Gaspard, son ennemi. Cependant, puisque le voisin Jockel a vu un homme escalader la muraille, visitons
le logis jusque dans ses moindres recoins, monsieur le
Bourgmestre.

— Rassurez-vous, Catherine, dit M. Melchior Stauffer,
ce misérable ne saurait nous échapper. Afin de lui cou-
per toute retraite, fermez prudemment cette porte, père
Kurthil, et mettez-en la clef dans votre poche.

Puis s'adressant à ses hommes :

— Quant à vous autres, je vous autorise à faire feu, sans
miséricorde, sur quiconque tenterait de s'enfuir en passant par-dessus les murs.

Les gendarmes armèrent leurs fusils. Marguerite tressaillit de tout son corps.

—Bonne Catherine, tu as toutes les clefs de la maison,
n'est-ce pas ? demanda-t-elle avec une émotion qu'elle
eut peine à dissimuler aux yeux des assistants.

— Oui, Gretlly, répondit la ménagère en agitant avec

orgueil l'énorme trousseau de clefs pendu à sa ceinture.

— Eh bien ! continua la pauvre fille qui se sentait dé-
faillir, accompagne M. le bourgmestre ; je retourne, moi,
auprès de mon père, que nous avons laissé seul.

Elle salua M. Stauffer et s'engagea dans l'étroit escalier qui conduisait au premier étage, en chancelant à
chaque marche.

Dame Catherine se plaça en tête de l'escorte.

— Suivez-moi, et je vais diriger vos recherches, mes
amis, dit-elle d'un air déterminé ; mais veillez bien à
ce que je ne sois pas exposée à recevoir quelque mauvais coup.

— Guidez-nous sans crainte, brave femme, répliqua
le bourgmestre. S'il vous advenait quelque malheur, vous
seriez promptement vengée, c'est moi qui vous le jure.

Cette consolante promesse ne rassura que modérément
la vaillante ménagère ; aussi, après avoir ouvert la porte
du couloir qui conduisait au jardin, jugea-t-elle prudent
de laisser passer en tête M. Melchior Stauffer et son escorte.

La petite troupe s'éparpilla dans les allées, inspecta
minutieusement la muraille et s'arrêta bientôt devant un
endroit qui gardait les traces flagrantes d'une récente
escalade. Le treillage était brisé, la terre jonchée de plâtre, et foulée, ici par un pied d'homme, là par les larges
pattes du fidèle Burck.

— Vous voyez, Catherine, que mes renseignements
étaient exacts, s'écria le bourgmestre, tout fier de cet
importante découverte. Voilà bien le chemin qu'a pris le
malfaiteur pour s'introduire dans votre jardin.

La ménagère était consternée ; elle leva les yeux au
ciel en disant :

— Mais on n'est donc plus en sûreté dans son propre
logis ? Autant vivre dans un carrefour de la forêt.

—Et Burck, qu'on dit si bon chien de garde, vaguait cependant en liberté, observa le garde en examinant le sol avec attention, car on voit çà et là les traces du chien à demi effacées par les traces de l'homme.

— Vous avez raison, père Kurthil, dit le bourgmestre, il faut tirer tout ceci au clair. Dame Catherine, indiquez-nous en quel endroit de la tour un malfaiteur peut se dérober le plus facilement aux recherches de la justice.

—Sainte Vierge ! je n'en sais rien, monsieur Stauffer. Dans la maison de maître Gaspard, depuis le haut jusqu'en bas, portes et fenêtres, tout est verrouillé, cadenassé, fermé à clef.

Puis, après un instant de réflexion, elle ajouta avec anxiété :

— Ah ! mon Dieu ! si, pendant mon sommeil, le misérable avait profité de la mauvaise habitude que j'ai de laisser ma clef sur la porte, s'il était caché dans ma chambre. Oh ! venez, mes amis, venez!

Le bourgmestre l'arrêta par le bras.

— Commençons par visiter le rez-de-chaussée, bonne dame. Nous monterons ensuite au premier étage, si c'est nécessaire.

— Je vais ouvrir toutes les portes, répondit l'impatiente ménagère en préparant les clefs.

Elle traversa le jardin et se dirigea vers la serre.

Pendant que chacun s'avançait de ce côté, Burck, le nez sur les talons du bourgmestre, le suivait pas à pas en grognant sourdement.

— Père Kurthil, dit M. Melchior Stauffer, fort inquiet de se sentir escorté de si près par le vigilant animal, je crois qu'il serait prudent de reconduire ce chien à sa niche et de l'y attacher solidement.

Au lieu de se conformer à cet ordre avec l'empressement d'un homme rompu à la discipline, le vieux garde

cligna de l'œil malicieusement et fit à son chef une grimace qui semblait vouloir dire : J'ai une fière idée !

Il s'approcha du bourgmestre étonné et lui dit à l'o-
reille :

— Si c'est Fritz Wendel, comme nous le supposons,
qui s'est caché ici, gardons-nous bien d'attacher Burck.
Élevé par le fils de la Marannelé, il l'aime encore comme
s'il ne l'avait jamais quitté. Le chien nous servira de
guide et d'espion ; vous comprenez?...

— L'idée est bonne, en effet, et je suis surpris qu'elle
ne me soit pas venue plutôt qu'à vous, répliqua naïvement M. Stauffer.

Le nez du père Kurthil devint violet de plaisir.

— Cependant, reprit le bourgmestre, ce Burck, avec
ses diables de crocs, m'inspire quelques vagues inquié-
tudes.

— N'ayez pas peur, dit le garde. D'ailleurs, quand il
nous mordrait un peu l'un ou l'autre, je ne vois pas où
serait le mal, s'il nous aide à découvrir le délinquant.

— Vous parlez d'or, mon brave; notre devoir avant
tout, fit résolûment M. Stauffer. Marchons !

Le père Kurthil passa devant, et le belliqueux bourgmestre allait le suivre, lorsqu'il sentit une petite main se
poser toute frémissante sur son bras.

C'était la main de Marguerite Melzer.

— Monsieur, dit-elle d'une voix émue, j'attendais impatiemment l'occasion de vous trouver seul un instant.

Melchior Stauffer remarqua que la jeune fille était si
violemment agitée que son visage devenait tour à tour
semblable à une rose blanche et à une rose rouge, et
que ses petits pieds avaient peine à la soutenir, tandis
que des larmes brillaient comme des diamants au bord
de ses cils.

— Calmez-vous, ma chère Grettly, calmez-vous ! dit

le brave homme ; vous êtes la plus jolie fille du canton, tout le monde vous aime et vous estime. Je vous ai vue toute petite, et je vous ai fait plus d'une fois sauter sur mes genoux. Confiez-moi vos craintes et vos chagrins, et soyez sûre que je saurai remplacer votre père s'il s'agit de vous donner un bon conseil ou de vous aider en vos peines de quelque autre façon.

Le bourgmestre s'arrêta essoufflé.

Marguerite laissa couler librement ses larmes et saisit avec un transport de reconnaissance la main courte et épaisse du magistrat.

— Ah ! vous êtes bon et généreux, vous, monsieur Stauffer ; aussi n'ai-je confiance qu'en vous seul et vais-je vous parler comme à un confesseur.

— Cependant, Grettly, interrompit le bourgmestre un peu inquiet de la tournure que prenaient les choses, n'oubliez pas que je suis chargé de fonctions importantes, et ne me confiez rien qui puisse m'exposer à manquer à mon devoir.

— Il faut que vous écoutiez une révélation qu'il m'est impossible de retarder plus longtemps, Monsieur, dit la fille de Melzer avec une anxiété visible. Je connais votre amitié pour moi, et je sais que vous êtes incapable d'abuser d'un secret livré à votre honneur. Vous n'avez jamais transigé avec votre conscience, vous n'avez jamais condamné un innocent, vous n'avez jamais repoussé une suppliante qui pleurait à vos genoux. Eh bien ! ne me repoussez pas, moi, votre petite Grettly, quand je viens vous demander grâce et pardon !

Le bourgmestre, attendri et bouleversé par cette scène inattendue, empêcha Marguerite de se jeter à ses pieds.

— Mais de quoi donc s'agit-il, jeune tête folle ? A quel propos la fille de mon ami Melzer peut-elle me demander grâce et pardon ? Il y a quelque malentendu dans tout ceci. Expliquez-vous, mon enfant, mais hâtons-nous, car on m'attend afin de poursuivre cette perquisition.

La jeune fille cacha sa figure dans ses mains, et d'une voix étouffée par les sanglots :

— Cette perquisition est désormais inutile, monsieur Stauffer. Vous m'arrachez du cœur cet aveu terrible. L'homme que vous cherchez est ici !

— Malheureuse enfant ! s'écria le bourgmestre. On ne nous avait donc pas trompés... Et c'est vous qui l'avez caché dans la maison de votre père !

Marguerite baissa humblement la tête.

— Allons, bien ! je vois que vous comprenez toute l'énormité de votre faute, Grettly ; il est donc inutile de vous faire maintenant la leçon. Pour l'instant, il s'agit de réparer les conséquences de votre étourderie. Je m'en charge, mon enfant. Vous allez nous livrer sur-le-champ ce pauvre diable.

La jeune fille redressa fièrement la tête et fixa ses yeux humides sur le bourgmestre.

— Le livrer ! monsieur Stauffer ! nous ne nous sommes pas compris. Je ne me repens nullement d'avoir donné asile à mon frère de lait, et si je vous ai confessé la vérité, c'est pour que vous m'aidiez à le sauver ! Oh ! je vous en conjure, promettez-moi qu'à nous deux nous le sauverons !

Le magistrat resta abasourdi en entendant cette étrange requête. Il essuya ses yeux et chercha à donner à sa physionomie débonnaire un caractère imposant :

— Vous n'y pensez pas, jeune demoiselle : est-ce bien à un bourgmestre, dans l'exercice de ses fonctions, que vous osez adresser une proposition si contraire à ses devoirs ? Ignorez-vous que tout coupable appartient de droit à la justice, comme tout vassal à son seigneur et tout seigneur à son roi ?

— Mais Fritz n'est pas coupable, lui, interrompit hardiment Marguerite.

M. Melchior Stauffer laissa errer sur ses lèvres un sourire de doute.

— Qu'il soit innocent à vos yeux, cela se conçoit facilement, Grettly ; mais le cri public l'a dénoncé et accusé hautement. je ne puis donc, sans forfaire honteusement à mon devoir, négliger de m'emparer de votre protégé.

Mais la jeune fille ne se laissa pas décourager par ces paroles sévères, et lui répondit d'une voix touchante :

— Est-ce donc un devoir bien rigoureux pour un brave et honnête homme comme vous, mon vieil ami, de servir d'instrument aux méchants cœurs qui calomnient un innocent? Hélas! moi aussi, je l'ai cru coupable, j'ai écouté siffler les langues de vipères qui l'appelaient incendiaire ; le pauvre Fritz a compris que je le soupçonnais. Oh! que n'avez-vous été témoin comme moi de son indignation, de son désespoir et de ses larmes! vous ne douteriez plus de son innocence.

M. Melchior Stauffer hocha néanmoins la tête d'un air de doute.

— Comment supposer, continua Marguerite, que Fritz ait incendié les biens de celle qu'il aime et qu'il voulait épouser? Quoi! son bonheur et le mien dépendent de la volonté de mon père, et il se serait fait un irréconciliable ennemi de Gaspard Melzer? Ne serait-ce point de sa part un acte de folie, monsieur le Bourgmestre, et Fritz Wendel a-t-il jamais passé dans le pays pour un fou?

— S'il est innocent, qu'il le prouve, répliqua M. Stauffer.

— S'il est des témoins qui l'ont vu mettre le feu à la métairie, qu'ils se montrent!

— Pourquoi se cacher, quand on est fort de sa conscience?

— Oubliez-vous donc qu'il est déserteur, et qu'il ne
peut s'exposer à tomber entre les mains du sergent Mathias. Ainsi, quand même il serait reconnu innocent du
crime d'incendie, il n'en serait pas moins perdu, si vous
n'avez pas pitié de lui! Dormirez-vous tranquille, monsieur Stauffer, quand vous aurez à vous reprocher la
mort du plus honnête garçon de la forêt?

Le bourgmestre parut embarrassé.

— Vous me demandez une faiblesse coupable, Grettly;
mais dépend-il de moi que Fritz ne soit pas découvert?
Voyez avec quel acharnement le père Kurthil et les gendarmes fouillent déjà la serre!·

— Qu'ils cherchent! repartit Marguerite embrassant
avec effusion les mains du brave homme; ce n'est pas là
qu'ils le trouveront. Si vous consentez à être notre complice, ajouta-t-elle en attachant un regard suppliant
comme une prière sur le bourgmestre, ils ne mettront
pas la main sur notre prisonnier.

— Où l'avez-vous donc caché, ma mignonne? demanda Melchior Stauffer avec précipitation, car il cherchait à lutter à la fois contre son attendrissement et son
inquiétude excitée par le mot de complice.

Marguerite se pencha à son oreille et murmura timidement:

— Dans ma chambre!

— Dans votre chambre, Grettly! répéta le magistrat
en reculant d'un pas. Malheureuse enfant! vous n'avez
donc pas compris que si on l'y découvre, vous êtes perdue, déshonorée!

— Je le sais, dit la jeune fille rouge de confusion, mais
j'ai mis mon honneur sous votre sauvegarde, Monsieur,
et vous ne me ferez pas repentir de ma confiance.

Le bourgmestre était dans un état de perplexité inouïe.

— C'est une imprudence impardonnable, Grettly, en vérité ! Sous quel prétexte voulez-vous que j'empêche mes hommes de pénétrer dans votre chambre ? Je ne puis malheureusement vous être d'aucun secours.

Marguerite le regarda d'un air grave.

— Je vous ai révélé spontanément mon secret, comme à un vieil ami, Melchior Stauffer, dit-elle avec force; en m'écoutant avec bonté et patience, vous vous êtes fait mon complice ; ne vous en défendez pas ! ne reniez pas un élan du cœur qui vous honore ; mais si vous ne m'aidiez pas à sauver Fritz Wendel maintenant, ce serait une trahison et une déloyauté insignes !

Le bourgmestre parut réfléchir un instant; puis il tendit la main à Grettly :

— Vous faites ce que vous voulez de nous autres barbes grises, ô jeunes têtes blondes ! Je n'ai qu'un seul mot à vous répondre. Votre réputation m'est aussi chère qu'à maître Gaspard, Grettly, et pour qu'elle ne soit pas entachée, je ferai tout ce qui sera humainement en mon pouvoir.

— Cette promesse me suffit, venant d'une bouche sincère et d'un cœur loyal, mon vieil ami, dit Marguerite avec un triste sourire.

Elle s'enfuit aussitôt et gagna la chambre où reposait son père.

Quand le bourgmestre rejoignit sa petite troupe, on avait visité la serre. On eut beau faire perquisition en sa présence dans les caves et jusque dans la citerne, toutes les recherches furent nécessairement infructueuses.

Burck allait et venait, grognant toujours, ne s'arrêtant nulle part.

Dame Catherine conduisit le bourgmestre dans l'intérieur de la tour. On explora sans plus de succès la cuisine, le cellier et la salle à manger. Laissant alors en sentinelle deux gendarmes au pied de l'escalier, M. Melchior Stauffer monta au premier étage, où se trouvaient les trois chambres occupées par l'avare, sa fille et la gouvernante.

Marguerite apparut aussitôt sur le seuil de la chambre de son père :

— Eh bien ! Monsieur, vous n'avez trouvé personne, n'est-ce pas ?

— Personne, Mademoiselle, répondit le magistrat sans oser la regarder.

— Personne, jusqu'à présent, insinua le vieux garde avec une malicieuse intention qui n'échappa point à Marguerite.

Elle affecta cependant un calme qui était loin de son cœur.

— Je m'en doutais. Notre voisin Jockel se sera trompé.

— Trompé ! s'écria dame Catherine. Descendez jusqu'au jardin, mon enfant, et vous verrez en quel état ces scélérats ont mis le treillage, le mur et les plates-bandes.

— Il est certain, dit le bourgmestre, qu'un homme s'est introduit chez vous par escalade ; reste à savoir s'il y est encore, hasarda-t-il en lançant à Marguerite un regard inquiet et furtif.

— Il doit y être encore, reprit la ménagère ; mais où s'est-il caché ? je l'ignore. Mon bon monsieur Stauffer, il faut le chercher, le trouver, l'arrêter ! Vous ne pouvez partir en abandonnant deux pauvres femmes sans défense à la merci de ce misérable, en enfermant le loup dans la bergerie.

Marguerite indiqua de la main au bourgmestre la

14

chambre de Melzer, en le priant à voix basse de ne pas réveiller le malade.

M. Stauffer y entra avec le garde sur la pointe du pied ; ils soulevèrent les lambeaux de tapisserie qui pendaient le long des murs, et, après avoir regardé sous le lit, dans la cheminée et dans toutes les armoires, ils se retirèrent.

Il en fut de même dans la chambre de la ménagère, et le bourgmestre dit avec un soupir :

— Je crois bien que nous sommes arrivés trop tard ! Il ne nous reste plus, Mademoiselle, qu'à vous remercier de nous avoir si cordialement aidés dans nos recherches !

Marguerite fixa sur le bon Melchior un regard plein de reconnaissance.

— Pardon ! pardon, monsieur le Bourgmestre, s'écria le père Kurthil, mais nous n'avons pas visité la troisième chambre. Si nous y jetions un coup d'œil avant de partir, je ne vois pas où serait le mal.

La jeune fille avait senti une sueur froide glacer tous ses membres ; elle s'efforça de faire bonne contenance. Elle sourit d'un air insouciant et répondit :

— Cette chambre est la mienne, monsieur Stauffer, et j'en garde toujours la clef dans ma poche. Il est donc impossible qu'un homme parvienne à y entrer, à moins que ce ne soit par le trou de la serrure.

— Marguerite a raison, père Kurthil, dit sèchement le bourgmestre, et il serait ridicule d'insister davantage. Les malfaiteurs n'ont pas l'habitude de se transformer en sylphes pour aller se cacher dans une chambre de jeune fille.

En même temps il s'avança vers l'escalier aussi vite que le lui permettait son embonpoint ; mais Burck, qui jusqu'alors l'avait suivi pas à pas, se coucha devant le seuil de la chambre de sa jeune maîtresse, allongea son museau sur ses grandes pattes et se mit à flairer bruyamment sous la porte en remuant la queue et en poussant de petits gémissements plaintifs.

Le père Kurthil tira son chef par les pans de son habit et lui montra le chien en clignant de l'œil, suivant sa coutume. Marguerite s'était adressée à la ménagère avec une feinte impatience.

— Catherine, pour l'amour de Dieu, emmène donc ce maudit animal ! avec ses cris, il finira par réveiller mon père.

La bonne dame saisit Burck par son collier et voulut l'entraîner, mais comme elle ne pouvait y réussir, la jeune fille s'empressa de lui venir en aide, espérant dissimuler par une prompte retraite sa pâleur et son trouble.

Elle avait déjà descendu les premières marches de l'escalier en emportant sa clef, lorsque le bourgmestre, intimidé par les signes d'intelligence du garde et des gendarmes, se crut obligé de la rappeler.

— Mademoiselle, lui dit-il en baissant involontairement les yeux, pendant que Burck se débattait entre les mains de dame Catherine, la persistance avec laquelle ce chien vient de flairer sous la porte, la répugnance qu'il témoigne à s'éloigner, ses cris et ses gémissements, tout semble prouver qu'à votre insu notre homme s'est réfugié dans votre chambre.

Marguerite prit rapidement son parti, comprenant bien qu'une plus longue résistance éveillerait les soupçons et n'empêcherait pas la catastrophe qu'elle redoutait, tandis qu'en allant au-devant du danger, elle pouvait encore espérer de sauver son ami, grâce à la complicité de M. Melchior Stauffer.

Elle tira de sa poche la clef de sa chambre et la tendit courtoisement au bourgmestre.

— Je pourrais me plaindre des formes un peu brusques de la justice, dit-elle d'une voix douce, et vous faire observer que la chambre d'une jeune fille a droit au même respect qu'un lieu saint, d'après les vieilles coutumes de la forêt. Je pourrais refuser l'entrée de la mienne, et vous seriez obligés d'employer la violence pour forcer cette porte, qui ne défend aucun trésor, mais qui protége la liberté, le travail et la prière de Marguerite Melzer contre les curiosités malveillantes. Je n'abuserai pas de mon droit. Entrez dans cette chambre, qui est aussi simple que la cellule de mon couvent, et faites votre devoir.

— Mademoiselle, j'y entrerai seul, dit M. Stauffer en tournant la clef dans la serrure, et nous ne vous importunerons pas longtemps.

Il ouvrit lentement la porte, fit quelques pas dans cette petite pièce calme et froide, nue et silencieuse, et, après avoir jeté autour de lui un coup d'œil superficiel, il se disposa à se retirer en priant de nouveau la jeune fille de l'excuser s'il n'avait pu se soustraire à l'obligation de remplir cette formalité blessante.

Marguerite s'inclina gracieusement devant lui et remercia Dieu dans son cœur, car il lui semblait voir se dissiper le morne brouillard qui couvrait ses yeux et sentir se dissoudre la montagne de plomb qui pesait sur sa poitrine.

Tout à coup Burck s'échappa des mains de dame Catherine en poussant un aboiement d'allégresse, s'élança dans la chambre, où il faillit renverser le bourgmestre, et s'accrocha aux rideaux de l'alcôve qui masquaient le lit de la jeune fille.

Le père Kurthil et les gendarmes s'avancèrent sur le seuil, en entendant le cri poussé par M. Stauffer.

Burck avait secoué et déchiré les rideaux. Il aboyait

toujours, fou de joie. Dans la ruelle du lit, un homme
apparut debout, pâle, les cheveux en désordre, les yeux
éteints, les bras inertes.

C'était Fritz Wendel consterné non de tomber entre
les mains de la justice, mais d'avoir involontairement
terni la réputation de sa bien-aimée en se laissant entraîner par elle dans ce dangereux asile que la pauvre
fille avait cru inviolable.

Marguerite poussa un cri déchirant et resta sans connaissance entre les bras de dame Catherine, qui venait
d'accourir à la poursuite du fidèle Burck.

XVII

L'Incendiaire.

Le bourgmestre fit enfermer son prisonnier dans une des salles basses de la tour; il le laissa sous bonne garde et sortit accompagné du père Kurthil et de deux gendarmes.

Il se rendait par un chemin détourné chez la veuve Wendel, afin de la surprendre et de faire aisément main basse sur divers objets appartenant à Fritz, qui auraient servi à la perpétration du crime, ou qui porteraient quelques traces d'incendie.

La Marannclé se trouvait, en effet, au logis.

Elle avait passé une partie de la nuit à préparer des provisions pour son fils, et les ayant cachées au milieu d'un paquet de vieux sacs à farine qu'elle voulait reporter elle-même au bon meunier Bernhard pour motiver sa sortie, elle avait quitté sa chaumière un peu avant le lever du soleil.

Elle n'avait pas fait cent pas qu'elle avait rencontré le jeune charretier Michel Wagner, qui, fidèle à sa promesse, venait s'acquitter de la commission de Fritz.

La veuve était donc rentrée au logis, le cœur gros de joie, et s'était agenouillée devant son Christ; elle avait prié longtemps.

Un coup frappé à sa fenêtre la tira du pieux recueillement dans lequel elle était plongée.

Elle se leva et ouvrit sa porte.

Elle aperçut alors Jean-Georges Beck, qui, appuyé sur son bâton noueux, se tenait debout devant elle. Sa face était marbrée de taches livides; ses longs cheveux gris et sa barbe inculte se tordaient sous le vent; ses yeux étaient rouges, comme s'ils étaient teints du reflet de l'incendie.

La Marannelé se sentit involontairement tressaillir.

Elle entrevit, par la pensée, le mendiant impassible au milieu des flammes qu'il avait lui-même allumées; elle entendit en même temps retentir à son oreille le dernier cri du sergent Mathias.

— Jésus! cet homme m'épouvante! murmura-t-elle en jetant un rapide regard sur un débris de miroir cloué à la muraille. Est-ce que le crime s'écrit en lettres visibles sur notre visage?

Cependant le front de la veuve était calme, car le remords n'avait pas encore visité son cœur. Elle avait tué le sergent, mais elle avait sauvé son fils.

— Marannelé, dit Jean-Georges, voulez-vous que je me repose un instant dans votre cabane? Je suis exténué de fatigue.

— Entre, répondit-elle; quoique pauvre, je n'ai jamais refusé l'hospitalité, ni à toi, ni aux autres, tu le sais bien.

Le vagabond, après avoir jeté sa besace vide dans un coin, se laissa tomber sur un escabeau.

Tout en essuyant la sueur qui perlait à ses cheveux, il répéta :

— Pauvre! vous dites que vous êtes pauvre, Marannelé?

Il effleura du bout de son bâton les vivres et le cruchon de cidre que la veuve, en rentrant, avait déposés sur la table, et reprit d'une voix ironique :

— On n'est jamais pauvre tant qu'on est sûr de son pain du lendemain, et vous avez là des provisions pour deux jours au moins.

Elle comprit que Jean-Georges avait faim, et posa silencieusement devant lui une tasse de cidre et une miche de pain de seigle.

Les yeux du mendiant étincelèrent.

— Merci, Marannelé, merci !

Il se signa et mordit dans son pain avec un terrible bruit de mâchoires.

— Hélas ! pensa la veuve, ne dois-je pas rendre aux malheureux le pain qu'une main charitable a tendu à mon Fritz quand la faim le torturait? On a eu pitié de lui, je dois avoir pitié de cet homme.

Jean-Georges, de son côté, regardait la pauvre mère et pensait :

— Elle est bonne femme, au fond, la Marannelé... et cependant quand elle tenait le sergent dans ses griffes... mille diables ! on eût dit une lionne en colère !

Il vida sa tasse d'un seul coup. La veuve s'empressa de la lui remplir. Tout en portant de nouveau la tasse à ses lèvres avides, il murmura entre deux gorgées :

— Reconnaît-elle le visage du bon génie qui l'a tirée cette nuit du ravin ?

Puis, comme s'il eût voulu s'en assurer :

— Vous êtes encore heureuse, Marannelé, d'avoir pu, malgré tous vos malheurs, conserver cette cabane pour abri. Quand on vieillit, en être réduit, comme moi, à passer souvent la nuit dans le creux d'un arbre, sous un tas de paille ou derrière une haie, c'est malsain en diable !

— Chacun a ses peines, Jean-Georges, répondit doucement la mère de Fritz. Le riche souffre comme le pauvre dans sa santé, dans son esprit et dans son cœur.

— Ce sont là des maximes bonnes pour un prédicateur, mère Wendel ; mais il est doux, je vous assure, de coucher dans un bon lit et de trouver son déjeuner prêt en se réveillant.

— Il est des riches qui se réveillent dans une mare de sang, Jean-Georges Beck.

Le mendiant pâlit.

— Marannelé, dit-il de sa voix railleuse, nous devons être indulgents aux fautes les uns des autres. J'ai dormi l'autre nuit dans le voisinage de la grotte d'Egelsthal, et de minuit à deux heures du matin, le froid était terrible.

La Marannelé fronça le sourcil et regarda fixement le vagabond :

— Ceux qui ont eu froid cette nuit-là, Jean-Georges Beck, ont pu se chauffer, au point du jour, à la métairie de mon voisin Gaspard Melzer. Il y avait de ce côté-là bon feu, un feu à réjouir toute la bande de Satan, si j'en crois ce que m'ont dit Jorgli le bûcheron et Jockel le marchand de chevaux.

— Oui, j'ai assisté à ce joli spectacle... de loin, repartit le mendiant du ton de la plus parfaite insouciance.

— Et moi aussi, ajouta la veuve sans le quitter du regard.

Comme elle se tenait debout devant lui, le poing appuyé sur la table :

— Tiens, dit-il en touchant du bout du doigt le poignet de la Marannelé que rayait un cercle bleuâtre, qu'avez-vous donc là, femme ? on dirait d'une meurtrissure.

— Oui, je suis tombée ce matin en allant chercher de l'eau dans ma seille, et j'ai failli me fouler le poignet.

Jean-Georges sourit.

— Heureusement, vous connaissez le moyen de raccommoder ces maux-là.

— Ça se raccommodera bien tout seul, repartit la veuve.

Elle posa à son tour le doigt sur l'épaule du mendiant.

— Mais il n'en sera pas même du trou que je vois à ta blouse, continua-t-elle avec un sourire ironique.

— Un trou ! répéta Jean-Georges, visiblement ému. Où donc ?

— A l'épaule ! Ta manche porte une trace de brûlure plus large que la main.

— Bah ! je me serai brûlé en allumant ma pipe.

— Oui, peut-être, répondit la Marannelé. Tu es bien imprudent, Jean-Georges.

Et elle alla s'asseoir en face du vagabond.

Il se fit alors un instant de profond silence, pendant lequel leurs regards se croisèrent à diverses reprises. Le mendiant paraissait fort soucieux et inquiet. La veuve Wendel était impassible.

Tout à coup elle se leva et ouvrant brusquement la fenêtre :

— Que se passe-t-il donc de nouveau dans le village ? s'écria-t-elle. J'aperçois le bourgmestre Stauffer, le père Kurthil et des gendarmes qui viennent droit à ma chaumière.

— Des gendarmes ! répéta Jean-Georges d'une voix rauque.

Il se leva à son tour, comme mû par un ressort d'acier, ramassa vivement sa besace, la jeta sur son épaule, afin de dissimuler la brûlure de sa blouse ; puis il reprit sa place devant la table pour se donner une contenance, et attendit, avec un calme affecté, la désagréable visite annoncée par la maîtresse du logis.

On entendit bientôt frapper à la porte.

La Marannelé s'empressa d'aller ouvrir.

— Veuve Wendel, dit en entrant le bourgmestre, je viens vous annoncer une triste nouvelle, mais le devoir de ma charge m'y oblige.

— Parlez, monsieur Stauffer, répondit-elle ; il y a longtemps que je suis préparée à tout ; le malheur est comme une avalanche ; il va toujours grandissant.

Le bourgmestre ouvrit sa tabatière d'argent, y puisa une prise et dit d'un air assez embarrassé :

— Une grave accusation est portée contre votre fils aîné !

— Je sais qu'il est poursuivi comme déserteur, monsieur Stauffer.

— Le soupçon d'un crime plus odieux pèse aujourd'hui sur lui, bonne femme. Savez-vous où se trouve Fritz maintenant ?

— Il a quitté Nordstetten, et j'espère, Dieu soit loué, qu'il est hors de toute atteinte.

Le bourgmestre referma brusquement sa tabatière :

— Vous vous trompez, Marannelé.

La veuve jeta un cri d'angoisse :

— Que dites-vous ? que dites-vous ?

— Fritz est en ce moment entre les mains de la justice.

Elle porta à son front ses mains frémissantes comme si elle eût reçu un coup violent :

— Vous ne voudriez pas me tromper, monsieur le Bourgmestre, vous n'êtes pas un méchant homme. Vous aimiez Fritz ; il a souvent travaillé pour vous. Mais de quel crime ôse-t-on l'accuser encore, mon cher monsieur Stauffer ? Fritz, lui, ce brave et honnête garçon, ce bon fils, accusé d'un crime ! oh ! ma pauvre tête ! elle est en feu, je n'ai jamais tant souffert depuis le jour où j'ai vu mourir mon mari !

Le bourgmestre prit un air grave et solennel pour dissimuler un attendrissement incompatible avec la dignité de sa charge.

— Ne savez-vous pas, Marannelé, qu'un incendie vient de dévorer les récoltes et les granges de mon vieil ami Gaspard Melzer ?

— Eh bien ! demanda la veuve étonnée.

— Eh bien ! cet incendie est attribué à la malveillance.

— Je le crois aussi, dit-elle ; mais quel rapport y a-t-il entre le malheur de maître Gaspard et l'arrestation de mon fils ?

— Un rapport tout naturel, répliqua le bourgmestre surpris de la naïveté de la Marannelé. La rumeur publique signale Fritz Wendel comme l'auteur de l'incendie.

Un éclair de joie illumina la face livide du mendiant ; une sorte de rire muet et sarcastique crispa les coins des lèvres de la mère.

Les assistants se regardèrent avec inquiétude.

— La justice est une belle chose, en vérité, s'écria la veuve, et il a été bien inspiré celui qui a imaginé le premier de la représenter avec un bandeau sur les yeux !

Cependant Jean-Georges Beck s'était levé sans bruit, avait pris son bâton et s'était dirigé vers la porte. Il salua la Marannelé :

— Merci de votre hospitalité, charitable femme ; je vois que vous causez d'affaires de famille avec ce bon M. Stauffer, je craindrais de vous déranger en restant plus longtemps.

Elle s'avança vers le mendiant et lui posa la main sur l'épaule.

À ce contact, Jean-Georges sentit sous ses haillons un frisson de fièvre secouer tous ses membres, comme s'il eût vu sa chair grésiller sous un fer rouge ; elle le regarda avec des yeux souriants.

— Achève tranquillement ton repas, mon bonhomme, dit-elle, tu ne m'as jamais moins dérangée qu'aujourd'hui.

Jean-Georges n'en cherchait pas moins à gagner la porte en s'inclinant humblement devant toute la compagnie.

La Marannelé lui barra le passage, et lui montra du doigt son escabeau vide.

— Reste, dit-elle alors d'une voix rude, tu n'es pas de trop ici.

Le vagabond fit un geste de colère, murmura une menace, mais il alla reprendre sa place.

La veuve s'avança vers le bourgmestre, la tête haute :

— Ainsi, lui dit-elle, vous prétendez tous que mon fils a mis le feu à la métairie de maître Gaspard ?

— Vous prétendez, vous, qu'il est innocent, n'est-ce pas ? répliqua-t-il ; je le comprends, mais c'est plus facile à dire qu'à prouver.

— Peut-être !

M. Joseph-Melchior Stauffer sortit de son flegme habituel et s'écria :

— Pourriez-vous produire une preuve de son innocence ? Croyez, Marannelé, que ce serait une grande joie pour tous les amis de Fritz, et il en a beaucoup dans Nordstetten.

— Puisqu'il faut aux amis de Fritz une preuve de son innocence, je la leur fournirai, dit-elle avec un accent amer.

— Vous connaissez donc le vrai coupable ? demanda le bourgmestre, non sans agitation.

— Je le connais.

— Et vous vous chargez de mettre la justice sur ses
traces?

— Je ferai plus.

— Que voulez-vous dire, bonne femme ?

— Je vous le livrerai moi-même, s'il le faut.

Le bourgmestre laissa échapper ainsi que ses acolytes
un sourire d'incrédulité :

— La chose serait déjà faite, si elle était possible.
Vous voulez nous dépister. Allons! Avouez que vous
comptez sur quelque sortilége?

La veuve haussa les épaules : — Non, dit-elle froidement ; mais, puisque vous êtes tous impuissants à découvrir le vrai coupable, je vais me résigner à faire votre
métier. Pardonnez-moi, mon Dieu.

Elle s'élança aussitôt vers le mendiant qu'elle souleva
d'une main vigoureuse et traîna avec une énergie extraordinaire, malgré sa résistance, jusqu'aux pieds du
bourgmestre stupéfié.

— Voici l'incendiaire ! s'écria-t-elle.

— Moi! moi! hurla Jean-Georges en se débattant
comme un forcené entre les gendarmes. C'est faux ! tonnerre! c'est faux ! Vous voyez bien que cette femme est
folle ! Les enfants eux-mêmes savent que la Marannelé
est sorcière ! Cachez-moi, mes bons amis ! Sorcière et
folle, c'est tout un !

La veuve le regarda sans colère et lui dit :

— Jean-Georges, s'il ne s'agissait pas de l'honneur
de mon fils, je ne t'aurais jamais dénoncé, — car je t'ai
volontairement reçu sous mon toit, — et tu es mon hôte.

— Marannelé, interrompit le vagabond, revenez à
vous. Le chagrin vous a troublé la cervelle. Je sais bien
qu'on ne prend pas au sérieux vos divagations ; mais
enfin les soupçons, même d'une tête éventée, peuvent

compromettre un brave homme qui n'a d'autre richesse
que sa bonne réputation. Si ma vue vous contrarie, j'aime
mieux m'en aller. Vrai, mes bons Messieurs, je ne sais
pas pourquoi elle rejette sur mon dos les péchés de son
fils. Je suis innocent comme l'enfant qui vient de naître.
D'ailleurs, je n'avais pas, moi, comme Fritz Wendel,
d'intérêt à appauvrir cet excellent maître Gaspard Melzer.

La veuve, irritée de cette dernière insinuation, s'a-
vança d'un air menaçant vers Jean-Georges Beck.

— Allons, trêve de mensonge, homme vindicatif !
avoue ton crime, et ne laisse pas plus longtemps accuser
un innocent.

Les assistants suivaient cet étrange débat avec une
avide curiosité.

— Je vois bien, Marannelé, répliqua le vagabond,
qui lisait le doute dans leurs regards et espérait encore
se tirer d'affaire, que vous voulez sauver votre fils à tout
prix. Ça se comprend, c'est d'une bonne mère; à votre
place, j'en ferais autant. Il ne faut pas lui en vouloir,
Messieurs, c'est Dieu lui-même qui met des idées pareil-
les dans l'esprit des mères. Pauvre femme ! je vous
plains de grand cœur. Vous vous êtes dit : Il y a un crime
de commis, on accuse mon fils, il faut livrer à la justice
un coupable, et c'est à moi que vous avez pensé. C'est
juste, Marannelé, je ne suis qu'un misérable mendiant
à qui nul ne s'intéresse au monde, qu'on soupçonnera
volontiers, et que personne ne voudra défendre.

Le bourgmestre prit la parole :

— Prenez garde, en effet, veuve Wendel, que l'amour
maternel, sentiment respectable même dans ses excès,
ne vous entraîne à porter un faux témoignage.

La Marannelé regarda M. Stauffer avec une sorte de
dédain :

— Je fais serment, dit-elle, que Jean-Georges seul a

mis le feu aux meules de maître Gaspard, et que Fritz est incapable de concevoir même la pensée d'un crime si atroce.

— Cependant on assure, dit le bourgmestre d'un ton sévère, que votre fils avait divers motifs de rancune et de haine contre mon vieil ami; il a donc pu, dans un transport de colère, avoir l'idée de se venger...

La veuve l'interrompit avec agitation :

— Ceux qui disent cela ne connaissent pas le cœur de Fritz; demandez à ses amis, au fermier Heinrich, à Conrad Bomuller, au bûcheron Jorgli et à Jockel le marchand de chevaux, s'ils croient que mon fils est homme à se venger d'un mot offensant par une action lâche et infâme comme celle dont vous l'accusez. Pauvre Fritz! mais il irait au secours de son mortel ennemi, au péril de sa vie, et Melzer le sait mieux que personne. Si je dénonce Jean-Georges Beck, monsieur le Bourgmestre, c'est que Jean-Georges a commis le crime. Je le sais, je l'ai vu !

Le mendiant embrassa les genoux du magistrat.

— N'en croyez pas un mot, mon bon monsieur Stauffer, s'écria-t-il; je suis innocent! Moi aussi, j'en fais le serment devant Dieu; j'ai passé la nuit loin de la métairie de maître Melzer.

— Tu mens, sacrilège! reprit la veuve indignée; tu ne songes qu'à préserver ta misérable vie de vagabond et de pillard. Si je t'accuse, moi, ce n'est pas pour sauver à tes dépens la vie de mon fils. Qu'il soit coupable ou non du crime d'incendie, il est perdu pour moi; il sera fusillé, je le sais; mais ce que je veux lui conserver intact, c'est l'honneur. Je ne souffrirai pas qu'il soit méprisé et maudit dans la mémoire de tous ceux qui l'ont connu, c'est-à-dire de tous ceux qui l'ont aimé.

Jean-Georges Beck commençait à retrouver peu à peu son audace :

— Faut-il donc, pour vous faire plaisir et pour sauver
l'honneur de votre fils, m'avouer coupable d'un crime
que je n'ai pas commis? Ce serait pousser la générosité
jusqu'à la niaiserie, et payer un peu trop cher votre hospitalité! N'êtes-vous pas de mon avis, mes bons Messieurs?

Le bourgmestre se sentait de plus en plus ébranlé par
l'assurance du vagabond, et il dit sèchement à la Marannelé :

— Veuve Wendel, vous nous avez promis de nous
donner des preuves; jusqu'à présent, vous accusez, mais
vous ne prouvez pas.

En ce moment, la mère de Fritz, surexcitée par les
hypocrites dénégations de Jean-Georges, révoltée de la
froideur défiante du magistrat, rentra dans ce rôle de
prophétesse que lui attribuaient les habitants de la forêt,
et, se laissant emporter par l'exaltation naturelle de son
esprit, elle attacha ses yeux inspirés sur le mendiant et
lui dit d'une voix stridente :

— Je t'adjure de dire la vérité, mon hôte, au nom
des puissances visibles et invisibles qui ont assisté à
ton crime; si tu ne crains ni la justice des hommes ni
la justice de Dieu, tu ne braveras pas impunément la
sorcière de la forêt et les génies qui la servent comme
des esclaves.

Jean-Georges détourna involontairement les yeux,
n'osant supporter l'éclat des regards de la veuve.

— J'ai dit la vérité! murmura-t-il avec embarras.

— Malheureux! s'écria-t-elle transportée de colère,
avant de nier si effrontément ton crime, il fallait au
moins faire disparaître les traces qu'a laissées sur tes
haillons ton passage à travers l'incendie. Tu prétends
avoir passé la nuit loin de la métairie de Melzer, cache
donc mieux sous les plis de ta besace la brûlure que tu

portes à l'épaule; dissimule au moins sous ta blouse trouée tes mains noircies par le feu ; rabats avec plus de prudence les bords de ton vieux feutre sur tes cheveux roussis par la flamme.

Jean-Georges, frappé de stupeur, reculait pas à pas devant la Marannelé menaçante. Elle continua :

— Ah! tu nies, mon hôte! Tu ne sais donc pas que tes démentis ne signifient rien, car le vieux Gaspard, que tu as voulu tuer, que tu as laissé gisant au milieu des décombres, que tu crois mort enfin, Gaspard Melzer est vivant!

— Vivant! s'écria Jean-Georges terrifié.

La veuve éclata de rire, mais ce rire était effrayant.

— Nieras-tu devant lui ton crime? lui feras-tu serment qu'il s'est trompé, et que Fritz avait pris ton visage de bandit? Faudra-t-il, pour t'arracher un aveu, que M. le bourgmestre te fasse traîner jusqu'au lit où souffre l'homme que tu as frappé?

Le vagabond restait foudroyé par cette accumulation de preuves irrécusables; il baissa la tête et ne répondit rien.

— Vous ai-je trompé, monsieur Stauffer, dit la Marannelé avec un accent de triomphe, et croyez-vous encore que Fritz Wendel soit un incendiaire?

— Bonne femme, répondit le bourgmestre, tandis que le garde et les gendarmes garrottaient étroitement le mendiant, avant une heure, tout le pays saura que votre fils est innocent.

Jean-Georges se mit à ricaner :

— Vous avez vendu votre hôte, Marannelé, mais je puis me venger, malgré toute votre sorcellerie.

— Que m'importe! fit-elle avec dédain; tu n'atteindras que moi; l'honneur de Fritz reste sauf.

— Tu es une fière ingrate, tu peux t'en vanter.

— Une ingrate!

— Oui, car tu m'as dénoncé au bourgmestre et livré aux gendarmes, moi, ton sauveur.

— Mon sauveur ! répéta la veuve en regardant le vagabond avec étonnement. Je cherche en vain à me rappeler...

— Je veux t'épargner des efforts de mémoire, reprit Jean-Georges avec impudence. Monsieur le Bourgmestre, cette femme vous a révélé qu'elle m'avait vu brûler les meules du bonhomme Melzer. C'est vrai, je l'avoue, et la faute en est à l'avare qui ne voulait pas me permettre de coucher dans son domaine. Mais à chacun son tour ! Moi aussi, je demande à faire des révélations.

M. Melchior Stauffer sourit bénignement.

— Nous t'écoutons, Jean-Georges Beck ; la justice ne saurait trop s'éclairer. Révèle, révèle, tu n'auras pas à t'en repentir.

Le vagabond reprit :

— La nuit même où j'ai mis le feu aux meules, j'avais été témoin d'un meurtre.

— Un meurtre ! s'écria le bourgmestre abasourdi ; mais Nordstetten est déshonoré ! Mais, es-tu bien sûr ?...

Jean-Georges l'interrompit, car il voyait la veuve sourire comme si elle le bravait et le mettait au défi de compléter son accusation.

— Vous avez dû voir rôder dans le village un brave homme de sergent, nommé Mathias Werner, qui était chargé d'arrêter Fritz Wendel, le déserteur.

— Nous l'avons tous vu. Eh bien ?

— Eh bien ! on l'a attiré par trahison du côté de la grotte d'Egelsthal, et, au moment où il passait sur le tronc d'arbre qui sert de pont, on l'a poussé dans le ravin.

Le bourgmestre laissa tomber à terre sa belle tabatière d'argent.

— Est-il, Jésus, possible ! fit-il avec un geste d'horreur.

— Vous y trouverez son corps avec le manteau à capuchon que portait l'assassin.

— Jean-Georges Beck, demanda vivement M. Joseph Stauffer, as-tu vu les traits du meurtrier ? Le reconnaîtrais-tu ?

— Parfaitement, mon bon monsieur. Je l'ai vu comme je vois la Marannelé ; il tremblait comme elle, et, si vous voulez savoir son nom ?...

La veuve ne le laissa pas achever ; elle s'avança vers les gendarmes et, leur tendant ses mains, elle dit stoïquement :

— C'est moi !

— La Marannelé ! s'écrièrent tous les assistants au comble de la surprise.

— Maintenant, chère hôtesse, reprit Jean-Georges en souriant à son tour, nous voilà quittes et bons amis, si vous voulez.

— C'est Dieu qui t'a inspiré, mon ami, répondit-elle avec calme ; il n'a pas voulu que je puisse jamais me repentir d'avoir sauvé mon fils, ni que je sois forcée de lui survivre. Il m'envoie l'expiation de mon crime ici-bas. Que votre nom soit béni, Seigneur, et que votre châtiment soit le bien venu ! Jean-Georges, pardonne-moi comme je te pardonne, suivant la loi divine, car toute amertume s'est éloignée de mon cœur. Puissé-je mourir en paix avec tous ceux qui ont été nos ennemis !

XVIII

L'Expiation.

Le mendiant et la veuve Wendel avaient été conduits chez le bourgmestre et enfermés dans une espèce de buanderie qui devait leur servir de cachot jusqu'à ce qu'il fût possible de les transférer à Stuttgard.

C'était une pièce de douze pieds carrés, à plafond élevé et complétement nue. Elle était éclairée par une fenêtre garnie de larges barreaux taillés dans de vieux fers de roues, et sa vaste cheminée, condamnée depuis longtemps, était fermée par un massif de briques.

Le père Kurthil, qui avait été transformé en geôlier, installa les deux hôtes dans leur prison provisoire. Après leur avoir donné quelques bottes de paille, un pain noir et une seille d'eau fraîche, il ferma leur porte à double tour, et s'établit lui-même sous un hangar qu'il fallait traverser pour arriver à la buanderie.

Il s'était pourvu, afin de passer la nuit le plus com-

15.

modément possible, d'un vieux fauteuil à oreilles, d'une
chaude limousine, d'un paquet de tabac et de quelques
cruchons de vin.

Après avoir allumé sa pipe à la petite lampe qui brûlait sur la table, il s'étendit dans son large fauteuil, vida
un premier cruchon pour se fouetter le sang et se tenir
en éveil ; mais ayant, sans doute, dépassé le but qu'il
s'était proposé, il sentit bientôt ses paupières s'alourdir,
sa pipe s'échappa de ses lèvres, et il s'endormit profondément.

Dès que Jean-Georges, qui n'avait pas quitté le trou
de la serrure, entendit les ronflements sonores du geôlier, il s'approcha de la veuve Wendel.

Elle était accroupie sur la paille, grelottant de fièvre
et de froid, en murmurant des prières.

La lune, en ce moment, éclairait le cachot de sa lueur
blafarde. Il était 11 heures environ.

— Marannelé, dit le mendiant, notre geôlier dort
comme un loir : profitons de son premier sommeil pour
causer un peu de nos affaires.

— Va-t'en, Jean-Georges, répondit la Marannelé ;
laisse-moi prier en repos.

— Sais-tu bien, continua le vagabond sans s'émouvoir,
que nous avons agi comme des enfants tous les deux ;
toi, en me dénonçant, sous prétexte de sauver l'honneur
de ton fils, qui n'en est pas moins déshonoré, puisqu'il a
déserté et que tout déserteur est flétri d'une peine infa-
mante ?...

Elle tressaillit et jeta un regard haineux sur le vagabond.

— Et moi, continua-t-il, en te dénonçant à mon tour,
dans un accès de colère aveugle, comme si, en te per-
dant, j'espérais me sauver. Franchement, j'ai regret de
cette sottise, Marannelé, et, si c'était à recommencer...

La veuve se leva avec un mouvement d'impatience, et alla s'accouder à l'étroite fenêtre. Jean-Georges l'y suivit et s'arrêta à deux pas d'elle.

— Ainsi, nous voilà tous les deux dans les griffes de la justice, sous les verrous. La prison, c'est triste comme la pluie. Cependant, si tu avais laissé ton fils sous le coup de cette injuste accusation, tu me donnais le temps de m'enfuir. Le vieux Gaspard, un jour ou l'autre, n'aurait pas manqué de déclarer que Fritz était innocent, et moi, je ne t'aurais pas accusée d'avoir tué ce sergent, dont, au fond, je me soucie comme d'une merise.

La veuve releva la tête.

— Mais Gaspard pouvait mourir sans recouvrer la parole, dit-elle, et mon fils passait aux yeux de tous pour un incendiaire.

— Et moi, riposta le mendiant, si j'ai avoué mon crime, c'était dans la crainte que le bonhomme ne parlât... Sans cela !...

— Tu aurais gardé le silence, n'est-ce pas? reprit-elle avec un sourire de mépris.

— Bah ! c'est à l'avenir maintenant qu'il nous faut songer. Or, il ne nous reste plus qu'un parti à prendre.

— Lequel ? demanda la veuve d'une voix brève.

— C'est de réparer le plus tôt possible nos erreurs mutuelles.

— Et comment?

Jean-Georges se rapprocha encore de la Marannelé.

— En nous évadant cette nuit même, murmura-t-il.

— Je refuse, répondit-elle sèchement.

— Tu refuses ! et pourquoi? demanda le mendiant étonné.

— Parce que tu as mérité le châtiment que la justice te réserve.

— Parbleu ! et toi aussi !

— Moi, je m'y soumets.

— Quand nous pouvons nous évader ensemble ?

— Oui.

— Alors, ma bonne Marannelé, je me sauverai tout seul.

— Non ! dit la veuve en secouant lentement la tête.

— Parce que ?

— Parce que, depuis dix années que nous nous connaissons, j'ai toujours été bonne et secourable pour toi, et qu'au jour du malheur, tu n'as eu pitié, toi, ni du fils ni de la mère. Parce que je suis convaincue qu'une fois à l'abri de toute poursuite, jamais tu n'aurais eu souci de rendre l'honneur au pauvre garçon.

— Qu'en sais-tu ? repartit le mendiant. Tu as une idée fixe, je le vois bien. Tu te dis : Fritz va mourir demain, par ma faute, et je ne veux pas lui survivre. Mais si ton fils ne mourait pas ?... s'il parvenait à s'échapper ? Le rêve, l'unique pensée de tout prisonnier, c'est la liberté. Moi-même qui suis en ce moment sous la patte de la justice, enfermé dans ce cachot d'occasion, entre une fenêtre protégée par des barreaux de fer et une porte gardée par un geôlier, est-ce que je ne songe pas à la fuite ? Est-ce que je ne t'ai pas dit : Marannelé, si tu le veux, cette nuit, nous serons libres tous les deux ?

— Oui, sans doute, reprit la veuve ; mais je connais Fritz : il ne cherchera pas à s'évader, lui.

— Si cependant, insista le mendiant, on lui en facilitait les moyens ?

— Il n'accepterait pas, te dis-je.

— Laisse-moi m'enfuir, et je te jure de sauver ton fils.

— Le sauver ! s'écria la veuve Wendel en se rapprochant instinctivement de Jean-Georges Beck. Et... comment t'y prendrais-tu ?

— Oh ! mon Dieu ! rien de plus simple, répondit le vagabond. Il n'aura, comme escorte, pour aller de Nord-stetten à Stuttgard, que trois ou quatre soldats tout au plus, n'est-ce pas ? Eh bien ! moi, une fois libre, je réunis à la hâte quelques rôdeurs de mes amis, dont je connais le gîte, des hommes qui ne reculent devant aucun danger, qui ont de vieilles rancunes, de vieux comptes à régler avec la justice. Pas un seul d'entre eux ne refusera de faire le coup de feu avec les gendarmes, j'en suis sûr.

— Jean-Georges, dit la Marannelé, ce serait peine et temps perdus. Mon fils, délivré par tes amis, est homme à retourner aussitôt en prison.

— Non, repartit le vagabond, Fritz est amoureux de la fille du vieux Gaspard Melzer. Quand on aime, l'image de la belle ne brille-t-elle pas comme un phare pour le naufragé qui se noie ? On ne veut pas mourir, on se cramponne à la vie parce qu'on espère toujours être heureux.

— Rêves et chimères que tout cela, répondit la veuve Wendel en haussant les épaules. Est-ce que ce mariage, que Fritz a follement rêvé, n'est pas impossible tant que Gaspard vivra ?

— Marannelé, reprit Jean-Georges avec son sourire cynique, en s'attachant aux pas de la veuve, il n'y a qu'un Père éternel, et ce n'est pas le vieux Melzer, je t'en réponds. Le bonhomme ne peut aller loin. Mais trêve de verbiages. Fuyons cette nuit, ou, si tu refuses encore, moi je m'en vais tout seul.

— Comment espères-tu donc t'échapper ? demanda la veuve.

— Rien qu'avec ce clou qui montre sa tête rouillée au plafond, mais que je ne puis atteindre. Fais-moi la courte échelle et nous sommes sauvés.

— Et tu n'as pas d'autre moyen d'évasion ?

— Qu'importe, si celui-là suffit pour mener mon projet à bonne fin?

— Eh bien! tu ne t'évaderas pas, dit la veuve avec un accent de résolution qui déconcerta le mendiant, car tu prêches pour ton salut et non pour celui de Fritz.

— Si tu es sorcière, comme je le crois, Marannelé, lis au fond de mon cœur. Si je te trompe, accable-moi de tous les maux que ta science fatale te permet de verser sur la tête d'un homme. Jette-moi un de ces sorts qui font que nos dents se brisent comme verre, que la moelle se dessèche dans nos os, et que nous mourons comme les possédés en nous tordant dans d'horribles convulsions.

— Oh! je sais bien, s'écria-t-elle avec un éclat de rire, que tu préférerais la vie hérissée de misères et d'infirmités à la mort la plus prompte. Nous mourrons ensemble, Jean-Georges, je te donnerai l'exemple du courage et de la résignation qui te manquent.

— Meurs seule si tu y tiens absolument, sorcière, répliqua le mendiant; quant à moi, je me sauverai. A défaut de ce clou, à défaut de mon couteau qu'ils m'ont enlevé, je saurai trouver le moyen de desceller un des barreaux de cette fenêtre.

— Je t'en défie bien! dit la veuve d'un ton railleur.

— Tiens, reprit Jean-Georges, raillant à son tour, tu vois cette pierre à briquet? Eh! eh! il ne m'en faut pas davantage.

— Oui, si je te laissais faire. Mais je suis forte, va, et si ces deux bras-là ne suffisaient pas, j'aurais bientôt, par mes cris, averti le geôlier.

— Eh bien! je me sauverai malgré toi, s'écria le vagabond, et, pour commencer, je vais te mettre hors d'état de me nuire.

Il se rua à l'improviste sur la veuve Wendel, et lui couvrit la bouche de sa large main. L'enlaçant en même temps dans son bras sec et nerveux, il la ploya comme un roseau, puis il la laissa glisser sur la paille et lui posa sur la poitrine ses deux genoux osseux.

La Marannelé se tordit sous l'effort du vagabond, qui avait besoin de toute sa vigueur pour n'être pas renversé.

Pendant cette lutte sourde au milieu du silence de la nuit, leur respiration haletait et leurs dents grinçaient; mais les ronflements prolongés du vieux garde dominaient ce bruit. Bientôt la Marannelé, à bout de forces, cessa de se débattre. Jean-Georges alors la bâillonna avec la ceinture de laine qu'il portait sous sa blouse, et, à l'aide de la cordelière qui était nouée autour de la taille de la Marannelé, il lui lia solidement les deux mains.

Abandonnant sur la paille la pauvre femme qui ne représentait plus qu'une masse inerte, il s'arma de sa pierre à briquet et se mit à desceller, avec une adresse incroyable, l'un des barreaux de l'étroite fenêtre.

Après vingt minutes d'un travail intelligent et patient, le vagabond secoua la barre, qui céda par la base, et, l'ayant ébranlée, il l'arracha du plâtre, la posa en arc-boutant derrière la porte de sa prison, puis, escaladant la fenêtre, il se laissa glisser dans un verger qui n'était séparé de la plaine que par une haie vive.

Jean-Georges franchit cette clôture d'un seul bond et prit sa course à travers la campagne.

Mais, pendant qu'il fouillait le plâtre avec son silex, la veuve Wendel avait rompu sans bruit la ceinture qui lui garrottait les mains.

Après l'évasion du mendiant, elle arracha son bâillon, enleva la barre de fer; et, s'en servant comme d'un levier, elle fit, entre le plâtre et le bois de la porte, une si vigoureuse pesée, que la gâche sauta.

Le vieux garde dormait si profondément qu'il n'entendit rien.

La Marannelé lui posa les deux mains sur les épaules et le secoua rudement.

— Alerte, père Kurthil! lui cria-t-elle d'une voix vibrante, alerte! Jean-Georges vient de s'enfuir!

Le geôlier, réveillé en sursaut, se leva tout trébuchant et se frotta les yeux.

— Jean-Georges vient de s'enfuir! répéta-t-il. Mais vous-même, Marannelé, comment êtes-vous sortie de votre cachot?

Il promena autour de lui des regards effarés et pleins de défiance.

— Afin de vous prévenir en toute hâte, répondit-elle; j'ai ouvert cette porte avec la barre de fer que votre prisonnier a descellée.

— Merci, ma bonne Marannelé, de m'avoir réveillé, au lieu de vous être enfuie avec lui, dit le garde en saisissant son fusil. Savez-vous quel chemin il a pris, ce brigand-là?

— Oui, certes!

— A-t-il beaucoup d'avance sur moi?

— Trois cents pas à peine.

— Alors je l'atteindrai, si ce n'est avec mes jambes, tant pis pour lui, ce sera donc avec les chevrotines que j'ai eu la précaution de glisser dans le canon de mon fusil. Venez, Marannelé, continua-t-il en entraînant la veuve; puisque vous êtes un peu sorcière, vous me mettrez sur les traces du fugitif, venez.

Après avoir traversé rapidement le verger, ils gagnèrent la plaine et se mirent à courir côte à côte.

Jean-Georges s'était jeté dans un chemin creux et longeait prudemment la lisière d'un petit bois, se ménageant ainsi un refuge dans le cas où il se sentirait poursuivi de trop près.

Cependant derrière lui, tout était silencieux, et aucune forme humaine ne se dessinait à l'horizon, d'où commençaient à s'échapper les premiers feux du soleil levant.

Le mendiant alors s'arrêta, car il était hors d'haleine, et, s'agenouillant sur le bord d'une profonde ornière, au fond de laquelle dormait une eau limpide, il se mit à boire avidement.

Quand il releva la tête, il aperçut debout devant lui un petit vieillard misérablement vêtu; il crut voir Gaspard Melzer, quoique les nombreuses et profondes brûlures qui sillonnaient sa face le rendissent presque méconnaissable. Ce nouveau venu avait l'œil hagard, les paupières enflammées et la démarche incertaine.

Le bonhomme, que le délire n'avait pas quitté, s'était échappé de son logis pendant la nuit, et depuis plusieurs heures il errait au hasard dans la forêt.

Le vagabond, redoutant les suites de cette rencontre inattendue, rabattit vivement son feutre sur ses yeux et voulut continuer sa route; mais Melzer s'attacha à ses pas, et, le saluant humblement, il lui tendit la mauvaise casquette qu'il tenait à la main.

— Bonne âme charitable, dit-il d'une voix larmoyante, ayez compassion d'un pauvre vieillard qui se recommande à vos bontés.

Jean-Georges hâta le pas pour échapper aux divagations de l'avare, dont la fièvre chaude hallucinait le cerveau.

— Donnez-moi aussi peu que vous voudrez, continua Gaspard en marchant aux côtés du mendiant, et Dieu vous récompensera, car l'aumône éteint le péché comme l'eau éteint le feu. Le feu! reprit-il avec exaltation, le feu! oh! l'horrible fléau! Pourquoi Dieu, qui est prévoyant, n'a-t-il pas refusé à l'homme, comme aux autres animaux, le pouvoir de faire du feu? Si du moins on avait trouvé de l'eau dans le voisinage de mes meules et de mes granges, je n'en serais pas réduit à implorer la charité des passants. Mais rien... pas le moindre ruisseau, pas même un puits !... Si vous saviez combien je suis malheureux, vous auriez pitié de moi.

— Ah ! assez ! ne me romps pas plus longtemps les oreilles avec tes jérémiades, vieux fou, dit brutalement Jean-Georges. Regagne promptement ton logis, Melzer, tu seras plus chaudement dans ton lit qu'ici.

— Ah ! vous me connaissez ? interrompit Gaspard en posant sa main tremblante sur le bras du vagabond. Peut-être me repoussez-vous parce que vous croyez que je suis le Melzer d'autrefois, Melzer le riche, comme on m'appelait dans le pays ? Je vois bien que vous ne savez pas encore qu'on a méchamment incendié mon pauvre bien, que je suis ruiné, réduit à la mendicité.

— Allons, décidément tu es fou, reprit Jean-Georges avec un geste d'impatience ; laisse-moi continuer mon chemin et n'inquiète pas plus longtemps par ton absence ta fille et ta servante.

— Ma servante ! répondit Melzer avec un soupir ; je vais être forcé de la renvoyer. Avec quoi la nourrirais-je ? J'ai charge d'enfant, et d'enfant, hélas ! qui n'est pas habituée au travail. C'est assez d'une bouche inutile dans une pauvre maison comme la mienne.

— Ah çà ! ne t'imagines-tu pas me faire croire que tu es ruiné, parce que tu as perdu quelques meules et de vieilles masures ? Il te reste tes terres, mon brave homme, tes bois, ton or, ta maison...

— Ma maison ! s'écria Gaspard. Celui qui n'en a pas est bien heureux, mon bon Monsieur. Vous ne savez donc pas que cette bicoque, avec les réparations et les impôts, finira par me mettre tout à fait sur la paille, si mes voisins ne me viennent point en aide ?

— Quand bien même tu serais ruiné, ce qui n'est pas, interrompit le vagabond, pourquoi donc les autres te viendraient-ils en aide? Est-ce que tu as jamais fait l'aumône à personne, toi?

Melzer poussa un nouveau soupir et baissa tristement la tête.

— Allons! laisse-moi continuer mon chemin, dit Jean-Georges en voulant passer outre.

— Bonne âme charitable, reprit Melzer en s'accrochant à la blouse du mendiant, faites-moi la charité, s'il vous plaît.

— Va-t'en à tous les diables, triple fou! dit Jean-Georges; et il repoussa rudement l'avare qui alla rouler sur le chemin.

— Vous me maltraitez, parce que je suis un vieillard et surtout parce que je suis pauvre, dit Gaspard en sanglotant. Quand j'étais riche, chacun me tendait la main et me saluait en passant.

— Quand tu étais riche, toi qui te plains, reprit Jean-Georges, tu lâchais tes chiens sur les pauvres mendiants. Je m'en souviens, Melzer, et je m'en suis bien vengé, n'est-ce pas? continua-t-il avec un éclat de rire cruel.

— Qui es-tu donc? demanda Gaspard en attachant un regard effaré sur l'incendiaire.

— Comment! tu ne m'as pas encore reconnu? dit le fugitif en relevant le bord de son feutre qu'il avait jusqu'alors rabattu sur ses yeux.

— Jean-Georges! s'écria le vieillard, qui se releva tout chancelant, tandis qu'un souvenir sinistre illuminait tout à coup son intelligence ébranlée; toi ici! ah! misérable! cette fois tu ne m'échapperas pas! tu vas me suivre chez le bourgmestre, si tu ne veux pas que je t'y traîne de force.

Le mendiant haussa les épaules et sourit de pitié. Puis relevant la manche de sa blouse, il tendit à Melzer un bras sur lequel se dessinaient des muscles aussi gros que le doigt. Le vieillard comprit son impuissance et se mit à pleurer :

— Eh bien, non ! dit-il, je ne t'arrêterai pas, je ne te dénoncerai même pas ; mais répare au moins le tort que tu m'as causé. Tu sais mendier, toi ; apprends-moi ton métier ; emmène-moi, sois mon guide, mon soutien.

Jean-Georges le regarda avec étonnement, ne sachant si l'avare jouait un rôle ou si la folie avait fait sonner ses grelots creux dans ce cerveau empreint d'une idée fixe.

Cependant il ne put s'empêcher de lui répondre avec son ironie cruelle :

— Tu t'habituerais plus aisément à demander qu'à donner, n'est-ce pas ?

Le vieillard poursuivait toujours son idée.

— Tu me conduiras chez les fermiers les plus riches des environs, ou plutôt chez les gens les plus charitables du district, mes malheurs les toucheront, j'en suis sûr. Il faudrait avoir un cœur de pierre pour ne pas prendre ma ruine en pitié. Viens, Jean-Georges, continua-t-il en se cramponnant au mendiant, conduis-moi et je te récompenserai, ou plutôt je te pardonnerai !

Mais Jean-Georges ne l'écoutait plus ; il avait vu s'agiter à cinquante pas de lui le feuillage qui bordait la forêt, et, pendant qu'il prêtait l'oreille avec une anxieuse attention, il aperçut, sortant du bois, le père Kurthil, derrière lequel venait la veuve Wendel.

— Rends-toi, ou tu es mort ! s'écria le vieux garde en ajustant le mendiant.

Celui-ci voulut alors se dégager de l'étreinte de Melzer ; mais, malgré sa force d'Hercule, il ne put s'arracher des mains du vieillard, qui se tenait convulsivement accroché à sa blouse.

Le vagabond frappa le pauvre homme au visage avec une fureur inouïe ; il le renversa et le foula sous ses pieds sans pouvoir lui faire lâcher prise.

— Tu as raison !... Si tu ne veux pas que j'aille mendier avec toi, mieux vaut me tuer tout de suite que de me laisser mourir de faim. Frappe, frappe, Jean-Georges ! Débarrasse-moi de cette vie de misère. Achève-moi, achève-moi, et je te bénirai !

Le garde, qui n'avait qu'un fusil à un coup, n'osa faire feu dans la crainte de manquer le mendiant ou de blesser Melzer, mais il avançait toujours.

Jean-Georges, comprenant bien qu'il n'avait plus une seconde à perdre, abandonna lestement sa blouse aux mains du vieillard et voulut se jeter dans le bois.

Le père Kurthil l'ajusta lentement et fit feu.

Le vagabond oscilla un instant et tomba à la renverse ; le vieux garde et la Marannelé coururent à lui afin de s'assurer de la gravité de la blessure.

Les trois chevrotines, faisant balle, lui avaient brisé les reins.

Pendant qu'ils se tenaient agenouillés près du blessé, Gaspard Melzer, le visage meurtri, sanglant, s'était traîné jusqu'à la veuve, et, lui tendant sa casquette :

— Bonne âme charitable, murmura-t-il d'une voix entrecoupée de sanglots, ayez compassion d'un pauvre vieillard qui se recommande à vos bontés !

La Marannelé se leva, et, posant ses deux mains sur les épaules de Gaspard, elle l'attira à elle et le regarda fixement.

— Est-ce que le Dieu juste aurait exaucé déjà ma prière ? s'écria-t-elle avec un sourire dont Melzer ne comprit pas le sens.

Mais aussitôt la voix de la veuve s'éteignit, sa face s'empourpra, les veines de son front se gonflèrent, puis son œil s'injecta de sang et, une écume rougeâtre déborda de ses lèvres. Elle voulut faire un suprême effort pour articuler un dernier mot, pour montrer du doigt le ciel à Gaspard, ce fut en vain.

Ses membres avaient cessé d'obéir à sa volonté, et elle tomba de toute sa hauteur aux pieds du vieillard, qui la regardait d'un air hébété, sans paraître avoir conscience de tout ce qui se passait autour de lui.

Le père Kurthïl trempa le mouchoir de la Marannelé dans l'eau de l'ornière et lui lava les tempes. La veuve rouvrit lentement les yeux. Mais l'âme enfermée dans sa prison de chair n'avait plus le pouvoir de faire mouvoir le corps ; et, quoiqu'elle eût conservé ses facultés inaltérables, elle ne pouvait pas plus en faire usage que l'homme enchaîné ne peut agir librement. L'oreille n'entendait plus qu'un bourdonnement incessant, l'œil ne voyait plus qu'à travers un épais brouillard, les membres étaient inertes et glacés.

La veuve Wendel, enfin, était paralysée.

XIX

La Paralytique.

Le père Kurthil, qui était plutôt homme d'action que de conseil, ne savait comment se tirer d'affaire, lorsqu'il aperçut heureusement Jorgli et cinq ou six autres bûcherons, qui, la cognée sur l'épaule, se rendaient à leur travail.

Ces braves gens s'empressèrent de se mettre à la disposition du garde ; ils coupèrent de longues branches de châtaigniers, qu'ils assemblèrent avec des liens de viorne, et construisirent en un instant deux civières sur lesquelles ils couchèrent la Marannelé et le mendiant. Puis, les chargeant sur leurs robustes épaules, ils prirent le chemin de Nordstetten. Derrière eux marchaient Kurthil et Jorgli, tenant chacun par un bras le vieux Melzer.

Le bonhomme refusait obstinément d'avancer ; il s'arrêtait à tout instant, soit pour protester contre la violence dont il se croyait l'objet, soit pour raconter aux

bûcherons ses malheurs, de sorte qu'ils ne purent arriver au village que vers sept heures du matin.

Déjà la place était encombrée de curieux causant des
nouvelles qui, depuis quelques jours, tenaient le pays en
émoi. Jamais, de mémoire d'homme, Nordstetten n'a-
vait vu tant de tragiques événements fondre à la fois sur
son paisible territoire. On s'abandonnait aux conjectures
les plus étranges au sujet de la disparition de l'avare, du
garde et des deux prisonniers.

En même temps, le bourgmestre Joseph-Melchior
Stauffer, entouré d'un cercle de notables, racontait que
des gendarmes et des terrassiers, munis d'échelles et de
cordes, avaient été envoyés, dès le point du jour, à la
vallée d'Egelsthal, pour retirer du ravin le corps du sergent Mathias.

A cette nouvelle, qui circula bientôt de bouche en
bouche, la foule, toujours avide d'émotions, s'ébranlait
dans la direction de la vallée, lorsqu'on vit apparaître
les deux civières, portées par les bûcherons, et maître
Gaspard, qui, le visage ensanglanté, continuait à se débattre entre les mains de Jorgli et du père Kurthil.

M. Melchior Stauffer courut à leur rencontre et fut
bientôt enfermé, avec les nouveaux venus, dans une
ceinture vivante qui allait toujours se rétrécissant et menaçait de les étouffer.

Curieusement penchés sur les deux civières, les bons
habitants de la forêt regardaient, avec une stupeur mêlée de compassion, la redoutable Marannelé, dont ils ne
s'expliquaient pas l'étrange immobilité, — le vagabond,
qui ne donnait aucun signe de vie, — et le vieil avare
tendant sa casquette d'une façon risible à tous ceux qui
se trouvaient à portée de sa main.

Cette nouvelle complication d'événements jeta la perplexité dans l'esprit honnête et placide de l'excellent

bourgmestre, qui, pendant vingt années d'une adminis-
tration essentiellement paternelle, n'avait eu jamais à
constater que de simples délits.

Pendant que le digne magistrat écoutait en frémissant
les détails que lui donnait le père Kurthil avec sa loqua-
cité ordinaire, un homme se fraya passage à travers les
curieux, qui ne daignèrent pas même tourner la tête.

Ce nouveau venu portait un uniforme en lambeaux et
tout souillé de boue ; il s'approcha du brancard où gisait
la Marannelé. Tous les regards alors s'attachèrent sur lui,
et une grande rumeur s'éleva de la foule.

Les femmes se voilèrent les yeux, et quelques-unes
s'enfuirent avec épouvante ; la peur gagna les hommes,
et les plus braves eux-mêmes frissonnèrent, car l'étranger qui se tenait immobile devant la veuve, qui la couvrait d'un regard haineux, chacun l'avait vu, deux jours
auparavant, traverser les rues de Nordstetten.

C'était le sergent Mathias Werner.

— Ah ! c'est toi que je retrouve ici, hôtesse du diable !
dit-il avec un geste de menace. Tu ne t'attendais pas à
me revoir en ce monde, n'est-ce pas ?

A la vue de son ennemi, qu'elle devait croire bien
mort, en effet, la veuve ne laissa pas échapper un tressaillement ; son front resta calme, ses lèvres restèrent
muettes, son regard seul jeta un éclair ; sans cela on eût
pu croire que la chape de plomb qui emprisonnait ses
membres avait aussi glacé son cœur.

Il se fit un profond silence parmi les assistants.

M. Joseph-Melchior Stauffer croyait rêver et n'osait
pas adresser la parole au sergent, qu'il prenait pour un
fantôme.

— Oh ! misérable femme ! s'écria Mathias, tu payeras
de ta vie le piége où je me suis laissé prendre si sottement.

Il se pencha vers elle, et la saisit par le bras, sans faire

16

attention à la singulière inertie de ce membre débile.

— Allons, lève-toi et suis-moi, sorcière !

La veuve garda son immobilité rigide ; mais elle attacha sur le sergent ses grands yeux où brillaient l'intelligence et la pensée.

Elle voyait et elle comprenait. Elle vivait par le regard.

— Te lèveras-tu ? répéta Mathias en la secouant avec rudesse.

Mais le bras de la veuve retomba lourdement, comme un objet inanimé, dès que le sergent l'eut lâché. Cet homme crut qu'elle le bravait, et il leva la main sur elle.

De violentes clameurs s'élevèrent aussitôt dans la foule. La voix aigre de la vieille Ursule Erath dominait toutes les autres. La bonne femme était indignée de cet acte de brutalité.

Le sergent, que la colère aveuglait, se retourna d'un bond.

— Oseriez-vous bien la défendre, vous autres ? s'écriat-il d'une voix rauque. Vous ne savez donc pas que cette méchante créature a poussé la haine contre moi jusqu'au crime ?

Et, comme les assistants gardaient le silence :

— L'autre nuit, continua-t-il, elle m'a conduit à la vallée d'Egelsthal, sous prétexte de me livrer son fils. J'ai été assez niais pour la suivre sans défiance. Mais, arrivés vers le milieu du maudit tronc d'arbre qui sert de pont au ravin, la mégère s'est élancée sur moi et m'a entraîné dans le gouffre avec elle.

— La Marannelé a bien fait, grommela Ursule Erath.

— La Marannelé est une bien bonne mère, ajouta la Geneviève.

Chacun se représentait par la pensée cette lutte terrible au milieu de la nuit, et un frémissement d'horreur circula dans la foule.

— Par quel sortilége cette fille de Satan s'est-elle tirée de l'abîme ? Je l'ignore, poursuivit Mathias. Ce que je sais, c'est que, sans le tapis de mousse et de broussailles que j'ai rencontré dans ma chute, j'aurais dû cent fois me briser bras et jambes ; c'est que, si le panier de vivres que cette coquine portait à son fils n'était pas heureusement tombé avec nous, j'aurais eu vingt fois le temps de mourir de faim et de servir de pâture aux corbeaux, avant qu'on songeât à me tirer de cette fosse. Et vous ne trouvez pas que cela crie vengeance ! Tonnerre ! elle sera pendue, ou j'y perdrai mon nom.

Il se tourna vers la veuve et la menaça du poing.

— Oui, tu seras pendue, c'est moi qui te le promets, sorcière !

M. Melchior Stauffer, à peine remis des violentes secousses qu'il avait éprouvées, s'approcha du sergent, et, hochant la tête avec tristesse :

— Hélas ! brave Mathias, dit-il, la pauvre femme a été cruellement punie et elle a bien expié son crime.

Le sergent regarda de travers l'excellent homme.

— Expliquez-vous plus clairement, monsieur le Bourgmestre. J'entends obtenir justice, et je ne suis pas un enfant qu'on leurre avec de belles paroles.

M. Stauffer parut blessé de cette réponse un peu brusque et lui répliqua sèchement :

— La Marannelé a eu affaire à un juge plus sévère que vous et que moi, sergent Mathias.

— Et peut-on savoir de quel juge vous entendez parler, monsieur le Bourgmestre ? demanda Werner d'un ton presque insolent.

— Ce juge, c'est Dieu, dit M. Stauffer avec un accent de véritable dignité, tandis que la plupart des assistants se signaient.

Mathias, troublé, baissa les yeux devant le digne homme qui poursuivit :

— Dieu a frappé de mort les bras qui vous ont précipité dans le gouffre, sergent, la bouche qui vous a trompé et qui vous a maudit ! Cette femme qui, dans l'exagération de son amour maternel, s'est laissé tenter par la pensée du crime, ne pourra plus serrer ses fils contre son sein, ni les appeler de cette voix qu'ils connaissaient depuis le berceau.

Werner regarda la Marannelé avec une sorte de rage et de déception :

— Ainsi, il ne me sera pas permis de me venger de cette perfide créature !

— Non, interrompit le bourgmestre. La malheureuse est paralysée. Ce châtiment de Dieu la place désormais sous la protection des hommes.

— Soit ! dit Mathias en ricanant, la mère est sous la sauvegarde céleste, mais nous tenons le fils, et il payera pour deux.

Le regard de la veuve s'alluma d'un feu sombre lorsqu'elle entendit cette menace.

— Ah ! ah ! s'écria le sergent, je savais bien que ton cœur n'était pas mort comme ta chair et que je viendrais à bout de le faire tressaillir ; sûre de l'impunité, tu semblais me défier tout à l'heure, et maintenant tu as peur. Tant mieux, tonnerre ! Oui, c'est moi, bonne mère, qui serai chargé de conduire à la caserne ton fils, le déserteur, c'est moi qui veillerai sur lui, c'est moi qui commanderai le peloton chargé de l'exécution de la sentence !

Les lèvres de la Marannelé devinrent blanches comme la craie et se contractèrent convulsivement. De grosses larmes tombèrent de ses yeux gonflés et coulèrent sur ses joues de marbre.

— Oh ! je suis bien sûr que tu souffres maintenant,

reprit Mathias. Si tu ne peux ni parler ni agir, au moins tu entends et tu comprends ; eh bien ! je t'engage à ne pas te flatter de quelque espoir insensé; notre général ne plaisante pas avec les déserteurs; il leur fait mettre du plomb dans la tête pour qu'elle soit moins légère. D'ailleurs, c'est d'un bon exemple. Ainsi ton bien-aimé Fritz sera fusillé avant quarante-huit heures.

La paralytique, dont les yeux étaient dilatés à faire peur, se tordit sur sa civière par une contraction musculaire semblable à celle qu'éprouve un cadavre soumis à l'action de la pile galvanique.

Mathias sourit.

— Fusillé ! c'est une jolie mort, et fort honorable, après tout, pour un déserteur. Tu me diras, sorcière, qu'on a vu des déserteurs obtenir leur grâce. C'est rare, mais ça s'est vu. La mère trouvait moyen de se trouver sur le passage du roi ou du général en chef, et, à force de larmes, de sanglots et de grimaces, elle obtenait la grâce du lâche. Malheureusement, tu ne pourras pas en faire autant, à moins d'un miracle. Tu ne pourrais pas, toi, sorcière, te jeter aux pieds du général, Dieu te l'a défendu. Tu ne pourrais pas lui crier : — Grâce ! mon fils est innocent ! Oh ! comme tu dois souffrir en pensant que, s'il t'était permis de remuer tes membres glacés et de faire vibrer cette bouche muette, ton fils serait peut-être gracié.

Les taches livides qui marbraient le visage de la paralytique disparurent sous une teinte d'un rouge sanglant; ses yeux se fermèrent; la douleur avait été plus forte que la volonté chez cette vigoureuse nature, et la misérable mère avait perdu connaissance.

La foule, émue de pitié, laissa éclater des murmures et des menaces que le sergent Mathias semblait braver dédaigneusement.

Le bourgmestre, craignant que les témoins de cette

16.

scène révoltante ne se laissassent entraîner à quelque acte de violence à l'endroit de l'implacable Werner, ordonna aux bûcherons d'enlever sur-le-champ les civières et de les transporter chez lui.

Jorgli et ses compagnons chargèrent les brancards sur leurs épaules.

— Et mon prisonnier? demanda Mathias à M. Stauffer.

Le bourgmestre se tourna vers le père Kurthil :

— Reconduisez maître Gaspard Melzer à son logis, dit-il, et remettez Fritz Wendel aux mains du sergent.

L'avare, reconnaissant sa vieille tour, se laissa emmener sans opposer aucune résistance.

— Comptez-vous partir sur-le-champ? reprit M. Stauffer en s'adressant à Mathias.

— Oui, monsieur le Bourgmestre, répliqua le sergent d'une voix sombre; car j'ai hâte de n'avoir plus à veiller sur un prisonnier si difficile à prendre et si difficile à garder.

— Si vous voulez déjeuner avant de vous mettre en route, ma maison vous est ouverte.

— Merci, monsieur Stauffer, c'est par cet exercice que j'ai commencé, une fois sorti du ravin. Ce que je vous demanderai, c'est une escorte de quelques hommes connaissant le pays mieux que moi, car mes soldats sont retournés à Stuttgard, et je me défie du fils de la veuve autant que de la veuve elle-même.

M. Stauffer fit signe aux gendarmes d'approcher, et leur dit :

— Vous accompagnerez jusqu'à Stuttgard le sergent Mathias, et vous lui obéirez en tout ce qui concerne le service.

Il prit ensuite congé de Werner et alla rejoindre les civières que la foule suivait tumultueusement.

Peu après, Fritz Wendel, les mains solidement liées

derrière le dos et escorté de gendarmes, apparut sur la place, qui était encore encombrée de curieux.

Les amis d'enfance du jeune sabotier se pressèrent autour de lui et l'embrassèrent avec effusion, tout en lançant à Mathias des regards pleins de menace.

— Fais un signe, mon garçon, dit brusquement le fermier Heinrich, et nous t'aurons bien vite débarrassé de ces vilains corbeaux !

— Tu peux compter sur moi, ajouta Jorgli le bûcheron. Certes, je suis un homme d'humeur pacifique ; mais ma cognée me démange dans la main quand je vois notre plus brave camarade garrotté comme un voleur.

Jockel, seul, se taisait, et, les yeux baissés, n'osait s'approcher de Fritz.

— Et toi, mon ami, lui demanda le fils de la veuve, pourquoi ne me dis-tu pas adieu ? T'aurais-je offensé sans le savoir, ou me méprises-tu, parce que je suis marqué comme un mouton pour l'abattoir ?

— C'est la honte qui me retient, répondit le marchand de chevaux, car, sans ma maudite langue, tu n'aurais pas été arrêté, Fritz. C'est moi, triple sot, qui ai averti le bourgmestre de se mettre en quête de l'homme qui avait escaladé le mur de maître Gaspard. Si j'avais su que c'était toi, mon pauvre garçon, on aurait pu m'arracher la langue plutôt qu'une parole.

Le jeune sabotier sourit.

— Tu es un brave homme, Jockel, et personne ne te regardera comme un Judas. Tu as fait ton devoir de bon voisin. Tant pis pour moi si j'ai pris un chemin défendu ; j'en porte la peine et ne dois rien reprocher à personne. Merci de votre amitié, mes bons compagnons. Je suis triste de vous quitter ; mais j'ai attiré sur ma tête, volontairement ou non, l'épée de la justice humaine et je ne veux pas chercher à l'éviter. Il faut respecter la loi, fût-

elle injuste. Si une seule goutte de votre sang coulait pour
me défendre contre la loi, je cesserais d'être innocent aux
yeux de Dieu et je mériterais réellement ma destinée.

Le sergent l'interrompit et menaça du geste les amis
de Fritz.

— Fais le bon apôtre, va, et prêche la paix, mon
agneau! En tout cas, ce ne sont pas ces fanfarons de
paysans qui t'arracheraient de mes mains et qui me fe-
raient tourner le dos.

Les gens de la forêt murmurèrent, mais le prisonnier
leur adressa un regard suppliant.

— Tu peux leur faire tes adieux, à ces fiers gaillards,
car ils ne te reverront jamais, continua Mathias. Ta mère
m'a joué un tour de sa façon; mais je vais prendre joli-
ment ma revanche.

Il écarta brutalement la foule, et l'escorte se mit en
marche.

Au même instant, Marguerite Melzer, vêtue de la robe
de novice qu'elle portait au couvent, la tête couverte de
son long voile de laine blanc, descendit lentement les
degrés de la vieille tour et s'avança vers le jeune sabotier qui tressaillit de surprise.

— Toi ici, Gretlly! s'écria-t-il, croyant rêver.

Marguerite le regarda avec une sorte de calme navrant. La résignation des martyrs avait posé son em-
preinte sur ce front d'enfant, et revêtu d'une majesté singulière cette candide figure. On devinait que son amour
s'était épuré en traversant des épreuves morales si terribles. Ce n'était plus l'abandon naïf d'une involontaire
sympathie, ni l'élan passionné de cette nuit d'anxiété
et de périls qui avaient remué toutes les fibres de son
cœur. On eût dit que la vie avait déjà déserté son corps
aérien et que son âme seule vivait, planant au-dessus des
misères humaines.

Fritz et tous les assistants croyaient voir une sainte détachée de son cadre et marchant d'un pas léger comme la brise sur la fange terrestre.

— Mon ami, répondit-elle d'une voix grave et douce, je viens d'embrasser mon pauvre père pour la dernière fois et je m'exile de notre maison pour toujours.

Fritz, la voyant marcher à côté de lui, sans agitation et sans larmes, fut saisi d'inquiétude. Il craignit que la raison de la jeune fille ne fût troublée.

— Pourquoi ce costume, ma Grettly, et quel est ton projet? lui demanda-t-il.

Elle répliqua de ce ton monotone qui faisait mal :

— Je veux t'accompagner jusqu'à Stuttgard, mon ami, et ne me séparer de toi qu'au dernier moment; c'est mon devoir de sœur. Certes, tu n'as pas besoin qu'une femme soutienne ton courage ; mon Fritz sait regarder la mort en face, mais je ne veux pas que tu te croies abandonné de tous ceux que tu aimais. En me regardant, tu verras ton pays marcher avec toi ; en m'entendant, tu croiras écouter la voix de la Marannelé. Non, il n'est pas bon que l'homme qui va mourir reste seul abîmé dans l'amertume de sa tristesse, et ne rencontre autour de lui que des visages indifférents, dédaigneux ou hostiles.

Elle marchait toujours à côté du prisonnier.

— Je t'en supplie, Grettly ma bien-aimée, dit Fritz, renonce à cette étrange idée. Me suivre dans ce dernier voyage, ce serait une épreuve au-dessus de tes forces ! Ne sais-tu pas qu'au bout de la route tu trouveras sous tes pieds une fosse remplie de sang? Il n'y a pas de place pour les femmes à ces tueries de la loi militaire. La femme doit pleurer et prier au logis en cachant sa pâleur et son angoisse sous le voile, et non s'exposer aux railleries des foules. Tu ne saurais m'assister à l'heure fatale, car les curieux diront, en te montrant au

doigt : — Quelle est cette femme ? Est-ce la sœur ? est-
ce la femme du prisonnier ? Et comme tu ne pourras répondre, on t'insultera peut-être. J'entendrai les insultes,
je serai impuissant à te défendre, et je mourrai avec le
désespoir dans le cœur.

Marguerite marchait toujours du même pas rapide et
léger. Elle répondit :

— Je n'entendrai pas ces outrages, mon Fritz, car je
te regarderai ; ma pensée et mon cœur seront absents de
moi ; il ne sera au pouvoir de personne de m'offenser.
Dieu a compté tes heures de vie, mais il n'a pas détaché
ta destinée de la mienne. C'est en vain que j'essayerais
de retenir mon corps immobile dans la maison de mon
père ; mes pieds iraient te rejoindre, mes mains s'éten-
draient vers toi et ma voix t'appellerait. Pourquoi lutte-
rais-je contre cette volonté de mon âme qui te suit et
qui me pousse ?

— Il le faut cependant, ma Grettly, il le faut, répliqua
le jeune homme d'une voix altérée ; je ne dois pas permettre que tu te donnes ainsi en spectacle pour tenter les
méchantes langues. D'ailleurs, j'ai besoin de tout mon
courage, et ta vue me causera certainement quelque
défaillance. Tu ne voudrais pas, Grettly, que ton frère
de lait passât pour un lâche.

Marguerite ne s'arrêta pas, mais elle fixa sur lui un
regard étonné :

— Tu ne m'aimes pas bien, Fritz, si ma vue ne fortifie
pas ton esprit et ton cœur. Quand je marche à tes côtés,
tu dois oublier le malheur qui t'escorte. Tu me parles
des railleurs et des méchants ! que m'importe leur venin !
Tu crains pour moi la fatigue ou l'horreur du sang
innocent versé. Je ne suis pas une demoiselle de la ville,
mais une paysanne de la forêt. Quand les ennemis brûlaient le Palatinat, nos aïeules accompagnaient leurs

frères et leurs maris non-seulement dans les grottes de refuge, mais sur les champs de bataille.

Les yeux bleus de la jeune fille étincelèrent d'une sorte d'inspiration et d'enthousiasme, tandis qu'elle prononçait ces dernières paroles. Fritz s'avoua vaincu.

—Fais donc suivant ta volonté, Grettly, murmura-t-il avec une profonde émotion. Mais pourquoi as-tu pris ce costume?

— Parce qu'il inspirera le respect à ceux qui seront tentés de me blâmer, mon Fritz, et parce qu'il ne doit plus me quitter.

— C'est impossible! cette robe est un sépulcre pour ta jeunesse et ta beauté, chère sœur.

Marguerite laissa un vague et fugitif sourire errer sur son pâle visage :

— As-tu donc cru, mon ami, que je recommencerais la vie? Je ne veux pas lutter contre mon vieux père; il s'entêtera à m'imposer un mari de son choix, et il m'est impossible de lui obéir. Je me réfugierai dans ce couvent que j'ai eu si grande hâte de quitter. Ma vie de recluse s'écoulera monotone et froide comme l'eau de la source cachée, que ne dore jamais un rayon de soleil, jusqu'à ce que Dieu, prenant mon désespoir en pitié, me rappelle à lui.

— Et c'est moi qu'on accusera d'avoir exigé ce sacrifice, s'écria Fritz Wendel; mais Dieu t'a faite jeune et belle pour vivre, Grettly, et non pour ensevelir un mort dans ton cœur. Oublie-moi! oublie-moi! J'ai passé comme un orage dans ta vie, et je l'ai troublée à jamais. Dieu m'en demandera compte. O chère sœur! oublie-moi!

— C'est impossible, mon ami. Celui qui a mis ton image dans mon cœur ne saurait être un juge bien rigoureux. Avec toi la vie m'aurait été douce; mais, si tu meurs, c'est la mort qui m'attirera avec une force irrésistible, parce que je sens qu'elle doit me réunir à toi.

Regarde donc l'avenir d'un air riant, mon Fritz! Peut-être est-ce un bien de quitter, jeunes et le cœur radieux, cette terre ingrate, en songeant qu'il est un séjour meilleur où nos âmes se rejoindront! Pour être fort et résigné devant la mort, il faut espérer et croire.

Le sergent Mathias, inquiet de l'exaltation étrange qui illuminait le visage de la fille de Melzer, s'approcha :

— Mon enfant, lui dit-il d'un ton bourru, vous ne pouvez continuer à marcher ainsi à côté du prisonnier. Retournez à Nordstetten auprès de votre père ; c'est là votre place.

Marguerite le regarda avec une expression touchante :

— Ne soyez pas si dur envers moi, monsieur le sergent. Je ne ferai pas de bruit. Je parlerai si bas! Je me tairai, si vous l'exigez. Mais laissez-moi faire route avec lui! Vous n'avez pas peur que je lui ôte ses liens et que je lui donne la clef des champs, n'est-ce pas ?

— Retirez-vous, ma belle, il le faut, insista Mathias. Ce serait un joli spectacle, cornes du diable! si chaque recrue ou chaque déserteur était suivi d'une procession de jupes, à titre de cousines ou de sœurs de lait. D'ailleurs, les pleurnicheries des filles, ça affadit le cœur et ça donne un croc-en-jambe à la discipline.

— Obéis, Grettly, obéis, et ne t'expose pas à quelque mauvais traitement, dit le jeune sabotier.

— Ne vous fâchez pas, monsieur le sergent, répondit Marguerite avec douceur ; je me contenterai de vous suivre de loin, puisque vous le voulez.

Mathias Werner éclata de rire.

— Nous suivre, la belle! mais nous allons à Stuttgard.

— Et moi aussi, je vais à Stuttgard, répliqua-t-elle, je retourne à mon couvent, et je croyais qu'un brave soldat comme vous, sergent Mathias, devait plutôt me protéger contre toute mauvaise rencontre, que me chasser comme une fille vagabonde.

Werner fut flatté de cet appel à sa générosité et grommela entre ses dents :

— C'est bien, vous êtes d'une race habile à nous enjôler, nous autres ; les femmes ont toujours raison. Faites donc comme il vous plaira, la belle. Au fait, pourquoi enlever à ce malheureux une dernière consolation ?

— Oh ! merci, monsieur le sergent, dit Marguerite avec une vive expression de reconnaissance.

Elle reprit sa place à côté de son frère de lait et continua à marcher sans lui parler ; mais ils échangeaient des regards plus éloquents que la parole, le monde entier disparaissait à leurs yeux, et Fritz Wendel ne sentait plus les liens qui entraient dans ses chairs.

Cependant la route devenait difficile, et la petite troupe était souvent obligée de faire halte. Le ciel s'était zébré de larges bandes de nuées fauves et cuivrées, et avait fini par ressembler à une coupole de basalte morne et désolée. Au calme profond de l'air succéda tout à coup un bruit semblable à celui de dix mille chariots roulant sur le pavé, quand les vents se déchaînèrent. Des rafales enragées, des ondées diluviennes et de soudains zigzags d'éclairs rompirent alors le sinistre silence de la nature. Les animaux de la forêt fuyaient et se cachaient dans leurs terriers.

Inquiet de ces symptômes menaçants, Mathias Werner ordonna de hâter le pas pour arriver au pont du Necker, d'autant plus que le gendarme Girl lui avait appris la crue récente de la rivière. L'escorte coupa donc à travers champs et taillis pour abréger le chemin, mais lorsqu'ils croyaient tous déboucher d'un sentier des bois à peu de distance de la berge, ils s'arrêtèrent devant un tableau de désolation d'une formidable grandeur.

Les rives du Necker, la plaine et les bois, tout était envahi par l'inondation.

XX

La Bàrque.

L'espace n'offrait aux yeux qu'un immense lac, mais un lac trouble, tumultueux, jaunâtre, bouleversé par des remous et des tourbillons, dont les spirales d'écume ressemblaient à des serpents gigantesques. Les arbres de la lisière baignaient leur verte chevelure dans des flaques d'eau glauques ; les uns tordaient leurs branches dans des amas de grandes herbes et de joncs, les autres portaient leurs cimes au-dessus du flot comme des nageurs éperdus qui appellent au secours.

De grosses poutres venaient trouer des meules énormes ; des bahuts, des tables et des escabeaux s'échouaient contre des charrettes brisées ; quelques berceaux flottaient à la dérive ; des chevaux et des ânes se débattaient vaillamment contre la vague bourbeuse.

Les torrents, grossis par la fonte des neiges, avaient

précipité leurs avalanches d'eau dans le Necker et rendu sa crue formidable.

Les corbeaux criaient et voletaient autour des branches les plus hautes, en signe de réjouissance, car l'inondation leur charriait une abondante pâture.

Çà et là, des villages riverains avaient été surpris et noyés au milieu de la nuit. Mathias, consterné, montra aux gendarmes Girl et Wilhem les clochers qui élançaient leurs flèches vers le ciel comme un appel désespéré.

— Nous ne pourrons jamais traverser le Necker, dit Girl; quant au pont, il est peut-être emporté.

— Ce serait folie de ne pas revenir sur nos pas, dit Wilhem.

Le ciel noircissait de plus en plus, et les rayures rouges qui le tigraient par instants, les nuées blafardes qui nageaient à l'horizon lui donnaient un aspect fantastique. En vrais Allemands, les gardiens de Fritz pensèrent tous à la nuit de la Walpurgis, où les sorcières célèbrent leur sabbat sur les montagnes du Hartz. La pluie tombait par nappes, fouettée de grésil.

Cependant Mathias Werner affecta une assurance héroïque.

— Êtes-vous des femmelettes pour avoir peur de vous mouiller le dos et les pieds? dit-il avec un rire un peu forcé. Allons, Girl, mon brave, courez à la découverte. Voyez si le pont est encore debout et tâchez de nous trouver une barque.

Girl partit sans faire d'observation. Ils attendirent une demi-heure. Le sergent commençait à maugréer et à jurer, craignant que le gendarme ne revînt pas. Il revint et dit :

— Le pont n'est pas emporté, mais il n'en vaut guère mieux. Il vacille sur ses vieilles arches comme un ivrogne sur ses jambes. Les paysans qui l'encombrent avec leurs bestiaux font un tapage infernal et crient à l'aide, comme s'ils croyaient que leurs saints patrons vont descendre du ciel pour les tirer du danger ; mais il n'y a que de l'eau sur leurs têtes, de l'eau sous leurs pieds, de l'eau aussi loin que leur regard peut s'étendre.

— Mais n'as-tu pas vu le passeur Kunz ? demanda vivement Mathias.

— Kunz a trop chargé sa barque ; elle a chaviré contre des débris flottants, et le pauvre diable a péri.

— Et qu'est devenue la barque, camarade ?

— Elle est amarrée dans les roseaux, aux racines d'un vieux saule, répondit Girl en hésitant ; mais que nous importe ?

— Il importe beaucoup, dit le sergent ; nous voilà hors d'affaire ; nous allons traverser le Necker...

— Au milieu de ces courants qui se croisent comme des escadrons ennemis, interrompit Girl stupéfait, au milieu de ces tourbillons et de ces remous furieux ! Mais c'est vouloir se perdre de gaieté de cœur, sergent Mathias !

— Comment gouverner la barque, qui sera secouée comme une coquille de noix ? ajouta Wilhem. Attendons plutôt la fin de la tempête et la baisse de la rivière.

— Ah ! les braves soldats ! s'écria Mathias en ricanant ; ils attendront qu'un nouveau Moïse leur fasse traverser le Necker à pied sec ! Je pense que vous ne parlez pas sérieusement, mes camarades. D'ailleurs, je suis votre chef, vous avez ordre de m'obéir, et j'ordonne d'embarquer.

Les gendarmes le regardèrent avec une surprise mêlée d'un certain respect pour son courage. Girl dit seulement.

— Si le vent était tombé, on pourrait encore tenter l'aventure avec quelque chance de réussir.

— Bah ! dit le sergent, je n'ai pas eu peur des Prus-

siens et des Turcs, je ne reculerai pas devant un orage
et une rivière un peu gonflée par la pluie.

Ils se dirigèrent vers l'îlot où la barque de Kunz se
trouvait amarrée, et Mathias témoigna une joie assez vive
lorsqu'il eut vérifié qu'elle était suffisamment grande et
solide avec ses trois bancs et sa membrure presque neuve.

— Allons, montez, camarades, dit-il en riant, et faites
coucher votre prisonnier au fond de la barque. Veillez
bien sur lui avant toute chose ! Qu'un de vous prenne
la gaffe ; moi, je me charge des avirons.

Quand Fritz, toujours silencieux, et les deux gendarmes furent entrés, Marguerite releva les plis de sa robe
et posa son petit pied sur le bord de la barque.

— Eh bien ! où allons-nous, la belle ? s'écria Mathias
en l'arrêtant par le bras.

— N'est-il pas convenu que je vais en même temps
que vous à Stuttgard, monsieur le sergent ?

— Sans doute, je vous ai promis protection, mais j'i-
gnorais alors que le Necker eût débordé, et je croyais
que nous n'aurions qu'à traverser le pont.

Marguerite joignit les mains, et d'une voix plaintive :

— Hélas ! monsieur le sergent, dit-elle, aurez-vous le
cœur assez dur pour m'abandonner toute seule, si loin
de la maison de mon père, si loin de tout secours, sur ce
rivage inondé, au milieu de cette effroyable tempête,
lorsque vous m'avez prise sous votre sauvegarde ?

— Mais, répliqua Mathias avec impatience, vous cour-
rez plus de dangers dans la barque, ma chère enfant, qu'en
retournant à Nordstetten. De plus, ce serait trop charger cette misérable coquille et nous exposer à chavirer.

— Non, non ! c'est un prétexte, cela. Vous m'avez
promis, et si vous manquiez à votre parole, vous seriez
un soldat sans foi et sans honneur.

Ce reproche piqua l'amour-propre du sergent.

— Diable de fille ! murmura-t-il en se consultant. Allons, il n'y a pas moyen de lui résister. Venez donc !

Et il l'aida lui-même à monter dans la barque. A peine y fut-elle entrée, qu'on entendit à cinquante pas les aboiements d'un chien. Marguerite tressaillit et retourna vivement la tête : elle avait reconnu la voix de Burck, et cependant elle avait enfermé le fidèle animal, afin qu'il ne la suivît pas.

Mais Burck, trompant la vigilance de dame Catherine, s'était échappé du logis.

— Eh ! ah ! attention, camarades ! Voilà le chien dressé par ce fils de sorcière ; si on a le malheur de l'exciter contre nous du geste ou de la voix, si la bête montre seulement les crocs, abattez-le d'un coup de feu. Je suis payé pour me défier des Wendel et de toute leur race, chien compris.

Il ramassa en même temps quelques pierres et les lança maladroitement contre Burck, qui, sensible à ce mauvais accueil, fit un temps d'arrêt et s'éloigna, mais à reculons, comme un chien bien décidé à revenir à la charge.

Alors Mathias Werner sauta lestement dans la barque borda ses avirons, tandis que le gaffier Girl poussait hors et se mit à ramer vigoureusement dans la direction de l'autre rive.

Burck, voyant s'éloigner la barque qui emportait Fritz et sa jeune maîtresse, s'élança dans l'eau et se mit à nager à quelque distance du bateau, tantôt à droite, tantôt à gauche, et sans cesser d'aboyer.

Le sergent, à qui il inspirait une insurmontable défiance, le surveillait sournoisement ; lorsqu'il sentit que la barque oscillait en luttant contre un courant assez rapide, il voulut profiter de ce que la pauvre bête nageait presque à portée du bord pour lui assener un violent coup d'aviron sur la tête.

Mais Burck esquiva fort adroitement le coup, et, suivant la coutume immémoriale des chiens, qui s'en prennent plus volontiers au bâton qui les frappe qu'à l'homme qui dirige le bâton, il saisit la rame entre ses crocs aigus, l'arracha des mains du sergent, et après l'avoir secouée un instant avec colère, il la rejeta loin de lui.

Mathias proféra un terrible juron ; il voyait l'aviron que le gendarme avait essayé de ressaisir avec sa gaffe, s'engager rapidement dans un inextricable réseau d'herbes à longues feuilles rubanées qui flottaient à fleur d'eau. Il fallut l'y abandonner, car ni le sergent ni ses hommes ne savaient nager. D'ailleurs, le bateau, qu'on ne gouvernait plus et que le courant entraînait, était déjà à quarante brasses de l'aviron.

Il y eut alors un moment d'inexprimable désordre et de consternation dans cet étroit espace, arche de salut de cinq personnes. Le vent rugissait comme si tous les démons sortis de l'enfer soufflaient par des porte-voix monstrueux. L'eau resserrée tout à coup entre deux collines boisées, dont les panaches verts s'agitaient confusément, avait noyé tous les fonds ; elle écumait en grondant comme une détonation d'artillerie et charriait avec ses grandes lèvres bouillonnantes d'énormes arbres brisés comme des fétus de paille.

La barque dansait sur cette mousse d'eau plus blanche que la neige, entre ces files de sapins submergés qui ressemblaient à des fantômes curieusement penchés pour la voir passer. L'inondation montait toujours et on eût dit que la terre, vaincue dans ce duel terrible, allait s'absorber tout entière et s'anéantir sous un linceul mouvant.

Le sergent Mathias Werner était pâle de vertige. Ce soldat endurci connaissait pour la seconde fois la peur. Autour de lui n'éclataient ni fanfares de trompettes ni pétillements de mousqueterie pour exalter ses instincts, ni hurrahs de camarades pour réveiller son cœur et l'encourager au péril comme à une fête. Ses cheveux se hérissaient, et il se rappela tout à coup un petit tableau enfumé, collé au mur de la chambre de son père, et que tout petit il regardait souvent avec des yeux étonnés, car ce petit tableau représentait une scène du déluge.

Les trombes de pluie ne cessaient pas, et la barque filait à la dérive.

Le gendarme Girl disait d'un air abattu :

— Ne l'avais-je pas bien prévu, sergent ? mais je ne pouvais désobéir à vos ordres.

— Sergent, vous répondrez de notre mort, disait Wilhem.

Mathias ne répliquait rien ; son dos était mouillé de sueur ; il avait peur de mourir de cette mort obscure. Il regarda machinalement Fritz, qui, couché au fond de la barque, ne donnait aucun signe d'émotion. Marguerite, agenouillée près de lui, soutenait sa tête, et ils causaient tous deux avec autant de sérénité que s'ils eussent été assis sous le berceau du jardin de maître Gaspard.

— Ma pauvre Grettly, soupirait le jeune sabotier, pourquoi m'as-tu aimé ? pourquoi m'as-tu suivi ? La mort nous enveloppe de son drap funèbre. Je suis ton mauvais génie. Comment n'aurais-tu pas le cœur glacé d'effroi lorsque ces rudes soldats ne peuvent cacher leur épouvante ?

Marguerite souriait. Elle répondit :

— Oh ! comme tu lis mal au fond de mon âme, cher frère ! Tu ne comprends donc pas que je suis heureuse au milieu de tout ce désastre ? Oui, nous allons périr, je le sais, je le vois ; mais tu ne seras pas traîné devant tes juges, tu ne seras pas condamné, tu ne mourras pas honteusement. C'est Dieu qui a béni ma résolution et qui a

permis que la mort nous réunît. Soyez loué, Seigneur !
Oui, sous ces éclairs sanglants, sous ce ciel noir comme
les portes de l'enfer, je sens mon cœur tressaillir de joie,
comme sous la treille du jardin, quand, en plein soleil,
tu tenais ma main dans la tienne. Quant à ces soldats
qui tremblent, je ne puis les plaindre, ils ont été méchants pour toi et ils sont punis d'avoir voulu hâter
l'heure de ton jugement.

— Ils ont fait leur devoir, dit Fritz avec douceur. Prie
pour eux, Grettly.

— Prier pour eux ! répliqua-t-elle étonnée.

— Si j'avais les mains libres, je pourrais les sauver,
Grettly, et je le tenterais, car Dieu ordonne de pardonner
à ses ennemis. Je sais nager avec un aviron.

Le gendarme Girl entendit ces paroles et se pencha vivement vers Mathias :

— Le prisonnier prétend que, si on lui ôtait ses liens,
il empêcherait la barque de se perdre, dit-il à voix basse.

Le sergent fit une grimace de possédé :

— Gardons-nous-en bien ! répondit-il, car la haine et
la défiance l'emportaient encore chez lui sur la terreur ;
pure vantardise de ce drôle. Une fois libre, il se jetterait
dans le Necker, et ce n'est ni vous ni moi qui irions l'y
chercher.

En ce moment, un éclair rouge illumina tout l'espace
d'une lueur diabolique, et chacun vit les arches rompues
du vieux pont qui semblaient s'affaisser dans les montagnes d'écume qui rugissaient contre les piles, tandis
que les paysans réfugiés dessus criaient lamentablement
et élevaient leurs bras vers le ciel fulgurant.

Comme dans un rêve, le pont nageait vers la barque,
semblable à un poisson gigantesque.

— A la godille ! sergent, à la godille ! s'écria Fritz
avec la voix impérative du commandement, si vous ne

17.

voulez pas que nous nous brisions avant cinq minutes contre les piles.

Il avait tourné la tête vers Mathias et ses acolytes, qui, muets d'épouvante, se tenaient stupidement crampponnés au banc de la barque. Le sergent, éperdu, obéit avec la docilité d'un enfant ; il recouvra un courage factice, ramassa l'aviron qui lui restait et voulut exécuter la manœuvre de salut, mais ses mains tremblaient comme agitées par la fièvre..

La barque tournoyait sur elle-même et descendait avec une si prodigieuse rapidité que le pont ne semblait plus nager, mais bondir à sa rencontre.

Mathias laissa tomber sa rame avec un sombre découragement.

— Cet homme se perd ! la peur le rend fou ! dit le jeune sabotier à Marguerite ; il ne connaît rien à la manœuvre. J'ai souvent conduit des flottes de bois sur le Necker, et je ne veux pas que tu meures si misérablement, Grettly. Romps mes liens ! coupe ces cordes !

— Ne songe pas à moi ! répliqua-t-elle, mais sauve ces méchants, si c'est possible. Agis comme un vrai chrétien.

Et elle essaya de rompre les liens du prisonnier avec ses mains mignonnes ; mais en vain elle y employa toute sa force, elle s'épuisa en stériles efforts et finit par dire avec désespoir :

— Je ne peux pas, Fritz, je ne peux pas.

Cependant Mathias Werner, abîmé dans une stupeur indicible, fixait machinalement ses yeux sur la robe de novice de Marguerite, et les superstitions barbares de sa jeunesse lui revenaient à l'esprit :

— Cette tempête n'est pas naturelle, se disait-il ; nous avons certainement au milieu de nous un porte-malheur. Je ne voulais pas laisser entrer cette fille dans la barque. C'était une inspiration de mon saint patron.

Robe de nonne ou robe de moine, ça porte malheur sur l'eau, n'est-ce pas, Girl ? demanda-t-il à haute voix.

— Tout le monde le dit en terre allemande, répliqua le gendarme.

— Et dans tous les autres pays, ajouta Wilhem.

Mathias promena autour de lui des yeux hagards.

— J'ai raison, n'est-ce pas, camarades ? Puis il s'aperçut que Marguerite essayait de rompre les liens du prisonnier, et heureux de trouver un si bon prétexte pour motiver sa mauvaise action, il s'écria :

— Ah ! tu nous trahis, indigne créature, tu cherches à délivrer ton amant ! Allons, camarades, saisissez cette fille et jetez-la hors de la barque. La tempête s'apaisera aussitôt.

Il n'osait pas mettre la main sur la pauvre enfant et ses compagnons eux-mêmes ne s'avancèrent qu'avec hésitation, mais Marguerite indignée s'était levée et les bravait d'un regard fier.

— Oserez-vous bien, dans l'espoir insensé de vous sauver, porter des mains violentes sur une femme qui s'est confiée à votre protection ? Croyez-vous conjurer par un crime la colère de Dieu ? Croyez-vous n'avoir pas à répondre de ma mort, vous qui êtes les officiers de la justice ?

— Non, pas de pitié ! s'écria le sergent hors de lui. C'est cette robe maudite qui a excité la tempête !

Marguerite résignée se tut ; elle croisa chastement ses mains sur sa poitrine et attendit, les yeux fixés sur Fritz Wendel, tandis que les gendarmes s'approchaient.

Mais le jeune sabotier venait de se lever par un effort surhumain, et il cria à ces hommes :

— Lâches et fous que vous êtes ! ne touchez pas à cette jeune fille, ou je fais chavirer la barque !

Girl et Wilhem s'arrêtèrent.

— Obéissez ! n'écoutez pas ce misérable ! reprit Mathias

exaspéré. Cette fille a mérité la mort. Pourquoi cherchait-elle à rompre les liens de notre prisonnier ?

— Parce qu'il devait avoir les mains libres pour vous sauver, répliqua Marguerite. Fritz Wendel m'a assuré qu'il peut conduire la barque avec un seul aviron.

Un éclair d'espoir passa sur le front sombre du sergent. Il demanda aussitôt à Fritz :

— Dit-elle vrai ?

— Détachez les cordes qui garrottent mes poignets, et vous en aurez la preuve.

La barque avait déjà franchi les deux tiers de la distance qui la séparait du pont au moment où l'éclair l'avait fait entrevoir à tous comme une vision fantastique ; les arches s'effondraient sous les secousses des flots furieux, et les paysans qui couraient çà et là, affolés par l'effroi, n'avaient ni perches ni cordages à tendre aux passagers de ce bateau emporté comme une pierre lancée par la fronde.

— Coupez les liens du prisonnier ! cria Mathias Werner, étourdi des clameurs qui venaient du pont, et détournant la tête pour cacher sa confusion.

Girl et Wilhem s'empressèrent d'obéir :

— Te voilà libre ! dit l'un.

— Sauve-nous donc, si tu en as le pouvoir ! dit l'autre.

Le jeune sabotier s'empara de l'aviron, mais il n'eut pas plutôt jeté un regard rapide autour de lui, qu'il s'écria d'une voix amère :

— Il est trop tard ! Vous avez perdu en vaines paroles les minutes qui vous auraient donné la vie.

Le sergent poussa un cri de rage ; ses compagnons se débarrassèrent de leurs armes et, se cramponnant au rebord de la barque, ils attendirent la mort en silence.

Fritz Wendel s'était rapproché de Marguerite.

— Passe ta main dans ma ceinture, lui dit-il à voix

basse, afin que la secousse terrible qui va briser la barque ne puisse nous séparer, et je te sauverai, ma Grettly.

— Tu sais, répondit-elle en le regardant avec une inexprimable tendresse, que je ne veux pas être sauvée. Te voir tomber sous le feu des soldats, m'éteindre, moi, dans la lente agonie du cloître, voilà ce qui me fait peur ! Mourir dans tes bras, sous ces flots irrités, voilà une mort heureuse !

Fritz garda le silence. Un charme si puissant émanait de la voix de la jeune fille, ses grands yeux suppliaient si doucement, qu'il fut sur le point de céder à la tentation de lui obéir ; mais lorsqu'il la contempla si radieuse et si belle, semblable, avec ses cheveux blonds dénoués et fouettés par l'orage, à une jeune druidesse conjurant les éléments, il se sentit ému de compassion et d'amour, il résolut de la sauver malgré elle.

Ce silence trompa Marguerite, elle crut naïvement que son frère de lait acceptait le sacrifice de sa vie, qu'elle offrait avec une simplicité si touchante, et elle sourit en regardant le ciel.

— Maintenant, ami, dit-elle, tournons toutes nos pensées vers Dieu, et mourons en chrétiens.

Elle n'avait pas achevé que des cris terribles éclatèrent sur le pont. La barque venait de se briser contre une des piles et de se déchirer comme un morceau de toile avec un effroyable craquement ; tous les passagers tombèrent renversés au milieu de ses débris épars, et le flot qui s'était entr'ouvert se referma sur eux.

Les courants secondaires en se rencontrant formaient des tourbillons qui attiraient au fond de l'eau, mais pour le rejeter plus loin, tout ce qui nageait à la surface. Les naufragés reparurent donc successivement à quarante brasses environ du pont : ils se débattirent un instant, et le flot les reprit aussitôt.

XXI

Le Jugement.

Fritz seul ne disparut pas.

La tête et les épaules hors de l'eau, il rejeta en arrière ses longs cheveux qui, en se collant à son front, l'aveuglaient, et il promena autour de lui des regards étincelants.

Il cherchait Marguerite, dont il avait été violemment séparé ; ne l'apercevant pas à la surface, il allait plonger, lorsque son cœur tressaillit.

Burck avait été plus heureux que lui ; le courageux animal avait saisi par sa robe la jeune fille qui venait de reparaître pour la seconde fois ; après l'avoir tirée hors du courant, en lui soutenant avec une merveilleuse sagacité la tête à fleur d'eau, il la poussait vaillamment vers une sorte d'alluvion ou d'îlot flottant, détaché de la rive et que la rivière charriait comme un bloc de glace, tout chargé de joncs et d'arbrisseaux.

Le jeune homme jeta un cri de joie, et dans sa reconnaissance envers Dieu, il résolut de sauver, si c'était possible, le sergent et ses acolytes qui se noyaient de compagnie.

Il plongea donc aussitôt.

Quelques secondes s'étaient à peine écoulées que les gens qui encombraient le pont virent deux têtes surgir à la surface de la rivière.

C'était Fritz qui venait de repêcher Wilhem par les cheveux, tandis que Girl cherchait avec des efforts désespérés à s'accrocher comme un boulet à la jambe du jeune homme ; il n'y parvint heureusement qu'à l'instant où ce dernier atteignait l'îlot.

Sans perdre de temps, Fritz se renversa en arrière et se laissa entraîner à la dérive. Arrivé à une place où s'amoncelait une flotte de grandes herbes il se lança la tête en avant et disparut.

Une minute s'écoula, et cette minute parut longue comme un siècle à Marguerite, qui attendait avec des frémissements d'angoisse le retour du plongeur.

Enfin elle vit les joncs et les herbes se tordre violemment, les eaux bouillonner et Fritz remonter à la surface, en poussant devant lui le corps de Mathias Werner. Le sergent tenait dans chacune de ses mains, convulsivement serrées, une poignée de roseaux auxquels il s'était accroché au fond de la rivière.

Le jeune sabotier aborda bientôt à l'îlot, qui résistait mieux qu'une barque aux courants, et tandis qu'ils erraient à l'aventure sur cette plaine liquide, ils virent le pont s'écrouler et les vagues engloutir tous les malheureux qui avaient cru y trouver un asile.

Deux heures après, l'îlot vint s'échouer contre une colline qui barrait l'inondation comme une digue, et où s'étaient réfugiés un grand nombre de familles fugitives qui avaient échappé au désastre.

Pendant que les gendarmes transportaient Mathias Werner à terre et cherchaient à le rappeler à la vie, Marguerite serra la main de son frère de lait, et lui dit :

— Mon Fritz, profite de ce que personne ne songe à toi en ce moment, pour te sauver dans les bois.

Le fils de la veuve la regarda :

— Est-ce bien toi qui me donnes ce conseil, Grettly ?

— Oui, sauve-toi, reprit-elle d'une voix suppliante ; ce n'est pas pour que tu restes entre les mains de ces hommes de sang que Dieu nous a si miraculeusement tirés du danger.

— M'enfuir ! dit le jeune sabotier avec découragement, m'enfuir pour vivre loin de toi, malheureux, proscrit, condamné à un avenir infâme, mieux valait ne pas disputer ma vie aux eaux furieuses.

Marguerite lui montra du geste la colline :

— N'hésite pas une minute de plus, mon frère, tout à l'heure il sera trop tard ! regarde !

En effet, à une demi-portée de fusil, stationnait une compagnie de soldats dont les armes étaient en faisceaux, et qui formait le cercle sur le terrain défoncé par la pluie.

Au milieu de ce cercle chevauchait un vieux général qui attirait tous les regards par sa taille imposante. C'était une de ces physionomies rudes et martiales qu'il suffit de voir une seule fois pour se les rappeler toujours. En lui tout était carré, la face, les épaules et les poings. A la moindre contradiction, sa moustache blanche et épaisse se hérissait comme celle d'un chat en colère, et son petit œil, car il avait sans doute perdu l'autre à la bataille, disparaissait sous ses sourcils aussi blancs et aussi épais que sa moustache ; sa voix dure et vibrante s'entendait par-dessus toutes les autres comme le bruit du canon domine le pétillement de la mousquetade.

C'était le vieux Max Binder, le général le plus redouté

du soldat en temps de paix, le plus aimé en temps de guerre.

Poussé par un insatiable besoin de mouvement et d'action, il s'était imposé la tâche de rétablir, dans le corps d'armée qu'il commandait, la discipline qui se relâchait de jour en jour, et de frapper surtout des peines les plus sévères la désertion et la maraude.

Depuis un mois, il parcourait le pays, faisant ramasser les déserteurs, et convoquant à son de caisse les paysans qui pouvaient avoir à se plaindre des rapines du soldat.

Ce conseil de guerre du vieux général, devant lequel comparaissaient ensemble délinquants et plaignants, siégeait sur le plateau de la colline et justice sommaire était faite sur-le-champ.

On venait de signaler à ce terrible homme de guerre l'arrivée d'un peloton qui conduisait une dizaine de déserteurs et de pillards. Max Binder proféra une imprécation de soudard, et dans son impatience, il lança son cheval à leur rencontre. Il passait au galop devant les naufragés et les curieux attroupés autour d'eux, lorsque le sergent, qui avait repris connaissance, jeta sur la foule un regard effaré, car il ne voyait pas Fritz Wendel près de lui :

— Tonnerre ! où est mon déserteur ?... s'écria-t-il.

— Me voici, répondit le jeune sabotier en s'avançant vers lui.

Mathias Werner poussa un cri de joie :

— Et tu ne t'es pas enfui pendant la bagarre, mon garçon ! Voilà qui me réconcilie presque avec toi.

Mais le mot de déserteur, autant que la voix qui l'avait prononcé, frappèrent le général ; il arrêta court son cheval, mit pied à terre, et écartant brusquement la foule :

— Comment ! c'est toi, mon vieux Mathias ? s'écria-t-il en serrant la main du sergent à la lui broyer.

— Prêt à obéir à vos ordres, mon général, répondit Werner en se levant tout d'une pièce.

— Douze cents bombes! continua Max Binder en examinant le recruteur encore tout ruisselant, que t'est-il donc arrivé?

— J'ai failli me noyer dans le Necker, mon général, car j'ai plus l'habitude du feu que de l'eau. Je voulais traverser la rivière, pour conduire à Stuttgard le déserteur qui reste planté comme un piquet devant vous...

— Encore un déserteur! interrompit le général d'une voix tonnante; mais ces gueux-là auraient les Français à leurs trousses qu'ils ne montreraient pas plus de zèle à faire concurrence aux lièvres. Nous en avons pendu trois ce matin. En voici là-bas une bande qui m'arrive et tu en tiens un pour ta part. C'est donc une contagion? Ah! pas de pitié pour ces coquins-là! Les verges ne sont qu'un jeu pour eux, car ceux que j'ai fait pendre étaient en état de récidive. Moi je les fais accrocher, pour l'exemple, au haut d'un arbre ou passer par les armes, et je te réponds qu'ils ne recommencent plus.

— Vous avez raison, général, répondit Mathias.

Max Binder poursuivit:

— Je te dispense donc d'aller à Stuttgard, nous fusillerons ton homme ici même, pour lui épargner les fatigues du voyage, et comme il t'appartient, je te réserve l'honneur de commander toi même le feu.

Le sergent fit une singulière grimace; il n'avait pas l'air aussi satisfait de cet honneur que devait l'espérer le général. Tous ceux qui avaient été témoins du noble dévouement de Fritz s'indignèrent de la brutale sévérité du vieux soldat; cependant personne n'osait élever la voix; on entendait seulement les sanglots que Marguerite ne parvenait pas à étouffer.

— Comment, drôle, dit Max Binder, en s'adressant au

jeune sabotier, tu es taillé en Hercule, tu pourrais faire
un excellent soldat, servir utilement ton pays, et tu
aimes mieux déserter comme un lâche !

Fritz écouta, impassible et silencieux, ce reproche
immérité.

— De notre temps, continua le général, on ne désertait
pas si facilement, même pendant les plus désastreuses
campagnes ! On supportait en riant le froid et la faim,
le soleil et la gelée ; on bivouaquait en riant dans la boue,
et on chantait le jour de la bataille, n'est-ce pas, Ma·
thias ?·

— C'était le bon temps, mon général, soupira le sergent d'un air mélancolique.

— Oui, douze cents bombes ! c'était le bon temps.·Tu
te souviens, Mathias, de cette terrible charge de cava-
lerie qui enfonça notre carré et qui me passa sur le
corps. Tu me ramassas après la mêlée, j'avais la jambe
cassée et les côtes en assez piteux état.

— Tonnerre ! ça chauffait dur ce jour-là, général.

— Quoique blessé toi-même à la cuisse, tu m'enlevas
sur tes épaules sous la mitraillade, et je n'étais pas
léger, hein ! vieux hérisson !

Mathias sourit :

— Vous n'étiez alors que capitaine, mais vous n'en
étiez pas moins suffisamment lourd, mon général.

— Tu me portas bravement jusqu'à l'ambulance,
néanmoins.

— Je vous aurais porté au diable, mon général.

— Et tu t'es imaginé avoir fait la chose du monde la
plus simple, tête de fer !

— Mon devoir, général, mon strict devoir.

Max Bi nder tordit sa moustache d'un air distrait.

— Aussi ne m'as-tu jamais rien demandé, pas même
de l'avancement.

Mathias Werner se redressa avec orgueil.

— Ce qui ne m'a pas empêché de devenir sergent, général.

— Mais je suis sûr que tu t'es souvent dit en toi-même : Le vieux Max est un ingrat, car on ne doit jamais oublier l'homme qui nous a sauvé la vie !

— C'est votre opinion, général ? dit Mathias en regardant Fritz avec une expression étrange.

— On doit lui prouver sa reconnaissance en toute occasion, si l'on a pas un cœur de liége ; lui ouvrir sa bourse s'il est malheureux, et le défendre au prix de son sang s'il est en danger.

Mathias répéta à voix basse :

— C'est votre opinion, général ?

— Donc, je t'en veux, mauvaise tête, d'avoir regardé Max Binder comme un égoïste et un ingrat, et de ne lui avoir jamais demandé le moindre service. Mais je te connais, tu es entêté comme une mule et tu ne voudras rien accepter de ton général. Il faudra, bon gré, malgré, que je reste ton obligé.

— C'est ce qui vous trompe, général, interrompit résolûment Mathias Werner ; j'ai justement une prière à vous adresser.

Le visage du terrible chef se dérida aussitôt.

— Demande, mon brave ; c'est accordé d'avance.

— Eh bien ! général, puisque vous allez faire fusiller mon déserteur, dispensez-moi, je vous en supplie, de commander le feu.

Max Binder fit un geste de surprise.

— Ah çà ! à quel propos vas-tu t'apitoyer sur le sort de ce drôle ?

Mathias baissa les yeux.

— Que voulez-vous, général ? le courage me manquerait pour cette besogne-là.

— Tu en as cependant expédié bien d'autres ! observa Binder.

Le sergent leva les épaules et répliqua d'une voix saccadée :

— Ceux-là, voyez-vous, général, je ne les connaissais pas, ils ne m'avaient jamais fait ni bien ni mal ; ils étaient en faute, voilà tout ce que je savais d'eux. Sur le champ de bataille, j'ai versé le sang comme de l'eau, et jamais ce sang n'a troublé mon sommeil. Mais ce garçon-là, qui ne dit mot, qui ne se défend pas et qui se laissera tuer comme un mouton, il vient tout à l'heure de nous sauver la vie, à moi, à Girl et à Wilhem ; n'est-ce pas, camarades ?

Girl et Wilhem répondirent :

— Oui, sergent.

— Je l'avais traité rudement, ce pauvre diable ; il aurait dû me haïr, et ne croyez pas que ce soit un lâche, comme vous disiez tout à l'heure. Notre barque s'était brisée contre l'une des piles du pont ; Fritz pouvait nous laisser noyer sans s'en mêler, et se sauver, lui, car c'est un fier nageur. Tout autre eût agi ainsi à sa place ; mais lui, le brave garçon, il n'a vu en nous que des chrétiens à sauver, il nous a repêchés les uns après les autres, et le premier visage que j'ai aperçu, lorsque je suis revenu à moi, ç'a été le sien. Un doux et honnête visage, mon général.

Max Binder fronça le sourcil.

— Tu parles comme un pasteur et non comme un soldat, Mathias ; la désertion est toujours un acte de lâcheté, entends-tu, de quelque prétexte qu'elle se couvre. Cependant ce que ce drôle a fait là est bien, très-bien même !

Le général regarda Fritz et un vague sourire de satisfaction hérissa sa moustache. Il pensait : — Quel dommage ! il me faudrait un régiment de gaillards pareils !

Ce sourire n'échappa point à Marguerite, qui guettait les moindres incidents de cette scène. Elle se jeta tout éplorée aux pieds de Max Binder, et s'écria d'une voix plaintive :

— Grâce, monsieur le Général, grâce pour le pauvre Fritz !

— En voici bien d'une autre ! dit avec colère le vieux soldat. Quelle est cette fille ! Vais-je avoir à batailler avec des pleurnicheries de femme ! Est-ce votre joli minois qui vous rend si audacieuse, ma mie ? Sachez que Max Binder ne se soucie pas plus de tresses blondes et de doux yeux bleus que d'une pipe cassée !

Marguerite fut si interdite et si effrayée de ce farouche accueil, que la voix s'arrêta dans son gosier, qu'une pâleur mortelle couvrit son visage et qu'un ruisseau de larmes jaillit de ses yeux.

Le général, en voyant son effroi, se repentit presque de son emportement. Il reprit d'une voix moins rude :

— Voyons, mon enfant, qui êtes-vous, pour vous mêler de cette affaire ?

Marguerite tremblait et ne pouvait répondre.

— Êtes-vous la sœur de cet homme ?

Elle balbutia :

— Non, monsieur le Général, je suis sa fiancée.

Max Binder frappa la terre du pied avec impatience :

— Eh bien ! vous en épouserez un autre, ma belle. Il ne manque pas de jolis garçons dans la forêt Noire.

Et il fit mine de lui tourner le dos.

Désespérée, la pauvre fille étreignit dans sa main mignonne la main du général :

— Mais vous ne savez pas la vérité, s'écria-t-elle. Le sergent ne vous a pas tout dit. Fritz Wendel est innocent. Vous ne voudriez pas condamner un innocent, Monsieur ; vous êtes sévère, mais vous êtes juste. Vous ne condam-

nez pas pour le plaisir de faire des places vides au
foyer du pauvre paysan. Quand les mères viennent vous
redemander leur enfant, vous leur répondez : Ce n'est
pas moi qui l'ai tué, c'est la loi, la loi sanglante du soldat. Mais la loi ne vous ordonne pas de tuer un innocent. Je ne demande pas grâce pour Fritz parce qu'il
est bon, parce qu'il est brave, parce qu'il est généreux.
Je vous ai crié : Justice, monsieur le Général, parce qu'il
est incapable de manquer à son devoir et à son serment.
C'est la Marannelé, une pauvre veuve, sa mère, qui,
égarée par son amour, l'a empêché de partir et de rejoindre son régiment. Quand elle lui versait la liqueur
fatale qui devait anéantir pendant deux jours sa volonté,
ses forces et sa raison, elle croyait garder son fils pour
elle et non le garder pour la mort !

— Assez, Grettly, assez, interrompit froidement le
jeune sabotier, n'accuse pas ma mère ; la malheureuse a
assez souffert !

Mais Marguerite, sans l'écouter :

— Interrogez le sergent Mathias, monsieur le Général ;
vous avez confiance en lui ; c'est un soldat sévère. Il sait
la vérité comme moi ; il vous attestera que je ne mens
point et que je ne cherche pas à surprendre votre pitié.
Interrogez tout le pays, et si une seule voix vous répond :
Fritz est un lâche ! Fritz est coupable ! eh bien, alors,
faites-le mourir !

— Grâce ! grâce ! crièrent timidement quelques voix
perdues dans la foule.

— Douze cents bombes ! ne me rompez pas plus longtemps les oreilles, s'écria le général d'une voix rauque,
tandis qu'il essuyait furtivement du revers de la main
une larme dont il était honteux. Vos prières, ma mie,
sont inutiles et ne me fléchiront pas plus que celles de
tous ces niais qui nous écoutent bouche béante. Il n'y

a pas un vaurien dans l'armée qui ne trouve une jolie fille pour plaider sa cause. Vous ne vous doutez pas, la belle, de ce que c'est que la discipline militaire, et le sergent vous dira que c'est mon devoir d'être inflexible. N'est-ce pas, vieux Mathias ?

— Oui, mon général, balbutia le sergent en se grattant l'oreille.

— Je conviens hautement que le gaillard s'est bien conduit tout à l'heure, mais ce n'est pas une raison pour que je donne un mauvais exemple à mes soldats et que j'accorde à vos larmes la grâce d'un déserteur. Le sergent est de mon avis. Vous l'avez entendu.

Marguerite se releva, pâle, indignée, et fixa sur Mathias Werner un regard chargé de mépris.

Ce dernier s'approcha de son chef.

— Vous m'avez pourtant dit, général, que l'homme à qui on a sauvé la vie doit reconnaître ce service au prix de son sang, sous peine de n'être qu'un cœur vil et ingrat.

Max Binder n'eut pas l'air de l'entendre, mais s'adressant à la jeune fille d'un ton bourru :

— Ne me croyez pas injuste, ma belle enfant. L'arrêt que je prononce, tout vrai soldat le prononcerait à ma place. Je vais vous en donner la preuve ; que le sergent Mathias soit lui-même le juge de son déserteur ; je ratifie d'avance le jugement, quel qu'il soit.

Le recruteur, étonné, regarda fixement le général, qui ne sourcilla pas. Tous les cœurs battaient ; la vie de Marguerite était suspendue aux lèvres de Mathias.

Ce dernier courut à Fritz, et s'écria joyeusement en lui serrant la main :

— Mon garçon, le général te fait grâce, grâce pleine et entière, entends-tu ? C'est moi qui te l'assure de sa part. Tu peux donc retourner à Nordstetten et annoncer à tes amis que tu l'as échappé belle ; mais, tonnerre ! que tu n'as pas volé ta grâce !

L'émotion fut unanime, et des hurrahs multipliés acclamèrent la générosité du général et du sergent ; mais Fritz et Marguerite ne purent remercier le vieux Max Binder, car il venait de s'éloigner au galop.

Le lendemain, grâce aux deux gendarmes qui avaient pris les devants, la nouvelle du retour inespéré des deux fiancés se répandit bientôt dans tout le pays, et quand ils arrivèrent à l'entrée du village, ils se trouvèrent entourés d'une foule de voisins et d'amis accourus à leur rencontre.

Au premier rang se montraient ce digne M. Stauffer et le brave père Kurthil.

Mais Christly fut le premier qui se jeta dans les bras de Fritz et de Marguerite ; le pauvre petit, les yeux encore rouges de larmes, oubliant un instant sa douleur, avait quitté sa mère paralytique, auprès de laquelle veillait la bonne Ursule Erath, pour venir embrasser son grand frère.

Attiré par tout ce bruit, le vieux Melzer sortit de sa tour, la casquette à la main, et demandant à chacun l'aumône, malgré les efforts que faisait dame Catherine pour l'en empêcher. Marguerite rougit en voyant son père s'abaisser à ce triste rôle ; elle s'approcha du bourgmestre, et le prenant à part :

— Monsieur Stauffer, lui dit-elle, j'aime Fritz, vous le savez, et personne dans le pays ne l'ignore, mais en l'arrêtant dans ma chambre, malgré mes supplications, malgré la promesse que vous m'aviez faite, vous m'avez perdue de réputation ; je suis déshonorée aux yeux de tous.

M. Joseph Stauffer voulut vainement protester de son innocence. Marguerite l'interrompit du geste et continua :

18

— Voulez-vous réparer le tort involontaire que vous m'avez causé? faites comprendre à mon père que je ne puis plus désormais avoir d'autre mari que Fritz.

M. Melchior Stauffer fit un signe d'assentiment et s'avança vers maître Gaspard.

Le bonhomme lui tendit aussitôt sa casquette.

— Ayez pitié d'un pauvre vieillard réduit à la mendicité ! dit-il d'une voix larmoyante.

— Puisque vous êtes ruiné, mon cher Gaspard, reprit le bourgmestre, mariez votre fille à ce brave Fritz ; c'est un bon travailleur qui ne vous demandera pas de dot, car il a deux bons bras.

Melzer parut réfléchir un instant.

— J'y consens, répondit-il, et je lui donnerai même un coin dans ma vieille tour s'il se charge de nourrir dame Catherine et moi. Nous ne sommes pas de grande dépense.

— Oh ! j'en prends l'engagement de bon cœur, père Melzer, interrompit le jeune sabotier.

— Puisque tu promets de me nourrir quand tu seras mon gendre, sois-le donc tout de suite, garçon ; le plus tôt sera le mieux.

Marguerite se jeta au cou de son père, Fritz serra cordialement la main du bonhomme, et chacun le félicita du sage parti qu'il avait pris.

Mais Melzer promena sur tous ceux qui l'entouraient des regards pleins de défiance, et, prenant Fritz par le bras, il l'emmena à l'entrée de la ruelle, et lui montrant mystérieusement du doigt la porte du cellier :

— Toi, ton petit serpent de frère et ta mère, vous savez qu'il y a un trésor caché là dedans ?

— C'est vrai, père Melzer, et ce trésor ?

— Plus bas, malheureux ! dit Gaspard avec épouvante. Si, depuis l'incendie qui a dévoré mes granges et mes meules, je demande l'aumône, c'est afin que nul dans le pays ne se doute qu'il y a encore tant de richesses enfouies dans ma maison. Je me méfie de mes voisins ; je ne crains plus que la Marannelé me trahisse, puisqu'elle ne peut parler, mais j'ai peur de Christly... les enfants sont imprudents et jaseurs.

— Je vous réponds de son silence, père Melzer.

— Puisque tu vas être mon gendre, et partant un jour, mon héritier, hélas ! continua le bonhomme, je veux te dire la vérité, à toi seul ; tu me garderas le secret, n'est-ce-pas ?

— Je vous le jure, père Melzer.

— Eh ! ce trésor..., ta mère a deviné juste, je l'ai trouvé.....

— Dans le four de mon pauvre père ?

— Oui, répondit tout bas Melzer ; nous le cherchions ensemble depuis longtemps, lorsqu'une nuit, les murs, ébranlés dans leurs fondations par nos fouilles, se sont écroulés sur ton père.

Après sa mort, j'ai continué les recherches et j'ai enfin trouvé le trésor.

— Et vous l'avez gardé ?

— Oui, mais pour te récompenser, au lieu d'une seule part qui te revient, je t'en donnerai deux..., quand je serai mort. Es-tu content, garçon ?

— Le seul trésor que je vous demande, c'est Grettly, maître Gaspard.

— Et tu as bien raison, Fritz, c'est une bonne petite fille qui vaut son pesant d'or. Je te la donne. Quant à la clef du cellier, je la garde.

FIN.

TABLE DES MATIÈRES

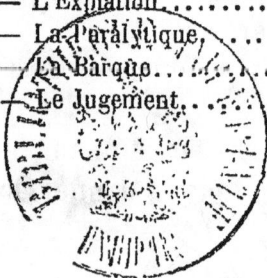

CORBEIL, typ. et stér. de CRÉTÉ.

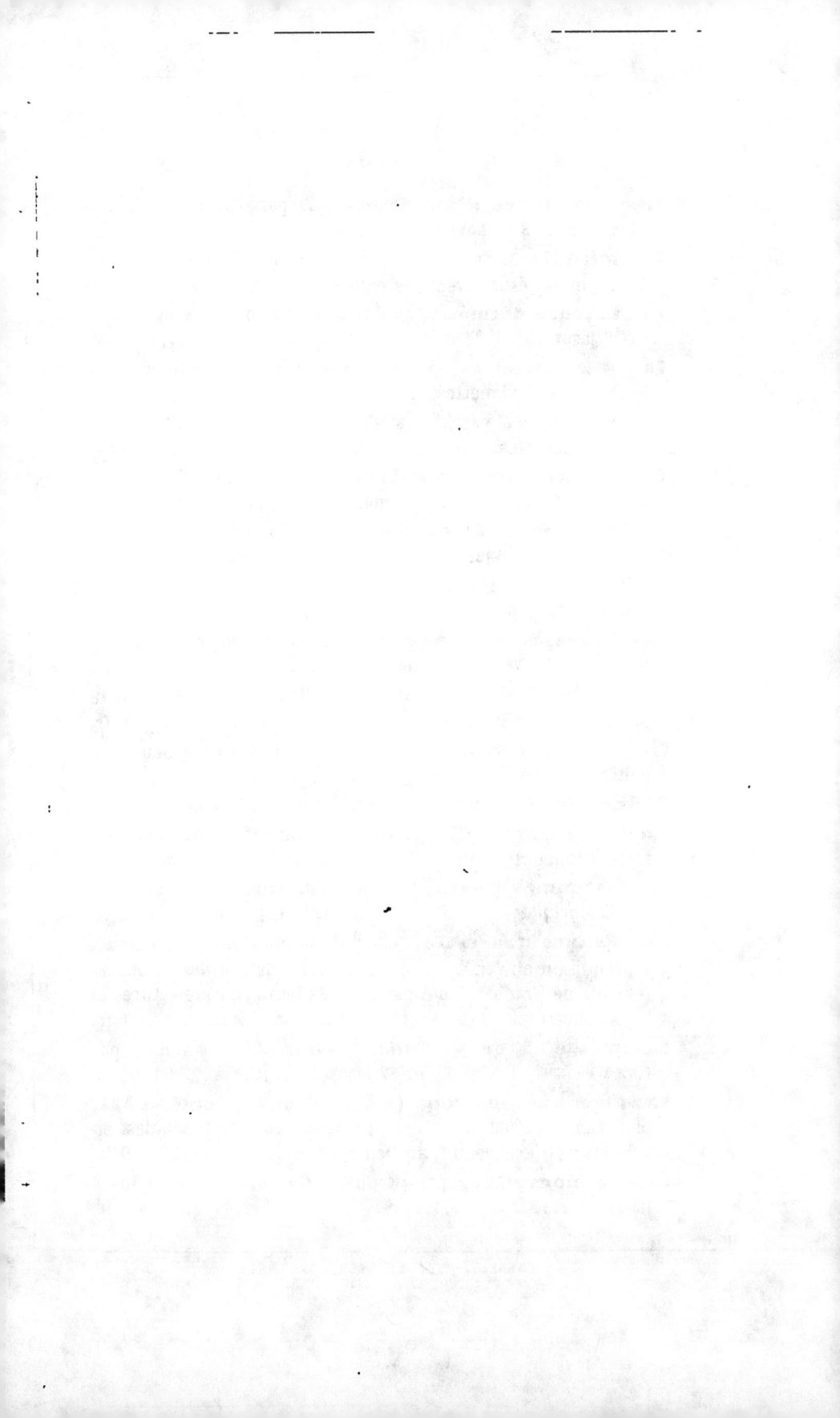

Les Aventures d'un Cabotin, par Henry de Kock.
1 vol. avec 3 vignettes........................... 3 fr.

La nouvelle Manon, roman inédit, par Henry de Kock.
1 vol. in-18 jésus, avec une eau-forte........... 3 fr.

La Voleuse d'amour, par Henry de Kock. 2e édit. 1 vol.
in-18 jésus, orné de 5 vignettes................. 3 fr.

Les Accapareuses, par Henry de Kock. 1 volume in-18
jésus, avec 2 vignettes.......................... 3 fr.

En Vacances, par Oscar Comettant. 1 vol. in-18 jésus,
avec 2 vignettes................................. 3 fr.

L'Amérique telle qu'elle est, par Oscar Comettant.
1 vol. in-18 jésus, avec 2 vignettes............. 3 fr.

Les amours de Henri IV, par M. De Lescure. Un beau
et fort vol. in-18 jésus, avec 4 charmants portraits.... 4 fr.

Épisodes de la guerre de Pologne, par Eug. d'Arnoult.
1 vol. in-18 jésus.............................. 3 fr.

Les Finesses de d'Argenson, par Adrien Paul. 1 vol.
in-18 jésus, avec 2 vignettes.................... 3 fr.

Jeanne de Valbelle, par Casimir Blanc. Un volume in-18
jésus, avec 2 vignettes.......................... 3 fr.

Un mariage scandaleux, par André Léo (Deuxième
édition). 1 vol. in-18 jésus..................... 3 fr.

Séduction, par Raoul Ollivier. 1 vol. in-18 jésus.... 3 fr.

La Télégraphie électrique, son histoire, etc., par Phi-
lippe Dauriac. 1 vol. in-18 jésus............... 1 fr.

L'Amateur photographe, par Ch. Bride. *Guide pratique
de photographie*, avec nombreuses vignettes. 1 vol. in-18. 3 fr.

La France travestie, carte drôlatique et mnémonique,
reproduisant en vers burlesques la nomenclature des 92 dépar-
tements de France et d'Algérie, et de leurs 385 préfectures et
sous-préfectures. 1 vol. in-18 raisin............ 1 fr.

Femmes et Fleurs, *Petites photographies badines*, par
Ch. Malo. 1 joli volume in-32 jésus............. 1 fr. 50

Les anciennes maisons de Paris sous Napoléon III,
par Lefeuve. 60 livraisons (ouvrage complet) réunies en
4 beaux vol. Prix réduit, au lieu de 96 fr....... 20 fr.

Fables nouvelles, par Edouard Granger. 1 vol. in-18
jésus... 2 fr.

CORBEIL, TYP. ET STÉR. DE CRÉTE.

www.ingramcontent.com/pod-product-compliance
Lightning Source LLC
Chambersburg PA
CBHW050500270326
41927CB00009B/1839